管理的力量

胡赛雄 —— 著

THE POWER OF
MANAGEMENT

机械工业出版社
CHINA MACHINE PRESS

图书在版编目（CIP）数据

管理的力量 / 胡赛雄著 . —北京：机械工业出版社，2023.12
ISBN 978-7-111-74152-7

Ⅰ.①管…　Ⅱ.①胡…　Ⅲ.①企业管理　Ⅳ.① F272

中国国家版本馆 CIP 数据核字（2023）第 205126 号

机械工业出版社（北京市百万庄大街 22 号　邮政编码 100037）
策划编辑：白　婕　　　　　　　　责任编辑：白　婕　王　芹
责任校对：张慧敏　牟丽英　韩雪清　责任印制：李　昂
河北宝昌佳彩印刷有限公司印刷
2024 年 1 月第 1 版第 1 次印刷
170mm×230mm・22.5 印张・3 插页・230 千字
标准书号：ISBN　978-7-111-74152-7
定价：118.00 元

电话服务　　　　　　　　　　　网络服务
客服电话：010-88361066　　机 工 官 网：www.cmpbook.com
　　　　　010-88379833　　机 工 官 博：weibo.com/cmp1952
　　　　　010-68326294　　金 书 网：www.golden-book.com
封底无防伪标均为盗版　　　　机工教育服务网：www.cmpedu.com

作者有在两家现象级企业工作的经历，既有成功实践又知其所以然，书中多是一些前沿的实践和思考，给人很多启发。规模企业必须过管理关，获得持续的创新能力和动力才能活下去，因此本书值得企业掌舵人和高层管理者精读！

——容百科技董事长◎白厚善

匡衡借邻居家的光照亮自己的书，诸葛亮借对手的箭来搭自己的弓。

企业家也是"善借者"。他们借用社会的资本、资源、人力与智慧，成就事业。因此可以概括地说，战略就是借势，管理就是借力。

这是我阅读《管理的力量》的一点启发。变局之中，像作者这样立足本土商业实践的独立思考与研究，尤为需要，尤为难得。

——正和岛总编辑◎陈为

　　管理对大部分人而言是一门实践的学科，只有极少数大师擅长理论建模，作者的书将深入浅出地带领大家认识和感受管理的模型和力量。

——小鹏汽车董事长◎何小鹏

　　作者既有清华大学深厚的专业教育背景，又有丰富的华为人力资源管理经验，加上这几年深入多家企业调查研究和开展管理咨询，他提炼出了 TD-ICE 管理模型。相信本书能为企业家和管理者提供诸多启示，值得一读。

——华为公司高级管理顾问，中国人民大学商学院教授◎黄卫伟

　　每个企业管理者都拥有很多管理知识和方法，但关键是如何有效运用这些知识和方法。《管理的力量》在这方面可以给人启发和答案。

——崇达技术股份有限公司董事长◎姜雪飞

　　一本好的管理学著作，既要有科学理论做支撑，又要经得起实践的检验。作者用一个简单的模型，把纷繁复杂的商业实践抽象成易于理解的管理之道，值得一读再读。

——TCL 创始人、董事长◎李东生

　　《管理的力量》是作者多年企业管理实践的智慧结晶。书中借用了大量鲜活的案例把企业的管理问题剖析得淋漓尽致，深入浅出地揭示了企业管理的症结所在，让人拍案叫绝。本书既有理论

高度，又有非常强的实践性，集趣味性与实操性于一体。从基层
人员到高级管理者，只要参与管理实践，都可以从本书中大获裨
益：企业家可以从中获得企业成功的秘诀，各级管理者可以从中
悟透职场的规律，基层工作者可以从中觅到晋升的路径。

——圣钤科技董事长◎梁成都

《管理的力量》用大量鲜活的案例，来解构企业管理的系统模
式和底层逻辑，并针对企业管理实践中的疑难杂症，尝试从本质
上去探寻解决之道，是一部饱含管理智慧的著作！

——中国人民大学劳动人事学院教授、博士生导师，

华夏基石管理咨询集团董事长◎彭剑锋

作者在中国超级成功的两家企业中和几位企业家身边有过非
常丰富的工作经历，同时也为多家优质企业做过顾问和管理导师，
深入调研过很多企业的一线信息，也亲身参与过华为的集成产品
开发（IPD）流程改造，对企业价值创造、价值评估、价值分配几
个关键环节都有非常深刻的理解和总结，还提出了"企业高层的
主要工作不是给答案而是划重点"这一观点，课堂语言也很生动
诙谐。这本《管理的力量》非常值得学习。

——华勤技术董事长◎邱文生

本书针对企业管理中的一些疑难问题进行了深入探讨，并给
出了解决思路和办法，值得精读！

——欣旺达电子股份有限公司创始人◎王明旺

《管理的力量》非常接地气，含有大量鲜活的案例，是实力派管理实战经验的总结。我司能成为智慧工厂数字中台行业的佼佼者，正是得益于书中的方法和智慧。

——磅旗科技董事长◎吴小倩

串珠成链，聚柔成坚，让管理展现真正的力量。

——冠宇电池股份有限公司董事长◎徐延铭

让《管理的力量》助力企业成长

这是我第二次给赛雄的新书写推荐序。记得第一次是在2020年，赛雄的《华为增长法》新鲜出炉，他从华为非线性成长的亲历者、见证者、思考者的视角，把华为的经营理念和管理思想用自己的语言和逻辑进行了系统的诠释。那是一本引人入胜且能深入浅出地帮助读者理解华为管理实践的书。我当时的评价是：《华为增长法》将华为管理之"魂""略""道""人""本""核"，有机而顺溜地串成了"增长之环"，而穿梭于各章节间的图示和小故事，使华为的理念与实践如行云流水般让人读着舒畅。果不其然，那本书的市场反响非常好，成了一本影响广泛的管理学畅销书。

看了赛雄的新书《管理的力量》，我再一次感受到赛雄在企业管理底层逻辑上的悟性和功力，以及在管理实践上的深厚积累，不亲历大大小小的企业管理实战，是不可能呈现出这样生动而翔实的画面感的，也不可能让人经久回味和细品出特殊的"味道"。书中描述的诸多场景，诚如作者所言，都是企业"系统延迟的关键点"，是企业的"生门"所在，一口气读下来，仿佛隐约可见赛雄正在亲历这些场景，俨然如一位气定神闲的老中医，在为医治企业的各种疑难杂症望闻问切，虽然方无定方、法无定法，却总能谨守病机、切中肯綮、灵活辨治。

本书的第一个亮点，是把企业当作一个生命系统来分析。与一般管理类图书纠缠于企业的某些管理功能而不能自拔的"功能专业，而系统失效"的情景不同，本书用一个完整的系统来阐述企业管理实践，强调"系统不同部分之间良性互动"的共演过程。无疑，对广大企业管理者来说，这是一个非常重要的提醒。尤其是那些从单一功能部门中成长起来的企业管理者，可以从中获得很好的启发，有利于扩大视野和规避那些只见树木、不见森林的管理活动。

本书的第二个亮点，是强调管理实践是一个"磨合"的过程，不可能一蹴而就，这也是企业或组织所必须经历的学习过程，不能跨越，更不能急功近利。书中用大量的事实和案例，从多角度对这一点进行了详尽的论述，例如：

（1）企业与客户的磨合。书中以华为获取英国电信这一跨国运营商客户为例，提出"同向塑造"的理念，强调企业要以市场占领和客户选择为目标，来回看绩效差距，倒逼自己以完善"不同要素之间按照一定的规则和秩序动态协同，最后发挥出整体效用"的系统能力。

（2）企业与客户心智的磨合。书中提出了"开放创面，成长路径最短"的理念，鼓励企业主动导入客户心智，让客户参与到企业管理改进中来，把客户体验作为产品的重要组成部分，以开放的心态接受客户的挑剔，让各种问题快速暴露、快速呈现、快速得到解决。

（3）企业家与企业实践的磨合。本书认为，企业家创办企业是一个没有人可以替代的自我进化过程。因而企业家在认识客观规律之前不可能有自由，"必然会遭受未遵从客观规律所酿成的现实苦果的毒打和奴役"，企业家必须经历从"必然王国"到"自由王国"的过程，这也是企业家迈向成功的必由之路。

（4）职业经理人与企业的磨合。书中分析了职业经理人"阵亡率"高的原因，警告职业经理人切忌有"新官上任三把火"的想法，因为越是大动作，越需要高信任度来做背书。真正的信任关系，是要用时间"熬"出来的，职业经理人要学会"强基"而非"转基因"，要"发现合理性"而非"挑错"，要"主动融入"而非"与众不同"。

上述"磨合"向企业管理者呈现了一个重要事实：企业不能指望通过简单"抄作业"或学习一些管理方法论就可以做好管理。就像书中所提醒的，"很多人以为实事求是是一种认知力，实际上，实事求是是一种实践力"，管理如同张无忌学剑，要在"磨合"过程中掌握系统的规律性。

本书的第三个亮点，是强调动态管理的重要性。企业面对的是一个动态变化的、充满不确定性的市场环境，在 VUCA[⊖]时代下，企业更要懂得在不确定性中寻找确定性。本书认为至少有两点确定性对企业至关重要：一是构建以生存为底线的管理体系，确保企业活下去；二是与客户共同定义未来，"所有'当下事'，都是'未来事'"，要用未来牵引现在，以利于企业有机会打破当下的成长局限和路径依赖。企业的发展过程并非总是黑白分明的，因此企业必须成为"动态更新目标的自组织"，并通过"决策和再决策"，推动自身的迭代发展进程。

本书的第四个亮点，是把物理学乃至生物学原理和企业管理实践做了很好的融合，让人知其然并知其所以然。书中把各种管理的小道理汇聚成一个大道理——能量运动规律，因而读起来不会"卡顿"，还会给人一种大道至简的酣畅感。书中这样的例子可以说俯拾皆是，例如：

（1）权力的大小 ="势"的多少，因而决策的本质是"借势"。

（2）大脑具有"波粒二象性"。

（3）企业是创始人的企业基因组在时间和空间上的选择性表达。

（4）让组织具有类似金刚石一样的结构力，形成能创造商业成功的战斗队列。

⊖ VUCA 是 Volatility（易变性）、Uncertainty（不确定性）、Complexity（复杂性）和 Ambiguity（模糊性）的首字母缩写。

（5）"场"是有能量的，实体之间的相互作用要通过"场"来实现。

（6）信息是一种创造新价值的价值，世界上并不缺少能量，缺少的是对撬动有序化能量的信息的掌握。

（7）所有企业，本质上都属于信息产业，不生产信息的企业，注定生产不出价值。

凡此等等，不一而足，成为本书的创新亮点。

"横看成岭侧成峰"，相信读者读了以后会有自己独到的感受和感悟。有一点是毋庸置疑的，有"体感"的企业管理者，一定能从本书中更快地找到真实的自己。

最后，预祝《管理的力量》助力更多企业和企业管理者健康成长！

吴晓波

浙江大学社会科学学部主任

"创新管理与持续竞争力研究中心"主任

2023 年 10 月，于浙江大学求是园

如何理解"管理的力量"

《管理的力量》一书以"创造更成功的商业"为目的,向读者详细阐述了作者对商业的独到理解和富有价值的管理总结。

赛雄基于在人力资源领域积累的10多年实践经验,以东方的整体思维方式,总结了"管理的力量"。本书中的很多观点和分享都非常有意思,且具有独创性。本书提出了一个企业管理的系统模式——TD-ICE管理模型,即企业管理的五个关键内容:打移动靶、动态决策、组织进化、好战文化和信息负熵。赛雄基于自己的思考总结了管理的底层逻辑,他希望借此为企业管理者构建一个管理上的系统轮廓。

我把自己的阅读收获做一个概括分享给大家。通过对 TD-

ICE 管理模型的深入理解，我们可以得到一个核心认识，即面向未来，探寻关键"连接力"（权力）配置，创建智慧型组织，建立"场域能量"文化，真正理解、认知信息并基于信息建立价值增值新源泉，是企业管理者实现企业可持续发展的必备认知和能力。为了更好地阐述相关管理系统，赛雄还专门分享了诸如"管理暗能力""战略规划过程就是典型的'边缘计算'过程""时空差管理"及"同向塑造系统能力"等概念和观点。实际上，这个系统模式充分融入了辩证思维和共生思想，也从现实和未来视角，拓展了企业管理者的认知边界。

可以说，本书是为那些希望通过提升管理效能来获得商业成功的企业管理者而作，为指导企业管理实践而作。因此，本书提供了丰富的案例实践分析和参考价值总结。本书认为管理的底层逻辑是，企业的资产、资金、技术等并不能自然地汇聚成企业发展的力量，企业还需要两方面的努力：一方面是显性的，搭建价值驱动的组织力底座，以进行资源整合；另一方面是隐性的，从精神上引领，激发与管理员工的精神、方法论和创造力，通过"人"来组装和整合生产要素，并形成创新、韧性等无形的企业力量。在管理的底层逻辑的基础上，生发出 TD-ICE 管理模型，在战略层面强调未雨绸缪和市场导向的价值引领。未雨绸缪意味着不仅要意识到其重要性，还要从实践层面思考应该如何去做，利用处于上升阶段的优势业务获取资源，再将这些资源投入潜在新兴业务以提升企业韧性和风险承受力，投入形式应当包括有形资产和无形的管理力量。而在市场导向的价值引领下，需要充分理解客户需求，警惕技术导向的闭门造车和经验隧道的惯性陷阱，勇于回归直觉和常识，从而创新性地发现和选择自己的生态位。

赛雄在书中还列举并解读了如下行业"管理的力量"的例子：汽车行业的未来趋势是电动汽车，这个产业中的企业最需要具备的能力就是"对各种小概率场景的处理能力"，而这需要时间和大数据积累；钻戒行业某企业针对"男性购买者"的信息管理和爱情定义；字节跳动找到人才发展的"生门"，让人才与业务发展达到高效匹配；华为在"场"中实现对员工的"精神赋能"；等等。书中还分享了价值定位、战略调焦、借势决策、设置权力"护栏"、动态寻找业务规律、好战文化及构建价值分配系统等各类管理实践方案，从战略、业务、文化、权力及激励等维度帮助组织找到组织进化的规律和方法论。

在数字化时代，本书期待企业能基于系统站位思维，面向未来，争取到最大的时间价值，通过构建智慧型组织，进而利用"信息差"更早地发现产品、性能、性价比、价值和个性，让信息真正参与到价值创造中。此外，还需要重点关注的是人和场景，未来要深入到业务场景中，不断地对客户场景进行定义和再定义，并基于组织中最大的资产——"人"来创造规模化的共同场景。对数字化时代组织管理的研究，让我确认整体效能、管理赋能以及激活组织与个体的价值也是基于此的，我能理解本书把管理系统与商业成功融合在一起的因由。

如果要在数字化时代形成企业管理者新的管理系统认知框

架，可以仔细阅读《管理的力量》，它可以帮助你找到自己和企业与时代共生成长的路径。

陈春花

管理学者

2023 年 10 月，于知室书院

从底层逻辑到系统模式

为这本引人入胜的新作《管理的力量》写推荐序，我无比荣幸。感谢作者胡赛雄先生的辛勤付出和执着追求，也感谢出版社的精心组织与推动。对于翻开本书的每位读者，我同样表达敬意和感谢，因为你们的兴趣和投入是这场知识之旅的重要动力。

在这个充满不确定性的世界里，不管企业规模大小，经营企业就如同在激流中操纵漂流的舟，或在波涛汹涌的大海上掌舵航行的船，管理者们一直在寻找系统的、确定的规则，来决定正确的方向或者前行的速度。因此，《管理的力量》这本书的意义就在于揭示企业管理过程中隐藏在混沌中的底层逻辑。作者胡赛雄先生，秉承一贯锐利的眼光和深度的洞见，从管理系统视角出发，通过独创的"TD-ICE 管理模型"带领我们理解企业管理的结构、关系和规律。

TD-ICE 管理模型由五个核心环节构成，它们分别是打移动靶、动态决策、组织进化、好战文化和信息负熵。这五个环节解答了管理的力量运用、力量构建和力量源泉这三个深层次问题。阅读本书，就像参观一座精心设计、布局合理的建筑，每一部分都为我们展示了新颖独特的管理视角和实用策略，目的都是帮助企业实现高质量可持续发展。

打移动靶 引导我们如何定义未来，如何做到市场占领，如何进行战略调焦。

动态决策 用借势来阐释决策的本质，告诫企业管理者权力运行需要"护栏"，决策不是简单的决定。

组织进化 企业管理者必须掌握组织进化的"三引擎"，构建智慧型组织和赋能型组织，作者妙语连珠，特别指出"权力为纲，纲举目张"，道出如何通过思想权连接心智能量，如何通过战略权连接未来能量，如何通过运营权连接市场能量，以及如何通过战术权连接机会能量。在组织进化中，战略、流程、领导力起着关键作用，能够驱动企业在 BANI（Brittle，脆弱的；Anxious，焦虑的；Nonlinear，非线性的；Incomprehensible，无法理解的）或书中所写的 VUCA 时代的环境下转型为智慧型组织，并激发组织自我赋能。

好战文化 人在"场"中，阐释企业需要创造什么样的场域能量，实现精神能量的有效传递；共识最大化，才能信任和授权最大化；有人因相信而看见，有人因看见而相信。基于好战文化来理解和营造企业的文化氛围，可以激发员工的潜能与士气；通过把企业文化建设变为硬核工程，可以使员工充满激情和干劲，体会到工作的价值和意义。

信息负熵 熵增定律是热力学第二定律的一种表述，即封闭系统总熵的增加不可逆。这个定律说明了自然界不可逆的趋势，即系统趋于混沌和无序状态。换句话说，随着时间的推移，系统的熵（一种表示系统无序状态的物理量）会不断增加。书中提出信息负熵的理念，论述了信息是企业新价值的唯一源泉，并且是企业在变化的商业环境中保持领先的关键。书中还展示了如何通过建立信息的活力机制，使企业的信息资产保值增值，从而在更大范围内谋求"机会窗"。信息负熵是企业持续对抗熵增、进行熵减的良方，正如作者所言，冲突是未来发出的信号。

无论你是刚踏入管理领域的新手，还是已在管理领域驰骋万里的领袖，我相信《管理的力量》都将为你提供一种全新的视角，以理解并把握在快速变化的商业世界中成功的关键因素。本书鼓励我们深化对企业管理系统的理解，理解企业是如何进攻、调整、演进、创新并自我赋能的，理解失败也是成功的一部分，甚至是我们成长的一部分，让我们学会在试错的过程中，理性地看待自身的局限，从自欺的陷阱中解脱出来。在这个混沌与未知并存的世界中，希望这本《管理的力量》能够真正带给你力量，指引你在繁杂的企业管理实践中找到属于自己的方向，揭示出那些隐藏在表象之下的规律，破解企业成功的奥秘。

譬道之在天下，犹川谷之于江海！

最后，我要给每一位读者送上我的祝福。愿你们在阅读的过程中收获智慧和光明，发现并挖掘出属于自己的"管理的力量"。

范厚华

华为海外片区前副总裁

深圳传世智慧科技有限公司创始人、总裁

2023 年 10 月，于深圳

自
序

用一生走出自欺陷阱

人生像极了"螳螂捕蝉，黄雀在后"。这个成语本意是指那些环环相扣的利益算计，以及为了眼前利益不顾后患的短视行为，这里我们旧词新解，用来特指人类认知与实践的辩证运动。

（1）"蝉"好比超验世界，即超出人类认知边界的世界。对于其运行规律，人类的认知永远只能无限逼近，却无法最终到达。

（2）"螳螂"好比人类的实践，是基于人类认知的活动。实践以经验世界的规律为指导，不断为我们提供事件、事实和结果等数据反馈。

（3）"黄雀"好比人类的认知。认知根据实践的反馈，动态拟合超验世界，并对经验世界的规律持续迭代升级，以便更好地指导实践。

（4）人类认知与实践的辩证运动，目的是"谋而有成，为而有功"。认知规律，才能"谋而有成"；顺应规律，才能"为而有功"。

"螳螂捕蝉，黄雀在后"解答了一个很多人百思不得其解的问题：我们的人生为什么是这样的？从人类认知与实践的辩证运动来看，我们恍然大悟：原来我们的人生与别人无关，每个人的人生不过是基于自己认知的实践活动所划过的痕迹罢了；命运不是"三分天注定，七分靠打拼"，而是每个人的认知自导自演的结果；认知好比每个人大脑算法的程序设定，大脑算法有什么样的程序设定，我们就拥有什么样的人生。

大脑算法的程序设定和电脑软件的程序设定是一样的，在与实践磨合的过程中，都会不可避免地出现 Bug（程序错误，或缺陷），因此需要迭代升级。这些 Bug 与其说是程序错误，还不如说是事物运动过程中必然存在的一种认知偏离现象。从人类认知与实践的辩证运动中，我们不难推导出，人类的一切认知都是暂态的，必须随实践的发展而发展。为了更清楚地说明这一点，下面我们以人类社会在商品交易方面的认知与实践的演进为例。

人类最初对商品交易的认知是，商品交易只是为了换取自己所需的生存和生活资料而进行的物物交换，例如以一头牛换一只羊，这就是早期人类大脑算法的程序设定，或者叫商品交易 1.0。这个版本可以相对粗放地指导商品交易，但在实践过程中人们发现，这个版本具有诸多不便（比如物与物必须同时出现，物与物无法价值差异化等），不能适应日益增加的交易需要，于是人们意识到最好以一般等价物为媒介进行商品交易（一切商品只有先转化为一般等价物，才可以随时换取别种商品）。这就是人类创造的商品交易2.0。

古希腊诗人荷马在他的诗篇中曾提到这样的交换关系，1个女奴隶换4头公牛，一个铜制的三脚架换12头公牛，其中，"公牛"就是当时商品交易的媒介——一般等价物。《易经》坤卦的卦词中有"西南得朋，东北丧朋"之言，其中，"朋"就是指当时的一般等价物贝壳。一般等价物的出现使商品交易变得更加容易，但是，由于一般等价物存在时间上的不稳定性和地域上的局限性，不能适应商品交易发展的广泛需要，充当一般等价物的商品终于逐渐固定为某种特定的商品，即货币商品。贵金属金、银等由于具有不易变质、易于分割和熔合、体积小而价值大、便于携带等自然属性，成为世界各国普遍采用的货币铸造材质。至此，以金属货币为交易媒介的商品交易3.0形成。

随着金属货币使用久了，会出现磨损，变得不足值，人们意识到可以用其他东西代替金属货币进行流通，于是纸币出现了。以纸币为媒介的商品交易4.0形成。纸币本身不具有价值，之所以能成为强制使用的价值符号，是因为纸币具有流通手段和支付手段的职能，且制作成本低，易于保管、携带和运输，避免了金属货币在流通中的磨损。中国最早的纸币（也是世界上最早的纸币）叫"交子"，发行于北宋仁宗年间。

会不会有商品交易5.0？当然会，随着互联网和数字经济的发展，大量交易从线下转到了线上，不可避免地催生了电子货币。

电子货币本质上是一种信息货币，能够便捷地实现无纸化的价值传送。

综上可见，人类认知与实践的辩证运动是一个螺旋上升的过程。实践是一个系统，认知也必须是系统模式（一个完整的版本）；系统可以有缺陷，但不能有缺失，系统有缺陷可以通过打补丁解决，但系统有缺失就无法正常运行了。

企业作为一个实践系统，它在管理上应遵循什么样的系统模式呢？我对这个问题一直充满好奇，因此也一直致力于探索和回答这一问题。可以说，这也是我能够潜下心来完成本书的原始动机和动力所在。

本书的写作逻辑如下：

第1章旨在为读者构建一个关于企业管理的系统模式。在与企业的互动中，我感受最深的一点是，很多企业管理者业务繁忙，却还要抽出大量时间学习各种管理方法论，而学到的内容就像一颗颗散落的"珍珠"，企业管理者没时间把它们串成"项链"，因而难以在实际工作中学以致用、活学活用。本书为企业管理者提供了一个管理上的系统模式。我把这个系统模式称为"TD-ICE管理模型"，它由五个部分构成：打移动靶（Hitting the Moving Target）、动态决策（Instantly Decision-making）、组织进化（Organizational Evolution）、好战文化（Aggressive Culture）和信息负熵（Minus Entropy of Information）。上述五个部分，分别取关键词Target、Decision、Evolution、Culture、Information的第一个字母，组成"TD-ICE"。其中，

TD 在通信上是时分（Time Division）的意思，即允许用户在不同的时隙使用相同的频率，这里隐喻书中所讲的底层逻辑具有普适性；ICE 的中文意思是"冰"，冰是固态的水，这里隐喻企业要通过管理，让组织更具结构力、关系力和战斗力，就像坚硬的冰一样，是由"柔弱"的水塑造而成的。本书第 2 章到第 6 章，分别阐述了 TD-ICE 管理模型的五个部分。

第 2 章的主题是打移动靶，重点阐述企业脱离竞争的有效办法在于用未来牵引现在。企业要面向未来，与客户一起定义市场机会，并在此基础上通过市场机会与组织系统的互动和磨合，反向牵引企业成长，因为企业的能力往往是目标和机会倒逼的结果；同时，企业要根据市场环境的变化，与时俱进地调整企业的经营策略，确保市场、机会、商业成果主线清晰，才能确保企业获得商业成功。

第 3 章的主题是动态决策，重点阐述企业如何通过借势（断势、取势、造势、顺势）来谋取事业发展的加速度。在这个过程中，企业要将权力作为一种关键的组织连接力来构建，合理设计分层分级的权力运行规则，有效整合资源要素和能量；要为权力运行建立"护栏"，防止权力脱轨；要通过决策和再决策，动态拟合业务发展规律，确保事业走在正确的轨道上。

第 4 章的主题是组织进化，重点阐述战略、流程、领导力分别在企业的组织进化中所扮演的角色和发挥的作用，以及它们如何驱动组织进化。在 VUCA 时代，企业要朝智慧型组织转型，不断创造新知识，以敏捷应对外部环境的挑战；要动态识别和感知外部机会，以动态更新目标和进行自适应；要在赋能业务的过程中，完成对组织的自我赋能。

第 5 章的主题是好战文化，重点阐述企业的文化氛围对员工士气的影响。企业文化建设是不折不扣的硬核工程，企业要认识到先有精神后有方法论，要重视"场域能量"建设，通过"场域能量"打破员工的成长局限，激发员工的自动自发。"场域能量"是一种信息能量，它通过"消除不确定性"来增强员工的信心和战斗力。

第 6 章的主题是信息负熵，重点阐述企业要认识到信息是企业新价值的唯一源泉，要重视信息尤其是原创信息对企业获得商业成功的关键制胜作用。企业要面向未来，构建"信息差"，以更大范围地谋取"机会窗"；要从更本质的角度看到企业资产实际上是信息资产，要建立员工在信息携带、信息创造、信息传播、信息处理方面的活力机制，让信息资产保值并持续增值。

以上五个部分，打移动靶和动态决策是一组，面向作战，解决"力量运用"问题；组织进化和好战文化是一组，面向运作，解决"力量构建"问题；信息负熵是一组，面向创新，解决"力量源泉"问题。力量运用离不开力量构建，力量构建离不开力量源泉，三者共同服务于企业的可持续发展。

TD-ICE 管理模型是一个动态模型，每一部分都体现了认知与实践的辩证运动。由于实践的发展性、认知的延时性、认知误区和认知差异等原因，企业管理者要认清一个事实，成功本来就是一系列试错的函数，我们注定只能在一次又一次犯错的宿命中成长；不要被成功的幻觉所迷惑，要有用一生走出自欺陷阱的觉悟。从这个意义上来说，失败何尝不是每个人一生中弥足珍贵的成功资源？理性固然有助于我们走得更远，但认识到理性的局限，才是评判我们成熟的标志。

TD-ICE 管理模型旨在为企业管理者提供一个管理上的系统模式，减少错误的发生，但在前行的道路上，有些错误是无法避免的，还得继续犯错和纠错，这是人建立完整认知的必由之路和必然过程。我深信，TD-ICE 管理模型本身也存在认知上的 Bug，有待后续进一步完善和优化。在这里拜托大家批评指正，希望借由你们的反馈，后续快速修正本书中可能存在的 Bug，以及突破我个人的认知局限。万分感谢大家！

Chapter 1

关于企业管理的系统思考

企业中的问题大多是复杂问题，需要系统解决方案，而非单一领域解决方案。但现实中大多数管理者只有单一领域管理经验，没有跨领域管理经验，习惯于从单一领域出发寻找问题的答案。所以，管理者需要跨领域学习，在头脑中建立起系统模式，防止单一视角局限了自己的认知，要避免像美国投资家查理·芒格说的，"手里拿着锤子的人，眼中满世界都是钉子"。

什么样的企业容易获得商业成功

　　管理好比是组织的操作系统（Operation System，OS），是组织的暗能力；业务活动好比是应用程序（app），是组织的显能力；没有 OS，所有的 app 就无法运行。据此我们不难理解，一些企业为什么业务效率低下、经营困难，因为它们没有 OS 或 OS 碎片化，没有认识到暗能力"虚而不屈，动而愈出"的潜在作用。

　　那么，什么样的企业容易获得商业成功？我们根据对成功企业的调研分析，总结得出三大特征：一是拥有正确的赚钱逻辑，能够在正确的时点正确地分配资源，用资源来保证对行动的投入；二是懂得围绕核心能力形成规模经济和范围经济；三是能够想正确并做正确，充分发挥管理的暗能力作用。

在正确的时点正确地分配资源

某上市公司的老板在接待来访者时，总是情不自禁地向来访者介绍公司厂房规模有多大、厂区设计如何"高大上"等。实际情况如何呢？厂房有很多空间是出租出去的，原因是公司一直在吃老本，舍不得对未来进行投入，产品竞争力不断下降，公司各项业务不同程度地陷入惨淡经营和规模缩减的局面。经营状况不好，员工待遇自然也好不到哪儿去，于是优秀员工不断流失，公司经营陷入恶性循环。

作为对比，华为创始人任正非在这方面的思维和做法却截然不同，他说："没有技术上的世界领先，我们就只能卖低价，卖低价你们就只能低工资，低工资你们就跑了，华为就成了物业公司，靠出租房子养活。"这段大俗大雅的话，把企业赚钱的逻辑基本说清楚了。

（1）华为必须成为一家有赚钱能力的公司，因为薪酬竞争力是员工走到一起的根本原因。

（2）在市场经济的大前提下，要赚钱，就必须创造稀缺，大路货只能卖低价。

（3）要创造稀缺，就需要适度技术领先（华为认为领先半步是先进，领先三步是"先烈"，太过超前的技术，如果没有客户需求，就只能以牺牲自己的方式来成就后来者）。

（4）要适度技术领先，就必须坚持对未来的持续投入（华为坚持每年至少将营收的 10% 用于投资未来，并将其写入了《华为公司基本法》），一旦一个领域参与的人多了，企业就要从浩瀚的人类价值中去寻找和创造新的商机。

（5）对未来的持续投入，关键是投资人才，因为人才是"活的资产"，一切资本只有附着在"活的资产"上，才能保值增值。

（6）人才有了，事业才能长盛不衰；厂房可以购置，但只剩下厂房，人才没了，厂房也会随之贬值，最后沦为物业。足见对人的认知，才是企业管理最为核心的部分。

我们承认，不同企业家的能力是有差异的，但客观来讲，我们不能假设一些企业家诚心想把企业搞砸。相信任何一位企业家的初衷都是想把企业做好，他们所做的选择都是经过深思熟虑的。他们深知任何草率的决定对企业意味着什么，这一点我们完全不用怀疑。至于为什么最后的结果会千差万别，这就需要我们去弄清楚了。

常规而言，无论是按照统计率还是因果律，企业之所以当下能够赚钱，是因为企业过往做对了某些事情，今天的结果缘于过往的原因。我们不妨按照这个思路，来分析上面这家上市公司为什么经营每况愈下。

这家上市公司不对未来进行投入，是关键问题之一。一说到没有投入，很多企业可能并不认同：企业每年的运营成本可不少啊，凭什么说我没有投入？它们其实混淆了两个概念：一个是运营投入，另一个是战略投入。运营投入是为了保持企业当下的能力和将其变现，而战略投入则是为了发展企业未来的能力，是对未来的投资行为。运营投入和战略投入是两个概念，我们千万不要混淆了。

只进行运营投入，结果就是企业一直固守现有业务做"延长线"，而我们知道，任何业务都是有生命周期的，企业经营不存在"一招鲜吃遍天"的情况。一旦现有业务到了生命周期后期，随着市场竞争的加剧，企业的投入产出比就会降下来，最终，产品的价格趋近成本，企业赚钱越来越困难。

因此，一般来说，企业在现有业务经营状况良好的时候，就应该未雨绸缪，像华为一样，拿出一部分钱来投资未来业务，培育企业未来的盈利能力。现有业务正赚钱的时候，就好比是企业的"粮仓"，家有粮仓，心里不慌，拿出一部分赚来的"闲钱"去投资未来业务，即使失败了也不至于对现有业务造成冲击。等到现有业务不景气的时候再去投资未来业务，对现有业务造成冲击是必然的，极大可能是现有业务和未来业务都做不好。所以，投资未来业务，重要的是选择正确的时点，要尽量选择在现有业务的快速上升期投资，切忌选择在现有业务的生命周期后期投资。

用一个函数式来表达赚钱的底层逻辑，就是：

$$赚钱 = f(在正确的时点正确地分配资源)$$

组织行为学里有一个双曲贴现（又叫非理性折现）理论，即人们在对未来的收益进行价值评估时，倾向于对较近的时期采用更低的折现率，对较远的时期采用更高的折现率。也就是说，人们在权衡短期利益和长期利益时，天平往往向短期利益倾斜，正如很多人更愿意得到今天的 60 元，而不是一年后的 100 元。

根据双曲贴现理论，任何一家企业在必须就现在和未来做出

"二选一"的选择时，正常都会选择现在而不是未来，因为选择现在是为了生存，选择未来是为了发展，生存都成问题，哪顾得上发展？这时候放弃对未来的投入，自然就成为这些企业不得不做出的选择。可见，所谓"躺平"，不过是一种对现实的无奈罢了。

正是因为在正确的时间做了错误的投资，以致到了后期，这家上市公司经营每况愈下，再也不敢对未来进行投入了，"一朝被蛇咬，十年怕井绳"。须知，敢赢的前提是敢输啊！输不起，就注定赢不了。

这家上市公司后期的决策应该说也无可厚非，毕竟没有筹码，自然不敢大胆地在商海里"押注"，保住现在，活下去更要紧。只是这时候该公司连主业的运营成本也在大幅缩减，这就不应该了。正常情况下，当一家公司单纯靠绞尽脑汁地缩减运营成本来维持的时候，说明这家公司的衰败已然开始。如果盈利能力下降，运营成本也随之下降，就会构成负反馈回路，公司再难重现过去的辉煌。

围绕核心能力形成规模经济和范围经济

前面提到的上市公司其实并不是舍不得对未来进行战略投入，恰恰相反，在现金流充裕的高光时刻，它也曾大手笔投资未来产业，但结局都不尽如人意，原因是企业没有围绕自身的核心能力，在主业相邻领域进行业务拓展和投资，即并非为了加固自己的护城河，而是另外开辟了几条赛道，且把主业的很多资源调配到了这些新赛道。结果可想而知，不仅主业受到了很大影响，停滞不前，新赛道也因试错成本太高和持续投入不足等原因，无一例外，都成了企业的负累，相当于盖了几幢烂尾楼之后，企业已是元气大伤。

这里有一个事关企业生命力和生长力的话题急需厘清：企业的核心能力是什么？对任何一家企业来说，这个话题都无比重要。但让人不可思议的是，这么重要的话题，居然少有企业认真思考过。这就相当于一个人要上场比武，却不知道自己精通什么武艺；一个人要上台表演，却不知道自己擅长什么才艺，对此我们难道不觉得很荒诞吗？每当问及这一话题时，很多企业则摆出一副始料未及和一脸茫然的样子，意思是未曾想过。想都没想过，当然也就很难说企业对核心能力有什么系统构建了。没有系统构建，自然也就谈不上有什么竞争优势了。

什么是企业的核心能力？

企业的核心能力是企业在长期经营过程中的知识积累、特殊技能以及相关资源组合成的一个综合体系，是企业独具的、特有的一种能力，是企业持续竞争的源泉和基础。这是学术上的定义，难免有些晦涩，我们还是来看具体的例子。

苹果公司的核心能力是什么？苹果公司的核心能力是发现产品而不是发明产品，即创造出客户想要但还没有想象出来的产品的能力。这也就不难解释为什么苹果公司利润如此丰厚，市值如此高企了，因为它致力于打造重构用户需求的能力，创造的是稀缺。

　　佳能公司的核心能力是什么？佳能公司的产品都是围绕其在光学镜片、成像技术和微处理控制技术方面的技术优势进行应用展开的，所以佳能公司的核心能力是其在特定领域的技术积淀。

　　京东的核心能力是什么？京东的核心能力绝不是人家津津乐道的正品管理，也不是京东的平台运营，这些凡是容易被别人模仿的，都不能被称为核心能力。京东的核心能力是其不断生态化的供应链管理基础设施，这个核心能力需要大把"烧钱"和长期的运营积累，才能逐渐形成。京东的业务生态就是围绕其供应链管理基础设施展开的。

　　这里有一个认知误区，一些企业认为自己长期从事某项业务，该项业务就是它们的核心能力，这是绝对错误的。如果该项业务长期经营不善，未能成为公司的"粮仓"，我们就不能说企业具备该项业务的核心能力，只能说企业正走在积累核心能力的路上。

　　综上，构成企业的核心能力，至少需要满足以下四个要件。

　　（1）它是成就企业商业成功的关键制胜因素。

　　（2）能够创造稀缺，未来可进一步放大企业的成功。

　　（3）具有唯一性，不容易被模仿。

　　（4）具有相对稳定性和可持续发展性，能够以其为基础，不断扬弃并形成增强回路。

　　企业的核心能力，也可以说成是企业的生命力和生长力。以华为为例，华为的宏观战略又称为同心圆发展战略，即在华为的核心能力生长点上孵化新业务。核心能力好比树干，树干要不断变粗；新业务好比树枝，新业务要长在树干上，这就是"杂花生树"的原理。

华为用了二十多年的时间，聚焦网络通信领域，在网络通信发展到一定规模之后，于 2009 年衍生出企业业务和消费者业务，后来又发展出车 BU（Business Unit，业务单元），以及云计算、大数据等业务。华为的业务虽然在不断地多元化，但所有业务的核心能力其实是差不多的，都是通信，一个是 IT（Information Technology，信息技术），一个是 CT（Communication Technology，通信技术），合起来就是华为自己说的 ICT（Information and Communication Technology，信息与通信技术）。

华为的核心能力通过更大规模和更大范围的复制，其产出效益远远高于一般企业，盈利能力也越来越强。围绕核心能力培育和发展新业务，可以大大缩短企业的学习周期，大量降低企业的学习成本和试错成本。

华为的同心圆发展战略带给企业的启示如下。

（1）一定要厘清企业的核心能力到底是什么。在这个话题上千万不能含糊其词，要聚焦核心能力去布局资源，无法形成力量的资源布局毫无意义。

（2）只有等到核心能力基本成形之后，才可以此为基础，渐次发展新业务，否则战线拉得太长，力量就会分散，成功的可能性就会降低。

（3）最大化投资价值没有秘方，就是要围绕企业的核心能力去发展主业和新业务。主航道要清晰和做强，新业务要建立在强大的基础之上，否则就是纯粹的多元化，业务和财务失控的概率大。

（4）不要错误地理解补短板。补短板是为了更好地增强和服务于核心能力这一长板，而不是在一个与核心能力不相关的领域，弥补没有意义的短板。单纯用自己的短板去跟别人的长板竞争，困难和风险实在太大，结果肯定吃亏。

（5）企业家的定力很重要。企业不是想干什么就可以干成什么的，不是有钱就可以任性。当年房地产火热的时候，华为就有这样的定力，坚决不做房地产，也不做金融，就是心无旁骛，聚焦ICT。按照华为自己的话说，"快钱"如果赚多了，那谁还愿意去赚那些"慢钱"呢？大家都走的路，才是一条最艰难的路。

至此我们已然清楚，前述上市公司经营状况不好，固然有诸多方面的原因，但核心原因是前期犯了纯粹多元化的错误，没有围绕核心能力进行投资，以致后期在运营层面无论如何努力，都无法扭转颓势，更不用说形成规模经济和范围经济了。战术上的努力，永远难以弥补战略上的失误。

其实，这家上市公司并不是说就此没有希望了，其正确做法应该是，尽快收窄战略面，通过业务变革和重组，放弃与主业不相关的产业，把力量全部集中到主业上来。主业市场空间大，是企业的核心能力所在，只要坚持在主业上持续投入，就可以有相对好的未来。凡事要符合能量运动规律，没有足够的能量，就无法实现业绩穿透。

想正确并做正确

如果我们就此打住，认为以上就是前述上市公司的问题症结所在，那就大错特错了，我们还要从更深的层次进一步挖掘。

对这家上市公司的老板而言，闪光的永远是那些看得见、摸得着的有形的东西，如赛道、资金、厂房、产品、员工、物业出租的回报等。这说明在他看来，那些肉眼可见的有形的东西才是可信的，代表着企业的力量。

赛道是什么？赛道就是市场，但与企业核心能力不相关的赛道，仅仅是市场，和企业没有关系，只有与企业核心能力相关的赛道，才是机会。市场和机会是两回事，企业真正需要的是机会。此外，拥有资金、厂房、产品、员工等资源要素本身并不等于企业具有力量。没有卓有成效的管理，没有管理导向下全体员工身上所拥有的精神、方法论和创造力，这些要素仅仅就是要素，无法形成整合力和产出力。至于物业出租的回报，那就更不值一提了，它甚至抵不上资产贬值造成的损失。企业正确的思考方向应该是如何着力激活存量资产的价值。

想正确才能做正确。可见，这家上市公司需要想正确的地方实在太多了：业务发展与核心能力的关系需要想正确，市场和机会的关系需要想正确，运营成本和产业投资的关系需要想正确，管理和产出的关系需要想正确，一般意义上的员工与拥有精神、方法论和创造力的员工的区别需要想正确，资产出租的价值和如何让资产最大限度地增值需要想正确……正因为在这些方面没有想正确,这家上市公司才会陷入今天的经营困境。

因此,我们应深刻认识到,这些看似无形的东西,恰恰才是企业不可或缺的、有如空气一样珍贵的存在。正是它们,无时无刻不在发挥着作用,无时无刻不在影响着企业的进程。企业家只有闭上眼睛,用心去感知,才能捕捉到。

至此,我们可以盖棺定论,造成这家上市公司经营困境的症结,就在于它看不到无形的价值和力量,没有想正确,自然也就没有做正确。能力的最高境界是无形(想正确,即如何实践)催生有形(做正确,即具体实践),无形是有形背后的原因,只有改变原因,我们才能改变结果。

为了方便理解,我们把想正确和做正确的关系用图来表示,即如图 1-1 所示。

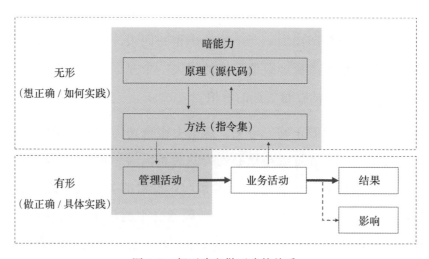

图 1-1　想正确和做正确的关系

想正确，指导我们如何实践。想正确又可分为原理和方法：原理好比源代码，代表事情意义的组合，一般表现为事情背后的目的、价值观、假设或基本规律；方法好比指令集，代表事物内在关系的组合，一般表现为具象的方法论。源代码（原理）要通过指令集（方法），才具有可操作性。原理也好，方法也好，必须从实践中来，到实践中去，在指导具体的管理活动和业务活动的过程中产生价值。

做正确，即我们的具体实践，可分为管理活动和业务活动。业务活动是直接创造价值的活动；管理活动是保证业务活动按要求展开所进行的活动，目的是不断改善业务活动的效率；我们也可以据此理解为，管理活动是业务活动的辅助系统。这就意味着，相对于业务活动，管理活动其实也是无形的，因为它潜藏在业务活动的背后，潜在地发挥着作用。

把"如何实践"与"管理活动"结合起来，就是我们通常说的"管理"，它们共同构成了企业的指挥系统。这里要特别强调的是，虽然想正确才能做正确，但不管如何想正确，都要靠做正确去落地，管理不能停留在理解上，管理的落脚点是实践。

由于上面一下子引入了太多概念，我们还是用具体的例子来帮助理解想正确和做正确的关系，理解管理为什么是一种暗能力。

一些企业给新生代贴上了很多标签，如生活优渥、不惧权威、不喜欢被束缚、喜欢弹性工作、重视工作体验等，认为新生代独具个性，并据此制订改造新生代的方案，美其名曰"传承企业文化"。然而，迄今为止，还没有成功的先例。为什么这么做会失败？因为源代码出问题了，改造新生代背后的源代码是"新生代只有融入企业文化，才能整齐划一和有战斗力"。

新生代作为一种社会现象，是客观事实，不存在好与不好，企业既不可以改变，也没有必要改变。可以认为，新生代独具个性，本质上是新生代适应社会的一种生存策略，不好管不是新生代的错，而是企业管理者自己的认知没有升级。

华为创始人任正非有一次在听取人力资源部门工作汇报时说道："到底是我们适应新生代，还是新生代适应我们？不管我们愿意还是不愿意，华为的接力棒今后一定是交给新生代的。"

任何一种健康的企业文化，都应该是随时空的变迁而动态丰富其内涵的、开放的、向下兼容的文化。华为提出要适应新生代，其背后的源代码是"与时俱进、动态适应的企业文化才能生生不息"。事实上，华为的人力资源政策（指令集）后来面向新生代做了许多优化调整，与这次汇报不无关系，这也为华为的事业后继有人打下了良好的政策基础。

一些企业借知识传承的名义，让经验丰富的员工将工作中的技术诀窍书面整理出来，借此把员工个人的隐性知识变为企业的显性知识，若是该员工哪天离职了，也就不至于影响公司业务。企业的初衷是好的，问题是谁愿意轻易把自己好不容易掌握的技术诀窍拿出来？他们会担心一旦拿出来了，自己在组织中的重要性就下降了，而顾及自己的职业安全是人之常情。

"把隐性知识变为显性知识，把能力建在组织上"是企业的源代码，源代码没有错，问题出在指令集上，用"要求员工书面整理技术诀窍"的方式，最后肯定是事与愿违的。可以想见，上有政策，下有对策，员工一般都会选择应付了事，在一些关键流程节点上选择留一手，最后的结果是企业为此产生了一堆垃圾工作和垃圾文档。

正确的指令集是什么？应该是要求员工在流程中为下游环节提供完整的交付物，至少要求员工在一些关键流程节点上必须如此。只有经过下游校验的、可再现的交付物，才是真实可信的、有价值的交付物，若校验不成功，说明上游没有完整地输出，必须补充完整。这样，在业务流中员工就自动完成了从隐性知识到显性知识的产出，企业也就从机制上实现了对知识资产的沉淀和收割。

从上面的案例中，我们可以管窥管理的力量和管理的暗能力，同时也可以感受到管理的巨大作用，用"起步定输赢"来衡量管理的价值，一点都不为过。

管理看似在间接地发挥作用，其实它是不折不扣的、影响企业商业成功的直接作用力。之所以有人认为管理是在间接地发挥作用，是因为他们认为"起步定输赢"的起步是在业务现实中，殊不知，任何事情真正的起步均始于我们无形的认知世界。如果我们不能正确地认识到这一点，我们就会一而再，再而三地为我们的认知买单。

话说回来，如果有更多的企业愿意为认知付费，那就更好了，说明企业发自内心地认可管理的价值，这样更有利于企业走上健康之路。

华为请 IBM 作顾问指导企业管理变革的时候，负责变革的分管领导觉得 IBM 的报价太高，想砍价，创始人任正非知道后，特别交代：第一，不要砍价，IBM 报多少就是多少；第二，在 IBM 的报价基础上，再加 20%。任正非认为，要将 IBM 顾问专家的价值放到一个更长的时间轴上看，他们输出的是 IBM 多年管理实践所沉淀下来的精要，怎么能简单地用顾问专家的工时来衡量呢？工时费只反映了顾问专家向华为输出管理精要的时间价值，并未充分反映 IBM 沉淀下来的管理精要的价值，以及这些管理精要为缩短华为在管理实践上的探索时间带来的价值。

华为要买的，是顾问专家脑海里 IBM 的管理精要，而不是顾问专家的工时，更不是形式上的流程、工具、模板。IBM 的管理精要是什么？是顾问专家在 IBM 长期的管理实践中不断体悟形成的、最接近本质的、最精准的管理智慧。有道是"经验越多，智慧越少"，这些为数不多的大智慧是需要很长时间来沉淀的，就像年份酒一样弥足珍贵，是企业最稀缺的成功资源。

为什么说贵的要素才是便宜的？原因即在于此。华为正是基于这样的认知，才不愿意在管理变革上省不该省的钱。华为认为，钱给到位了，顾问专家更愿意输出精要；钱给不到位，他们公事公办，输出一堆流程、工具、模板，却缺失了精要，这是舍本逐末，看上去省了钱，实际上前面花出去的钱都白花了。什么是格局？格局是一种更高层次的利益计算，华为能做大，和它迥异于常人的算法不无关系。

当然，管理更大的价值，是持续为企业的时间增值。

企业管理的"微内核"：TD-ICE 管理模型

企业管理理论和方法论林林总总，如果没有系统模式，人们很容易迷失其中。系统模式的价值在于，以全局视角为企业管理者创造一种"观影体验"。只有信息更完整，管理者才能独具慧眼，洞察混乱中的规律性及事物间的本质联系，从而对症下药，增强管理的有效性。

企业管理系统模式的变迁

企业管理的系统模式不是静态设计的结果，而是一个不断改进改良、无限逼近合理的渐进成长的结果。企业的发展是不清晰的，任何毕其功于一役和一劳永逸的想法，都会对企业造成伤害。管理最终的目的是满足企业经营的需要，管理必须附着在企业经营上，但管理水平不能超越企业经营水平，因为任何事先预设的管理，都可能造成该做的久旱无雨，不需要的大水漫灌。

有人说，"初创企业或小微企业没有管理"。这句话对也不对，说它对，是因为初创企业的确没有多少外显的管理机制，更谈不上系统模式；说它不对，是因为只要有组织系统，就会有 OS，否则组织没法运转。只不过初创企业的 OS 大多根植在企业家的脑海里，企业家角色代偿了 OS 的作用。这种企业家角色代偿的系统模式，好比台式机时代，一个 CPU 在进行集中处理，其余都是执行单元，是一种极其简单的系统模式。

存在的都是有原因的，初创企业不确定性大，对市场要有快速应变能力，业务规模小，分摊管理成本有困难，这些决定了企业家代偿的系统模式有其现实上的应景性和合理性。总之，初创企业的管理就应该追求最小化。

其实，大企业的一些新设立的事业部也适用以上系统模式。新事业不同于成熟事业，往往要摸索着前进，如果将其与成熟事业放到一起，搞一刀切管理，新事业反而会受管理之害。新事业关键是选对人，找有创业精神的管理者，然后赋权他们去大胆尝试、大胆试错，让失败的样本快速呈现，为新事业赢得宝贵的发展时间。

2021 年第四季度，华为接二连三成立行业军团，把各类专家汇聚到一个部门，着力解决长期以来企业 BG（Business Group，事业群）对行业认知比较浅层、不能深度触及行业痛点和输出有厚度的行业解决方案的问题。我们知道，华为 5G 技术世界领先，但受宏观国际政治环境的影响，5G 在全球市场拓展受限，B2C 业务受芯片供给影响，业绩也出现了严重下滑。在这种双重打击下，开拓新的收入来源，就显得无比重要，于是，大力发展企业业务就成了华为最现实的选择。

华为寄希望于行业军团能够打破现有组织边界，快速聚集资源，穿插作战，提升效率，做深做透一个领域，并对商业成功负责，为华为多产粮食。在企业数字化大潮下，行业军团将华为 ICT、云计算、AI（Artificial Intelligence，人工智能）等与行业有机结合，一旦获得巨大成功，其经验就可以大规模复制，并拉动 5G 流量的大规模消费。一般消费者对 5G 的消费贡献是非常小的，5G 最大的消费主体是各行业企业客户，打通行业客户需求，其实也是打通运营商下游的客户需求，从而扩大运营商对 5G 网络规模扩容的需求，所以也可以说打通行业客户需求是一石多鸟。

行业军团在华为是一个新生事物，华为历史上的变革基本上都是针对特定领域的变革，成立行业军团则是华为面向 ICT 市场、面向未来的一次重大变革，涉及代表处、地区部、BG、解决方案销售、研发、交付等诸多领域，通过拉通研发与客户端的业务场景，开展解决方案创新，而不是现有产品与合作伙伴产品的简单组合。对于行业军团变革，华为没有历史经验可以参照，不能像华为几大 BG 一样，对行业军团预设管控，华为一贯的做法是采用"赛马"机制，鼓励他们以结果为导向，闯出一条新路来。

当然，个人认为，用行业军团去重构一个行业，其能量是远远不够的，这个难度不是一般的大，需要长期耕耘，在现实情况下，华为也就是"谋其上，取其中"，从中获得一些意外的商业机会罢了。

企业发展到一定阶段后，组织（尤其是员工思想）复杂度大幅增加，企业家角色代偿的系统模式就会遇到瓶颈，企业家就要"裂变"为一个企业家团队，通过企业家团队来代偿 OS 的作用。这就好比一个局域网，可以进行分布式处理。局域网需要共通的协议，企业家团队也需要有共通的"协议"，这个"协议"就是企业内大家约定俗成的思想和行动纲领，起着固定思想（注意，不是固化！）的作用，以避免那些没有共性的个体对组织造成破坏力。

一些企业错误地认为，企业家团队就是创业元老，企业最稳妥的方式是安排创业元老来分管不同的业务领域。但大量事实表明，创业元老未必有企业家精神，未必跟得上企业发展，元老之间也未必有心灵契约。这说明，企业家团队不能简单地根据入职时间自然产生，而是需要进行某种程度的思想塑造和组织遴选，最后形成公司未来发展的坚强核心。一些创业元老，不过是企业特定发展阶段的同路人罢了，企业一旦遭遇坎坷，他们就形同陌路；还有一些创业元老，堪称企业的同心人，但若没有能力，同心又有什么用？企业家团队要的是志同道合者，志同道不合也不行，要能真正扛得起事。企业家团队人选得不对，再好的事业也会夭折，正因为如此，企业家团队才需要进行思想塑造和组织遴选。

《华为公司基本法》（以下简称《基本法》），就是华为早期的思想和行动纲领。可以说，1997 年以前，华为都没有成形的管理，体量起来以后，华为花了差不多 3 年的时间，组织起草、讨论并最终形成了《基本法》。《基本法》是企业发展的思想和行动纲领，华为要求干部反复学习，创始人任正非说，"如果说企业文化是公司的精髓，那么《基本法》就是企业文化的精髓""《基本法》值1个亿，没有《基本法》，华为会崩溃"。

1998 年 3 月 23 日，华为召开《基本法》审定会，宣告了从1995 年到 1998 年历时 3 年的《基本法》正式发布，也是从这一天开始，《基本法》成为历史。任正非指出："《基本法》通过之时，也就是《基本法》作废之时。"因为《基本法》输出的只是一个文本，其精神内核已经内化于华为人的头脑之中了，并与华为的经营管理实践相结合。

2011 年 12 月，任正非在《一江春水向东流》这篇文章里，真实记录了当时起草《基本法》的背景、目的和成效：

"在华为成立之初，我是听任各地'游击队长'们自由发挥的。其实，我也领导不了他们。前十年几乎没有开过办公会之类的会议，总是飞到各地去，听取他们的汇报，他们说怎么办就怎么办，理解他们，支持他们；听听研发人员的发散思维，乱成一团的所谓研发，当时简直不可能有清晰的方向，就像玻璃窗上的苍蝇，乱碰乱撞，听到客户一点点改进的要求，就奋力去找机会……更谈不上如何去管财务了，我根本就不懂财务，这导致我后来没有处理好与财务的关系，他们被提拔得少，责任在我。也许是我无能、傻，才如此放权，使各路诸侯的聪明才智大发挥，成就了华为。我那时被称作甩手掌柜，不是我甩手，而是我真不知道如何管……

"到 1997 年后，公司内部的思想混乱，主义林立，各路诸侯都显示出他们的实力，公司往何处去，不得要领。我请中国人民大学（简称人大）的教授们，一起讨论一个'基本法'，用于集合一下大家发散的思维，几上几下的讨论，不知不觉中'春秋战国'就无声无息了，人大的教授厉害，怎么就统一了大家的认识了呢？从此，开始形成所谓的华为企业文化，说这个文化有多好、多厉害，不是我创造的，而是全体员工悟出来的。我那时最多是从一个甩手掌柜，变成了一个文化教员……"

企业家团队的"局域网"系统模式，也有它的局限性。再有能耐的人，都有物理上的能力上限，企业不能想当然、无限度地拔高人的能力。有的企业出于惯性，不断给企业家团队进行工作加码，寄希望于凭借他们的能力，来弥补企业在管理体系建设上的缺失。这种"老牛拉大车"的模式实难持久，有的人身兼多个重要职位，忙得连思考的时间都没有，相当于一个锅盖要盖几口锅，结果每一锅都煮不熟。

企业必须认识到个体载荷有限，个体优势在客观上具有分散性，集中到某个个体身上是小概率事件，唯有组合管理，才可以大大降低在个体身上进行能力切换所产生的时间成本。

所以，企业一旦发展到一定规模，就需要体系化管理，以弥补人的能力不足，抵御规模带来的熵增。这意味着企业管理系统模式要从"局域网"跃迁到"云计算"。从本质上来说，就是要从人治跃迁到制度治理，这时候企业家或企业家团队不能把企业当成"透明箱子"，指望能透视一切，而是要懂得用机制去"看"

企业这个"黑箱子"，让"黑箱子"高效产出。

　　什么是管理？管理就是调节原因变量，让时间的价值最大化。企业规模大了以后，各种资源要素开始呈"布朗运动"，如果不能及时调节这一原因变量，企业效率就会大受影响，企业的时间价值就会下降。从表 1-1 中，我们可以看到人治和制度治理的核心区别到底在哪里。

表 1-1　企业人治与制度治理的核心区别

分类	人治	制度治理
运作	按功能	按流程
目标	以任务为中心	以产出为中心
视野	局部	全局
驱动	高层思考，基层行动	每个人都在思考和行动
效率	条块分割，产生非增值工作	横向拉通协同，有效率和效益
能力	多构建在人身上	多固化在流程中
人才	难以发展出有视野的商业领袖	有利于产生有视野的商业领袖

　　有人说，很多企业高管是"伪高管"，其实这不是真正的原因变量。真正的原因变量是，企业根本就没有管理投入，因而也就没有围绕企业的压力和挑战所开展的系统性的管理实践活动；没有系统性的管理实践活动，管理者就只能在自己的业务实践中积累一些战术层面的管理经验，而这难以形成组织之间、个体之间、组织与个体之间的协同效应。靠"妙手偶得之"成为管理专家的毕竟是少数，多数还是需要在管理实践中反复练习。

　　任正非说："我认为结构、流程是很重要，但还是建议先把班子任命出来，班子也参与设计，而不仅仅是由少数人来设计。

以后的改革应该'两组车'改革，不能专家关起门来改革。商鞅改革为什么失败？就是没有跟官吏在一起讨论改革方案。一定要让这些官在利益上来跟我们吵，在吵的过程中实际上就达成了妥协。"实践是检验真理的唯一标准，华为能前赴后继地产生大量的管理干部，和管理者有机会参与各种管理变革、有机会开展各项管理实践活动有非常大的关系。工作之于员工，不仅仅是为了付薪，更是为了赋能。

无论是"台式机""局域网"还是"云计算"系统模式，管理都是为了释放人性和生产力，而不是去建一个牢笼，把大家囚禁起来。

什么是 TD-ICE 管理模型

现有的企业管理理论和方法论存在的最大问题是不系统且指向不清晰，企业管理者在运用这些理论和方法论的时候，常常机械地套用其中的工具，却不知这些工具背后的指导思想和应用边界。

举例来说，"平衡计分卡"是企业战略管理工具，从财务、客户、运营、学习与成长四个维度来衡量企业战略，但很多企业却把它当成了考核工具，生拉硬扯地从这四个维度来设计部门考核指标，导致一些部门凭空多出一些不必要和不可控的考核指标来，淹没了重点。部门考核什么战略指标，取决于这个部门是不是确实承担了战略责任，没有战略责任，就不存在战略考核。一般而言，一个部门最有可能在一到两个维度上承担战略责任，不太可能在四个维度上都承担战略责任。

　　企业管理理论和方法论的工具化造成的最大困扰是，企业管理者极可能因此留下很多认知上的"断点"，这些"断点"导致管理者在日常管理中可能认知不全，不是掉进这个坑，就是掉进那个坑，白白缴了很多认知税。也因此，一些人自嘲地感慨道："听过很多道理，却依然过不好这一生！"我们不妨来看一下市面上出版的管理类图书，它们基本上是按照企业管理的功能块来成书的，比如战略、组织、流程、文化、财务、考核、激励、人才发展、领导力等，就像一个个离散的"产品"。企业能够用好这些"产品"的前提是企业已经有了系统的管理逻辑，否则这些"产品"很难真正发挥作用。

　　我们可以这样来打比方：底层管理逻辑好比华为鸿蒙操作系统的"微内核"（源代码），各功能块好比华为鸿蒙操作系统的"全场景"互联互通（指令集），"微内核 + 全场景"就构成了一套完整的操作系统。企业要避免在管理上不小心"入坑"，至少要在管理者头脑中装载管理的"微内核"，继而通过"微内核"去搜寻管理的"产品"来为自己提供管理支持。

　　那么，企业管理的"微内核"到底是什么呢？我们不妨从企业经营的本质出发，以终为始，逐步梳理出一个底层管理逻辑框架：企业经营本质上是追求商业成果，从能量和能量运动的规律来看，获取商业成果需要拥有力量，以及懂得运用力量。因此，企业必须想清楚以下三个问题。

第一个问题，企业如何进行力量的运用？ 成功企业的经验告诉我们，企业活下去的基础是现金流，因此企业经营一方面要把当下的力量努力变现，形成当下健康的现金流，另一方面要坚定不移地对未来进行投入，以构建未来的力量和现金流，不谋未来者没有未来。具体来说，企业一方面要不断抢占战术机会点，这是企业生存的需要；另一方面要适时开启战略机会窗，这是企业发展的必然。

诚如我们所知，现代企业所处的环境充满了不确定性和动态变化，因此企业要抢占战术机会点，就要学会在运动中"打歼灭战"，通过"打移动靶"和战术决策来提高命中率，从而提高企业的经营效益；企业还要有望远的能力，提高能见度，开展战略决策，适时为企业开启战略机会窗，因为有战略机会窗，才会有后续的更多战术机会点。战术决策和战略决策都是动态的，因为未来不可知，企业只能忽左忽右地无限逼近理想的未来。

为什么很多企业没有自己的优势"生态位"？不对未来投入力量，等来的就只可能是"内卷"，不可能有优势"生态位"。有的企业的确对未来投入了力量，但几乎都投在了有形资产上，却没有投在管理上，没有投在"活的资产"上，导致投入的资产不具有变现的能力。

多元化的企业，投入力量不可谓不大，为什么经营会失控？同样是在力量运用上出了问题，看似力量大，但力量太过分散，根本形不成战斗力。须知，所有的战略都是以强胜弱，不存在以弱胜强的战略，在绝对力量面前，任何"智慧"都只有被碾压的份儿。当然，真正的智慧，都擅长处理战略进攻和战略积累的矛盾，懂得顺势而为。

第二个问题，企业如何构建自己的力量？ 毫无疑问，资源（资产、资金、人才、技术、合作伙伴、社会关系等）是企业非常重要的力量基础，但企业如果不能把这些资源要素整合起来，它们就是离散的，无法形成合力。

任何资源的加入，都是由价值驱动的，因此企业要在资源的底座上构建一个可承载资源的、由价值驱动的力量平台，这个平台由两部分组成：一部分是物理上的、由价值目标驱动的组织力（流程、功能部门等），也就是结构力，通过结构力，整合资源要素，产出价值；另一部分是精神上的、由内在动机驱动的精神力，也就是胜利精神，通过胜利精神，物化出企业的商业成果。组织力是开源的，开源才能进化，进化才能保障事业可持续发展；组织力还需要辅以士气，士气低落的损失大于其他一切损失，组织力之"魂"就是胜利精神，各级组织是否具有胜利精神，关键看是否有"好战文化"，是否有"场效应"。企业只有构建了这样的力量平台，各种资源要素才能高效地产生协同效应，产出企业期望的商业价值。

遗憾的是，一些企业对构建这样一个力量平台并未产生足够的重视，根本原因还是在于它是一种被一些人的认知遮蔽了的、"看不见"的力量。你要他们打造结构力，用结构力来弥补人的能力不足，他们却指望通过招募英雄人物来弥补企业结构力的缺失；你要他们鼓舞士气，他们却说做人做事要低调，他们把组织的士气与个人做人做事的风格混为一谈。从本质上来说，这是一种管理上的不作为，是一种在其位不谋其政的懒惰行为。

一切存在都是关系型存在，结构力和场效应，说白了就是存在之间的"关系"，没有这些"关系"，存在也就无所谓存在，更谈不上存在价值了。

第三个问题，企业如何获得力量的源泉？ 按照物理学观点，力量的源泉是有序化能量，积累、组织和调动有序化能量的方法是信息负熵，有了信息负熵，就事实上有了能量源。人是信息的携带者、创造者、传播者和处理者，因此对企业来说，经营业务的本质就是经营人，通过开发人，来开发信息负熵和有序化能量，推动事业发展。创新的本质就是开发信息负熵和有序化能量，开创企业价值之源。

但一些企业的管理机制却对信息负熵和有序化能量造成了抑制，一味强调员工"外在管理下的服从"，这种由上而下、一厢情愿的管理方式往往难以达到开发人的实效。具体表现在：第一，效果打折，公司的期望和要求在员工身上很容易被一些莫名其妙的东西对冲掉；第二，"假摔"，员工常常做一些假动作来"配合"公司导向，但就是不产生组织成果；第三，恶性循环，组织成果越是达不成，公司的管理措施就越多，员工就越自我保护和收敛，如此形成负反馈回路。

常见一些企业在这方面的自我诊断是：人不行，无人可用；员工不学习，不想进步；员工没激情，没有战斗力；招人时胚子没招好，要加强招聘管理……可以肯定地说，如果以上仅仅是个例，则可能是员工个人出了问题，如果是普遍现象，则大概率是企业管理方式出了问题。

企业管理必须建立在这样的假设基础上：每个人都有使命意识！因此，企业管理的核心任务之一，是唤醒员工的使命意识。一般来说，员工使命意识的强弱程度，与员工个人利益与组织利益的交集成正比，交集越大，使命意识越强。

为什么企业家人群不需要单独设立一个部门，对他们进行专门的管理？因为企业家个人利益与企业利益交集大。一些企业在顶层利益设计上出了问题，导致高层团队分崩离析，这说明在统计意义上，使命意识与层级和思想觉悟没有太大关系，与利益的关系最大。

所以，企业管理与其一厢情愿地要求员工具有使命意识，还不如聚焦在"如何让企业利益和员工利益的交集最大化"上，借此推动一个个爆发的"小宇宙"涌现。当员工认识到企业是一个大家共生的事业平台时，这种共生力会自然激发员工由下而上的动机和需要，员工的表现再也不是"外在管理下的服从"，而是"自我管理下的投入"。

经由上面的分析，我们可以提炼出企业管理的"微内核"：TD-ICE 管理模型（见图 1-2），它包括五个部分：打移动靶，提高企业经营的命中率；动态决策，增加企业未来的能见度；组织进化，强健组织的结构力；好战文化，营造组织的场效应；信息负熵，开发有序化能量。本书第 2 章到第 6 章，就是围绕 TD-

ICE 管理模型的五个部分分别展开阐述的。

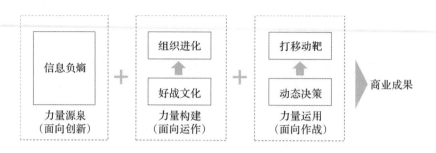

图 1-2　企业管理的"微内核"：TD-ICE 管理模型

　　企业管理者专注于管理的"微内核"，就相当于自己在扮演"规则制定者"的角色，不断为企业开辟事业新领域，带领企业迈向一个又一个胜利。

在管理实践中完成"系统"装载

　　如果有人问"中国企业家人群的管理意识强不强？"，答案是不强，当然这是从统计意义上说的，不是绝对的。尤其在软件、互联网行业，由于产品迭代相对容易、迭代成本低、错了可以快速重来等原因，企业组织环境相比一般制造业要随意得多，别说一般人了，很多老板都是专业挂帅，对管理很排斥。而一般制造业呢？多数也还是停留在人治的模式上，强调系统管理的少之又少。

　　管理其实 80% 是"理"业务逻辑，20% 是"管"业务异常；"理"是主动的、预防性的，"管"是被动的、响应式的。但很多企业是反过来的，"管"多"理"少，不"理"，异常自然就会越来越多，高层耗费在"管"上的时间精力也越来越多，当"管"逐渐成了企业"不得不"的工作时，企业浪费也就越来越严重。

企业要加强"理"的工作，就必须在"理"上投放资源，所以衡量一家企业是否真正有管理意识和重视管理，其标志就是该企业有没有把管理调研、管理思考、管理赋能、管理共识和管理变革等纳入公司常规预算项目。没有预算，说明管理根本不是企业高层的工作重点，怎么能说企业有管理意识呢？

但不是说事必躬亲就是有管理意识，要注意重要的事情不着急。一些企业家不可谓不敬业，对企业具体事务动不动就"拔枪"发号施令，没完没了地布置工作。为确保这些任务闭环，有的企业负责督办的工作人员多达数百人之众，如同明朝的锦衣卫一样可怖。这说明这些企业只有"管"的意识，没有"理"的思维。

企业在金字塔结构下，层层向下传递压力，员工只好把笑脸对着领导、把屁股对着客户，于是企业离客户越来越远，员工的工作差错越来越多，企业效率越来越低，企业的管控和考核越来越繁杂。这样的企业，如果企业家本人不是一台强大的发动机，将很难激活资源存量，创造业绩增量。

由耗散结构可知，越是大结构，频率越低；越是小结构，频率越高。上级好比大齿轮，下级好比小齿轮，大齿轮转一圈，小齿轮往往要转好几圈，因此上级要适度慢，侧重原则、原理和方法论；下级要适度快，侧重理解、执行和产出。上级太快了，成天发号施令，下级就转飞了。

　　一些企业为什么没有管理意识？因为人很难从自己的经验隧道里走出来。一些企业高层平时工作的对象是交付给客户的产品，一旦习惯了，就会形成惯性和路径依赖，这就是经验隧道。但对企业家来说，他们工作的对象其实已经不是交付给客户的产品了，他们工作的对象（或者说他们要生产出的"产品"）已经变成了组织机器，而管理就是要生产出一部组织机器，并以这部组织机器为"模具"，最终生产出交付给客户的产品。所以，企业家需要从产品思维过渡到组织思维。这个过渡是很难的，打破惯性不是一件容易的事，不是说你认识到了就一定能做到。

　　一些管理类图书和培训机构提出了角色认知的概念，冀望唤醒企业家的管理意识和内驱力，以达成上述目的，但实践证明这种做法收效甚微。无论是以书为师还是以师为师，"用师者王"不过是一种辅助手段罢了，仅仅起到知识转移的作用。如果仅靠书或老师就能让一个人大彻大悟，那这个世界就不会有愚昧了。试看古代的君王，哪一个没有超一流的帝师？很多君王不也"流水落花春去也，天上人间"吗？

　　俗语说，"无缘不可渡"。我不禁想，帮助企业家走出经验隧道、提升管理意识的这个"缘"到底是什么呢？

　　有一次一位企业家的分享，让我对此产生了顿悟。他说自己以前就是一个产品专家，赚了不少钱，日子暖暖，生活缓缓，自己觉得这样挺好，出来创业纯粹是因为手上资源多，出于情怀，想整合一下，给那些有梦想的人打造一个平台。他据此得出结论：管理就是自我管理，"己所不欲，勿施于人"，每个人在这个平台上都赚到钱了，自然就会倍加珍惜这个平台，不需要叠加过多的管理。

他说自己经常去参加商学院的各种学习，但目的是"混圈子"、拓展机会和进行资源连接，不是真的对管理有什么兴趣。后来他的企业发生了两次大的经营风险事件，差点将企业带入绝境。惊魂甫定，他开始对自己发出灵魂拷问："为什么人性经不起考验？为什么自己的善意不能对等地换来别人的善意？"从此他就像变了一个人似的，开始狠抓管理。

他的分享，宛如漆黑的夜空突然出现的闪电，将我迷茫的思想炸开了一道裂缝，让智慧之光照了进来，我的思想因此一下子变得透亮起来，真是"踏破铁鞋无觅处，得来全不费工夫"。你看那些但凡在管理上有建树的企业家，哪一个没有经历过失败、摔打、打击、惊吓、背叛……可见，没有"多么痛的领悟"，何来痛定思痛，何来思想升华，何来内驱力和行为改变？

所有懂管理、重管理的企业家，其实都是从阅读人性、阅读生活开始的，都是自己痛醒的，不是被人叫醒的。以前我们之所以认识不到这一点，是因为我们在内驱力理解上"中毒"太深，长期不假思索地止步于内驱力这种惯性思维，而不去探究内驱力的本质，内驱力也因此堂而皇之、"理所当然"地成了貌似可以包治百病的"鸡汤"，并登上了商学院神圣的讲坛。

内驱力的潜台词就是"不要指望别人，自己看着办吧"。从上面这位企业家的分享中我们不难读出，内驱力的本质是外驱力，这个外驱力就是企业家亲身经历的那些"痛"。痛到极致时，才会去拷问那个物极必反的"极点"到底在哪里。"好了伤疤忘了疼"，说明痛得不厉害，还处在感性阶段，说明还心存侥幸。尤其是那些带着各种成功光环的企业家，正是踌躇满志的时候，正在"独上高楼，望尽天涯路"，他们从未"痛"过，怎么会有真正意义上的居安思危和宠辱不惊呢？只有真正"痛"过的人，才会回归理性乃至灵性。"衣带渐宽终不悔，为伊消得人憔悴"，执着于苦苦找寻问题的答案，直至有一天，"蓦然回首，那人却在灯火阑珊处"，终于找到了孜孜以求的"灵丹"。

可见，任何认为管理只需要学习或练习就可以掌握的观点，都是站不住脚的。"痛"的外力，才是企业管理跃迁的原动力，这与物理学的惯性定律是一脉相承的。没有"痛"，企业家怎么肯在无形的管理上花钱？舍得花钱，才说明企业家已经在"化悲痛为力量"了。

基于系统模式，才能找准改进关键点

如果把企业看作一个系统，找准系统延迟的关键点，就是找准商机和管理改进的着力点，就像俄乌战争导致欧洲能源供应延迟，却让欧洲家用储能市场意外火爆起来。在系统模式下，企业透过更全面的信息，可以找准系统延迟的关键点，从而找到行动和资源投入的方向。

构建"边缘计算能力"

其实，企业仅有"痛"是远远不够的，一些企业也很"痛"，但就是走不出自己的经验隧道，原因是少了痛定思痛的"思"。这里的"思"，指的是一种帮助我们想正确的、稀缺的"边缘计算能力"。通过"边缘计算"，企业才有可能从"关了一扇窗"到"开启了一扇门"，才有可能从自己的经验隧道里"越狱"而出。其过程就像传说中的"鹰的新生"一样，没有人可以替代，专家辅导只是起到催化剂的作用，最终一定是自我救赎的结果。

为方便叙事，我们不妨以企业战略管理为例。企业战略规划过程就是典型的"边缘计算"过程，可以用一个公式表示如下：

$$战略 = 生态位 \times 企业能力 \times 文化基因$$

一些企业的战略规划，仅仅是一种徒有其名的形式，不是真正的战略规划。真正的战略规划应该是"先胜而后战"，即企业在付诸实际行动之前，就已进行过"边缘计算"，有必胜的把握了，至少保证在输得起的范围内。一般来说，企业战略规划涉及以下三个"边缘计算"过程。

第一个"边缘计算"过程，是找到企业的优势生态位。"生态位"一词很多人比较陌生，相较而言，"内卷"一词却很流行。一些企业经常无奈地将经营困境归因于"内卷"，这也难怪，人性的特点之一，就是在失败的时候喜欢寻找外部原因，在成功的时候喜欢寻找内部原因。

做企业战略规划的时候，一些人总爱表现出一副比别人更懂的样子，用各种数据和理由来证明现实的合理性，然后活成连他们自己都不喜欢的样子——试问，战略规划如果不是为了改变，又有什么意义呢？不改变，久而久之，不就"内卷"了吗？"内卷"说白了就是大家扎堆，削尖脑袋去做几乎同样的事情，处境当然越来越艰难！"内卷"意味着同质化，同质化不需要太复杂的计算。

"生态位"则不同，"生态位"的意思是大家不要扎堆了，要去主动发现细分市场，在细分市场里开展错位竞争。"生态位"本是一个生物学概念，用来研究物种之间的竞争关系，即在一个生态系统中，每个物种都有自己的角色和定位，占据一定的空间，发挥一定的功能，后来才延伸到了商业领域。"生态位"既是自然生态进化的原因，也是社会生态进化的原因。在资源有限的情况下，物种处在同一生态位就会产生"内卷"，于是有些物种就去寻找新的"生态位"，以规避竞争和天敌。

寻找新的"生态位"就需要进行"边缘计算"。在西方公司大肆进军城市市场的时候，华为基于自身实力的考虑，选择去耕耘广阔的农村市场；在西方公司占据主城区移动市场的时候，华为选择在城乡接合部发展自己的边际网络服务；华为5G网络速率比4G快10～100倍，网络时延从4G的50毫秒提升到1毫秒，为企业数字化转型以及自动驾驶等提供了可能，从而构筑起坚实的优势"生态位"……这些都是"边缘计算"的经典例子。

换言之，所谓"边缘计算"，就是要努力活在别人的认知之外，像哥伦布一样，去发现新大陆。军队打仗也是一样，活在敌人的认知之外，出其不意才能制胜。推而广之，企业家从热衷于app 到专注于 OS 的转变，是不是也是在寻找自己在组织中的"生态位"呢？组织也是一个生态，在这个生态中，大家"和而不同"，各自扮演好自己的角色，企业家应该角色归位，不要包办代替，去做下属该做的事情。

衡量一个"生态位"是不是优势"生态位"，重点看以下三个方向。

（1）市场空间是不是足够大。不要在螺蛳壳里做道场，市场空间的大小决定企业未来成长空间的大小，决定企业在这个市场空间里有没有腾挪空间。如果在能力构建上做不到规避竞争，那至少在市场空间上要能提供这种可能性。

（2）是不是刚需。不是刚需，极可能就是"伪需求"，在"伪需求"上建立商业大厦，容易坍塌。

（3）是不是唯一。在战略无人区，人无我有，才容易成功。

第二个"边缘计算"过程，是清晰界定企业能力边界，有所为，有所不为。比如，你是搞房地产的，却去开发汽车，这就是远离了企业能力边界。一些纯粹多元化的公司，哪是在投资，分明是在投机，摊子铺得太大，最后失控了，这是这些企业核心能力培育不起来、现金流断裂乃至商业帝国轰然坍塌的重要原因，"眼看他起高楼，眼看他楼塌了"，乃至"古今多少事，都付笑谈中"。企业一个个孤岛式的"能力"，如同一条条套在企业身上的"绞索"，分散了企业的能量，让企业无法获得击穿的力量。

企业越成功，惯性越大，改变越难，正所谓"你所拥有的，也将困住你自己"。企业家对企业能力不能正确进行"边缘计算"，与自信心爆棚有很大关系，可大致归因于"三个幻觉"。

（1）过往的幻觉：企业家对过往的成功经验深信不疑。

（2）现实的幻觉：企业家对当下的能力和实力深信不疑。

（3）未来的幻觉：企业家对驾驭未来的能力深信不疑。

"三个幻觉"为企业家构建了一个自我认知上的增强回路和"蜃景"，从而形成了一个认知壁垒，如果不能及时阻断该增强回路，头脑就会"系统过热"，继而导致认知系统关闭和认知失范。一般来说，如果没有让企业家刻骨铭心的"瞬断"事件发生，企业要进行脱胎换骨的自我革命，可能性不大。任何组织的进化，一定要靠人的进化来完成。

企业能力的"边缘计算"，目的是知道企业自身能力的边界，拓展业务不要超出自身能力的边界，要赚认知范围内的钱。"认识你自己"——希腊德尔菲神庙石碑上的箴言，看来所言非虚。

第三个"边缘计算"过程，是审视企业自身的文化基因。基因（Gene）也是一个生物学概念，是控制生物性状的基本遗传单位。基因概念被引入企业管理领域，早期的意思是"创始人的作用"，任何一个组织在形成过程中，都会或多或少地受到创始人意识形态的影响，我们把创始人在企业中具有长期影响力的意识形态，即企业的核心价值观和做事逻辑，称为企业的文化基因。

常听到有人说 B2B（Business to Business，企业对企业）企

业和 B2C（Business to Customer，企业对客户）企业具有不一样的文化基因，这其实是一种基于表象的观点。不管是 B2B 还是 B2C，都只是企业的业务形态，而基因并不是业务形态本身，因而企业不能简单地以业务形态来区分自己适合或不适合做什么。

以华为为例，华为 B2B 和 B2C 业务都做得很成功，为什么呢？因为华为的文化基因是"以客户为中心，以奋斗者为本，长期艰苦奋斗，持续自我批判"。"以客户为中心"意味着开源，开源意味着市场的复杂性，市场的复杂性意味着企业响应能力的多样性，企业响应能力的多样性意味着组织必须充满活力，组织必须充满活力意味着企业要"以奋斗者为本"。只有"以奋斗者为本"，奋斗者才愿意接受外部市场失衡带来的震荡和挑战，并通过"长期艰苦奋斗"和"持续自我批判"推动业务和组织进化。可见，华为文化基因的内核是一个不断扬弃、不断越狱、螺旋式的正反馈进化过程，这是华为 B2B 和 B2C 业务都能成功的实质。

所以，华为创始人任正非说，在华为平台上就是卖白菜，都能卖出一个世界 500 强企业来。当然，个人认为，华为毕竟是一家以 B2B 业务起家的企业，文化基因里 B2B 业务的元素还是多一些，华为在 B2C 业务上的学习曲线也是偏长的，在理念上华为更强调产品的效用价值，侧重"功能和性能"，而苹果公司则更凸显产品的虚拟价值，侧重"工业美学和 UI（User Interface，用户界面）设计"，显然苹果公司受到了创始人乔布斯的影响，是创始人基因的延续。

企业在做战略规划的时候，要客观审视企业自身的文化基因，厘清文化基因的边界。赛道再好，基因不匹配，也只好选择放弃。战略中的"略"非常关键，懂"边缘计算"才能"略"，只有做到了"略"，企业才有力量"战"无不胜。

寻找扭转"预期差"的"生门"

2021 年 12 月 7 日，字节跳动正式宣布整体撤销人才发展中心团队，原因之一是现有团队的定位与公司需求脱节，原因之二是团队积累的技能和经验在一段时间内不太符合公司需求的方向。字节跳动的这一决定可以说基本反映了一些企业的管理现状，很多企业看似很热闹的一些工作，实则有其形而无其实。

我在给一家世界 500 强企业做管理培训的时候，听很多管理者叫苦不迭地说，公司习惯于把要落实的工作事项一股脑儿地全部纳入到他们的考核表中，不断累加，结果每个人的考核指标又多又杂，大家不堪重负，完全迷失了方向，抓不住重点。一些民企老板也有类似的困惑，为什么公司每年业绩差强人意，大家的考核分数却很高？可见，大家身在局中，当局者迷。

以上说明，很多企业的管理好比"过家家"，忙忙碌碌，却在空转，没有多少实际价值，浪费资源不说，还制造了很多噪声，尤其是浪费了公司发展的宝贵时间。

归纳起来，企业各种各样的貌似有价值的管理，实际上形式大于实质，大概可概括为以下典型情形。

（1）包装成绩，"说功"大于"做功"，上班就是和 PowerPoint 软件打交道。

（2）文山会海，虚假繁荣，不是在会议室，就是在去会议室的路上。

（3）"留痕"大于"留心"，重规范性，不重有效性。

（4）管理套路化，穿"新鞋"走"老路"，不解决问题。

（5）打太极，不是解释，就是找理由推卸责任。

（6）"面子"大于"里子"，持续为错误买单。

管理和产品一样，其形成的过程需要适度的复杂，但外在的体验要尽可能简单。一些人把管理的外在体验也搞得异常复杂，借此来掩盖自己的无知，而这恰恰暴露了自己的无知。

如何避免管理做无用功？显然，如果我们不能找准和调节原因变量，我们就难以扭转现实中的"预期差"，而找准和调节原因变量，也就是找"生门"，并通过"生门"，源源不断地生发能量，进而加速事业的进程。

下面我们举几个例子，来更具化地予以阐述。

正如大家所知，从大概率上来说，汽车业未来的趋势转折是电动汽车。只有电动汽车，才可能实现自动驾驶；只有自动驾驶，才可能将驾驶者从驾驶室解放出来；只有解放驾驶者，软件定义的汽车增值服务才可能实现规模消费；只有软件定义的增值服务消费规模化，电动汽车才可能真正成为智能移动空间和应用终端并得到普及。在这个链条中，自动驾驶可以说是电动汽车未来发展和商业成功的"枢纽"。自动驾驶的关键是安全性，要确保安全性，电动汽车就必须具备对各种小概率场景的应对能力，而这需要时间和大数据的积累。可以说，谁能在这方面率先成功，谁就能最后在电动汽车领域笑傲江湖。

所以，"对各种小概率场景的处理能力"就构成了电动汽车企业的"生门"，企业聚焦这一"生门"，组织和整合资源，才能更好地占据行业优势"生态位"。"生门"问题解决了，企业就一通百通，否则电动汽车就仅仅是传统汽车的替代品。

钻戒行业可以说是一个高度"内卷"的行业，品牌林立，竞争白热化，企业绞尽脑汁想尽各种促销手段来拉动消费，然而，要在这个行业立足，绝非易事。难不成这里还有什么"生门"？偏就有家企业，真在这里找到了"生门"，这家企业在顾客购买求婚钻戒时，需要男士绑定有效身份信息，还需要签署"真爱协议"及绑定赠予人和受赠人姓名，且不支持重复购买，其寓意是"先生对女士一生一世的承诺，用一生只爱一人"。

从实际效果来看，这家企业的确经营有道，收获了意外的商品溢价和商业成功。那么，蕴含在这家企业商业逻辑中的"生门"到底是什么呢？其实就是满足一些人对爱情的安全感和占有欲。

千百年来，"爱情"这个词让多少人浮想联翩，各种风花雪月的爱情故事广为流传，令人迷醉，令人神往，但理想很丰满，现实很骨感，社会上太多"曾经的山盟海誓"，最后都转眼成了空……嘘唏之余，一些人难免会产生强烈的代入感，而代入感越强，摆脱这种命运安排的意愿就越强烈。正是这种"预期差"，激发了他们一定要通过某种拉满的仪式感来把爱情彻底做实的想法。

这家企业成功的关键，在于它及时捕获了顾客来自灵魂深处的、对心灵契约的渴望，并将其编织在企业业务设计的中心，企业所有的商业运作和管理都是围绕这一"生门"展开的。这是一种把 app 和 OS 深度融合的管理，简单、直接、有效。

当然，这家企业将婚恋仪式感拉满的操作，也引来了不少争议。这有什么关系呢？一者，争议本身就是营销传播的重要方式之一；二者，有争议说明争议者本就不是企业的潜在顾客，企业非常清楚自己的潜在顾客是谁，并围绕潜在顾客开展精准营销；三者，初创企业能力有限，选择一个细分市场，缩小战略面，将它做深做实，才有可能快速形成突破。

我们再回到字节跳动有关人才发展的话题。企业发展离不开人才发展，所以人才发展本身并没有错，关键是企业要找到人才发展的"生门"，避免人才发展工作与业务脱节。

人才发展的目标是让员工达到岗位能力要求，这就意味着人才发展部门要有关键岗位业务分析能力，通过业务分析定义出这些关键岗位的核心能力要求，以及在什么样的典型业务场景中可以习得这些核心能力，从而有计划地把员工安排到这些典型业务场景中去实践，直至岗位业绩达标。可见，人才发展的"生门"是典型业务场景中的实践：在实践中，员工内生出学习需求；在实践中，员工发展了能力；在实践中，企业实现了增值；在实践中，企业实现了对人才的甄别和筛选；在实践中，人才发展部门彰显了自身的价值。

但现实情况是，一些人才发展部门的工作与上述出入较大，主要落差在于：其一，人才发展部门很多从业人员没有相关业务经验，也就无从开展业务和岗位分析；其二，把人才发展工作等同于搞培训；其三，针对一些问题，如发展对象是谁，如何筛选发展对象，如何将他们安排到典型业务场景中去实践，如何评判他们的实践成果，如何应用实践成果等，人才发展部门缺少系统性思考，自然就会造成人才发展工作与业务脱节。正是以上落差，导致了企业对人才发展部门工作不满意。

我们把上面的案例归纳一下，可以得出。所谓找到"生门"，其实是找到事物之间的本质联系，这个本质联系就构成了业务原理（源代码）；根据本质联系，我们可以形成行之有效的业务方法（指令集）。需强调的是，这些本质联系，往往要通过洞察才能得到，观察只会让我们停留在思维的浅层。

用好管理杠杆

所有的管理都有成本，都需要计算投入产出比，不能带来管理红利的管理，都是无效管理。下面，我们列举一些在企业中常见的非但不能带来管理红利，还会带来很大副作用的管理情形。

情形之一：防微杜渐式管理。 为了节省运营成本，一些公司出台相关规定：员工出差期间，如果陪客户吃饭，当天就不能享受伙食补助；如果未实际住宿，就不能报销当天住宿费，住宿费超标必须事先获得上级批准；通信费中私人话费应自觉扣除；每天打车费不能超过多少……总之，政策制定者把一切能想到的财务漏洞都要堵上，可就是不想怎么给员工的业务活动提供方便快捷的服务支持。一些员工无奈地说：那我不出差好了，出差经常碰到各种需要灵活应对的情形，公司政策却处处掣肘，出差辛苦不说，还经常倒贴，谁愿意出差？

政策制定者算的是小账，却没有算大账，这么烦琐的管理规定，其产生的业务真实性核实成本、上级审批时间成本、业务影响成本、员工能动性降低带来的成本等，加起来绝不是小数目，这样的管理得不偿失，意义又在哪里？管理就是调节原因变量，让时间的价值最大化，释放生产力，显然，防微杜渐式管理与管理的目的背道而驰。

如何让时间的价值最大化？比如可以这样规定：明确出差住宿标准，如非特殊情形，超标部分百分之多少由员工自己出；通信费等费用，完全可以简单地采用包干制；出差期间员工按标准享受伙食补助，陪客户吃饭费用可以实报实销，看似员工占了小便宜，实际上，员工花了更多时间在工作上，公司占了大便宜，而且流程核实环节也省略了，流程更高效了。

在政策设计上，企业一定要让员工产生获得感而不是失去感。好的政策，一定不能依赖员工的觉悟，如果依赖员工的觉悟，那还要政策干什么？但是话说回来，好的政策可以反过来促进员工提高觉悟，员工有了获得感，愿力就会增强，员工就可以自我管理、自我权衡和选择最佳应对模式，从而使公司价值最大化。我们从中还可以推导出，企业如果没有这种对一线员工的赋权，那么企业所有的赋能都是假的。

情形之二：消除偶然性因素。一些企业在开展业绩管理工作的时候，经常纠结于以下困扰：有的部门之所以取得了良好业绩，是因为运气好，恰好在这个时点上宏观政策带动了市场活跃度的提升，其实和部门的努力没有太大关系；有的部门差点把生意搞砸了，关键时刻是公司领导出马才扭转乾坤，所以这个业绩不应该算到部门头上；有的部门业绩好，是因为"前人栽树，后人乘凉"，是历史贡献成就了现在的结果……总之，就是想把各种偶然性因素剔除掉，以真实还原业绩贡献和部门努力之间的关系。

这些企业的出发点固然是好的，可问题是，剔除了这些偶然性，今后还有必然性吗？往后哪怕钱就在脚下，大家也懒得去捡了，因为他们担心企业会把它定性为"偶然性"。

企业必须清楚，激励的目的是创造前赴后继的动能，只要大家给企业带来了真实的业绩贡献——不论这个贡献是偶然原因还是必然原因带来的，企业都应该及时予以认可。

从哲学上说，一切必然性存在于一系列的偶然性之中，消灭了偶然性，也就没有了必然性。因此，企业在制定政策的时候，不仅要承认偶然性，还要尽可能地创造偶然性。创造偶然性，也就是为企业创造更多的业绩可能性。

比如华为就出台过这么一项政策，要在售卖华为手机等终端产品的门店评选一批百万年薪的业务员，这项政策对业务员来说，不啻是一个"炸爆天"的巨大利好，因为百万年薪在他们心里可是一个遥不可及的天文数字。百万年薪最终"花落"谁家，这是偶然性；所有的业务员都得到激发，给公司创造了巨大的业绩增量，这是必然性；偶然性成就了必然性。

企业是一个效率组织，企业管理的目的不是追求公平，而是追求效率。

情形之三：赏罚分明。经常有客户因产品质量问题而投诉，一般情况下，只要企业快速响应客户的需求，客户满意度是不降反升的。但实际情况是，一些企业响应速度远远达不到客户的期望，乃至任由一些投诉在企业内部"旅行"，以致最终在客户端造成极坏的影响。

背后的原因是，企业追责之风太甚，员工为逃避责罚，不得不故意逃避问题。企业赏罚分明的初衷是好的，但赏罚分明的最大弊端是抑制了员工直面挑战的意愿，而面对有挑战性的工作，员工犯错的概率自然大。企业最后能获得什么好处呢？什么好处也得不到：没有人解决问题，企业把客户得罪了；员工不愿意接受挑战，企业开拓性的工作被耽搁了；员工不愿意开展新的尝试，企业的活力没有了……这些都是企业沉甸甸的隐性成本。

问题既已发生，企业就不应节外生枝，而应重点聚焦在鼓励大家解决问题上，例如：自己把问题解决了，可予以免责；把别人的问题解决了，可予以奖励；态度不好，拖延问题解决，这种情况才予以责罚。基于人性的政策设计，会潜移默化地激发员工心中向善的力量。好的政策，一定能团结一切可以团结的力量，最大限度地创造团队动能。

在企业激励设计上，两个20/80原则很重要：一个是必须确保80%的人雨露均沾，不能只是照顾到少数人，这样80%的先进就会带动20%的后进，反之如果后进多了，后进就会孤立先进；另一个是必须给20%的业绩突出者80%的回报，以拉开差距，肯定关键少数的决胜作用。

在责罚问题上，企业也应认识到，企业不可能建立一个让员工不犯错的机制。失败是一切学习的起点，企业包容失败很重要，学习本来就是一个持续的耗散过程。企业尤其要防止把日常管理变成"打地鼠"游戏，一旦形成习惯，"地鼠"就没动静了。

从上面列举的典型情形中，我们可以总结出，好的管理一般有如下特点。

（1）基于人性，释放利好，不是改变员工利益，而是改变员工的利益预期。

（2）具有"加杠杆"的作用，向管理要红利。

（3）有利于引导员工自我管理和自运作。

（4）能激发员工心中向善的力量。

（5）政策操作上的简单，要靠政策设计上适度的复杂来实现。

这里顺便给一些管理者提个醒：通往地狱的道路，往往是由善意铺就的。政策制定者的善意，有时候可能是一种"执我为实"的"善意"，员工感受到的可能未必真的是善意。让我们一起共勉！

Chapter 2

打移动靶

　　打移动靶最考验射击者的能力，射击者要知道如何计算射击提前量，让子弹和目标刚好在未来的某个时空相遇；要根据与目标的"时空差"，确定到底要提前多少个身位，以确保命中率。企业要在市场上获取商业成果，与打移动靶何尝不是一个原理？和客户签订的商业契约好比是提前锁定客户的"身位"，创新解决方案好比是企业在未来某个时点要击中客户需求的"子弹"，企业的能力很大程度上就体现在对这个"时空差"的管理上。

定义客户的未来，才能定义企业自己的未来

"元宇宙"一度是一个火热的概念，"元宇宙"其实并不深奥，直白地解释，"元宇宙"就是未定义的宇宙。自有文字以来，人类便从各自的时空视角，对我们生活的宇宙做出无穷尽的定义。很多人浑然不知，自己实际上是生活在一个被定义的世界里，今天为人们所津津乐道的 VR（Virtual Reality，虚拟现实），其实早就存在于我们的日常生活中。

重新定义客户的业务

一家从事数字化转型的企业，为制造业数字化转型开发了一系列的功能模块和管理系统，并将它们称为制造业数字化转型综合解决方案。问题是，该解决方案长期不能转化为企业的经营业

绩，企业一直靠风投资金来维持。我们不禁拷问：这家企业真是为客户提供了解决方案吗？

其实并没有！实际上它是误将企业的功能模块组合当成了解决方案，这是伪装成了解决方案的"解决方案"，这样的"解决方案"离客户需求实在太远。华为之所以成立行业军团，主要也是因为这一点，单纯靠以前的产品或功能模块组合，根本无法深入客户的业务层。

简单地把自己的产品或功能模块组合当成解决方案，是一些企业的惯常做法，但这样确实难以达成企业的市场预期。真正的解决方案一定是针对特定业务场景的，不针对特定业务场景，就不可能定义出真正的解决方案。

比如电池企业给汽车厂家送样品，每次都要经过大量的样品测试，其中哪怕个别元素有些许改变，整个电池可能也要全部重新测试。测试成本高企倒是其次，关键是影响企业对市场需求的快速响应，给市场拓展造成极大阻力，时间价值没法最大化。这就是一个特定的业务场景。

针对这一业务场景，倘若有哪家数字化转型企业能为之建模，并借助仿真等手段，在保证数据质量的同时，大幅减少重复测试和交叉测试量，就是为客户创造巨大价值，帮客户解决大问题。对于这样的解决方案，任何从事数字化转型的企业绝不可以在办公室里闭门造车，需"出门合辙"才行，即深入场景中，做细致的调研分析，搞清楚客户原先是怎么定义业务的，再考虑如何对业务进行重塑，并基于事物的本质联系，重新定义业务，以尽可能消除现实空间的摩擦、干扰和不确定性。

综上，有两点必须进一步强调：第一，不针对特定的业务场景，解决方案就是假的，它悬在空中，落不了地；第二，解决方案团队需要比客户更懂业务本质和具备系统思考能力，必须是一个专家团队才行，光懂自己的东西，不懂客户，那没有用。

解决方案最终要客户做出选择，没有影响客户选择的努力，都是无效做功。这里有两个影响客户选择的关键问题，必须逐一解决。

第一个问题：为什么你有能力重新定义客户的业务？

之所以问这个问题，是因为很多企业在这个问题上翻了车。如果我们把解决方案比作一剂中草药，那么这剂中草药的"君药"就是对客户业务的本质洞察，可是很多企业为客户提供解决方案的团队中根本就没有这方面的专业人才！没有专业人才，就相当于没有"君药"，解决方案怎么可能有效？

就像一些企业里有很好的 IT 团队，但就是没有懂业务的人来主导，企业花大价钱建成的 IT 系统，要么业务价值不达预期，要么用户体验差，建成的 IT 系统怎么能形成高效畅通的业务高速公路？一些企业意识到了这个问题的重要性，并有目的地去招聘了一些在业务上懂行的人，以弥补企业在特定专业上的不足，但后来发现效果有限，原因是招的人不对，招来的人只是具有相关工作经验，并不具备对业务的系统思考能力，不是业务专家。

考察一个人是不是业务专家，其要领是，看他是不是懂得"边缘计算"，专家必须是"知反者返"的一群人。比如：真正的投资专家，关键不在于他懂得多少投资赚钱的方法，而在于知道什么情况下投资无效，懂得如何控制风险和建立退出机制；真正的产品专家，关键不在于他知道产品在什么情况下正常工作，而在于知道产品在什么情况下会失效；真正的管理专家，关键不在于他懂得很多管理方法，而在于知道什么样的管理起不到效果。

我曾经与电网专家短暂共事过，深切感受到他们的厉害之处在于，他们比一般人更懂电网的隐患和隐忧。懂隐患和隐忧，就是一种"边缘计算能力"，一种精准"点穴"的能力。这不正是电网解决方案企业梦寐以求的吗？隐患和隐忧的背后，全是黄灿灿的商机，专家的"点穴"有如导向仪，引导企业去挖掘这些深埋的宝藏，让"点穴"成金。这样的专家，怎么可以通过社会上的常规招聘得来？必须是"吹尽狂沙始到金"，通过发现得来。

第二个问题：你所定义的解决方案不过是一张"蓝图"，并未得到验证，如何能获得客户的认可，并把它转化为企业的成功模式？

必须承认，任何人都不愿意做第一个吃螃蟹的人，但如果没有第一个吃螃蟹的人，就不可能有后来大量吃螃蟹的人。因此，业务设计就显得尤为重要，即如何通过业务设计，让客户愿意消费你的"螃蟹"。当然，你首先要具备这方面的基础能力，如果这一点不成立，彼此根本就不可能聊到一起。哪怕你的解决方案是简单的产品或功能模块组合，你也得先有"螃蟹"，至于"螃蟹"是不是鲜美,那是后话。对于这一点姑且不谈,我们重点谈业务设计。

(1)关于客户选择。客户选择决定你所做努力的有效性。如果你选择的客户不具有代表性,即使客户第一个吃了"螃蟹",后续你也无法向其他客户证明你确实具备这方面的能力。客户第一个吃"螃蟹"后,这个样板工程要有利于后续的市场营销,如果客户出于商业或保密等方面的考虑,不允许你以此开展市场营销,那你在这里取得的任何成功顶多只能作为你丰富和完善解决方案的一种手段。

(2)关于价值主张。价值主张决定客户的选择意愿。换句话说,你给客户到底可以带来什么好处?客户愿意第一个吃"螃蟹",说明客户有需要,但这里面是有业务风险的,万一产生意想不到的风险怎么办?到时支持你的人该如何收场?商业活动的背后是组织利益和个人利益,但在绝大多数情况下,人是基于个人利益做决策的,不能解决决策者的职业安全问题,商业活动就很难继续下去。

从实践经验来看,客户愿意为你提供业务环境、营销方便,愿意让你尝试,很大一个原因是,作为交换,你得为客户需求买单,这样就减轻了客户的心理负担,成功了是客户的成绩,失败了客户也没什么损失。简而言之,客户愿意第一个吃"螃蟹",往往要靠"对价"或"对赌"来完成。

数字化转型解决方案的"蓝图"要在客户端落地,而在样板工程阶段为客户提供免费服务,是必不可少的设计。这也是华为早年为获得在客户侧开实验局的机会而总结出来的成熟经验。

（3）关于价值获取。打样阶段免费，不等于运营阶段也免费，更不等于在其他业务场景中也免费。商业活动终归要赚钱，所以事先要想清楚盈利模式，并将盈利模式嵌入到"蓝图"中，一旦"蓝图"实验成功，后续要能创造持续的收入来源。针对数字化转型解决方案，盈利模式可以是按照数据流量收费，或者是以发放经营许可证（Licence）的方式收费等。

（4）关于战略控制。拥有战略控制点是一种核心的企业价值保护能力。对数字化转型解决方案来说，战略控制点主要是知识产权。一定要与客户厘清，在解决方案实施过程中，客户拥有的是数据和信息权，解决方案提供方拥有的是核心算法、技术设计、工程方法等核心成果的所有权。若事先不做这方面的约定，后续就可能给解决方案推广造成不可预知的影响。

（5）关于业务范围。业务范围决定了企业商业发展和能力积累的方向。一般来说，任何专业的解决方案，最好先瞄准自己最熟悉的某个行业，把这个行业做深做透。这样做的好处是：第一，行业内相互比较，容易激发刚需；第二，在行业内比较容易传播推广；第三，解决方案能力相似，可扩展性好；第四，基于前面三个方面的好处，企业的投资回报率相对较高。

由此可知，前面提及的从事数字化转型的企业，显然在业务设计上有缺失。

解决方案的本质是治愈

解决方案的本质是什么？人类社会在发展过程中，总是会遇到各种各样的问题，但并不是所有的问题都需要解决，就像人感冒了，在身体免疫系统的自然作用下过几天就好了一样，人未必都要去就医或吃药。只有当问题会造成本质影响时，解决方案才成为客户不得不做出的选择，也就是说，这时候客户才真正产生了刚需，解决方案就是在这样的情况下应运而生的。可见，解决方案的本质是治愈。

治愈和保健在商业上有着天壤之别：治愈瞄准的是已经有了本质影响的问题，是雪中送炭，保健瞄准的是未必要解决的问题，是锦上添花；治愈意味着效果显而易见且可以重复验证，保健意味着效果难以评估且不容易验证。原则上，解决方案如果不具有治愈性，就很难有商业上的连续性。

很多公司的业务为什么难以变现？因为它们提供的是保健性的解决方案，不容易成为客户最迫切的选择。不是解决方案本身出了问题，而是解决方案瞄准的问题并不是客户关注的焦点问题。

智能穿戴设备为什么长期市场不兴？虽然它们可以暂时满足人们对科技的想象，但长期以来它们给人的感觉仍然像是玩具，尚未成为一种刚需。手机则不同，手机现在已经演变成人与外部世界交互的智能平台，已经成了人类的一种生活方式。没有手机，人类简直寸步难行，手机就像吃饭、睡觉一样，成了人们的必需品，因而手机一直拥有庞大的市场容量。

　　再以管理咨询行业为例，管理咨询公司为什么难以做大？原因是它们瞄准的是企业组织方面的问题，而组织是一个动态且相互影响的复杂系统，各种问题层出不穷，问题背后的原因也错综复杂，正因为如此，企业经营业绩的表现与管理咨询服务的有效性很难进行直接的关联。例如：竞争优势理论的提出者、战略大师迈克尔·波特自己的公司破产了，《创新者的窘境》的作者克里斯坦森为柯达做过咨询却未能阻止柯达破产，我们不能因此简单地怀疑是他们的理论指导有问题。

　　基于上述原因，企业管理咨询服务总体上来说不属于治愈性的解决方案，其真正的现实价值在于教人如何思考，而不是教人如何行动，我们知道唯有改变行为才能改变结果，管理的力量必须通过管理的行为才能实现，但行为权在企业手上，并不在管理咨询公司手上。

　　另外，企业组织环境不同，看似相同的问题，可能需要不同的解决方案，这对管理咨询公司的经验和能力要求太高了，也决定了管理咨询解决方案很难复制。由于能力大多构建在咨询顾问个人身上，再加上其价值不容易准确评估和验证，因此管理咨询服务较难转化为高价值的商业合作，当然更不容易产生连续性的合作。企业管理咨询公司往往要通过不断地新增客户流量来维持其生存。

　　但埃森哲（Accenture）公司为什么能成为世界上最大的上市咨询公司和全球 500 强公司？关键原因是，它不仅仅有管理咨询，还有信息技术和业务流程外包等服务，这些结合起来，相当于埃森哲把业务植入到了客户的业务系统中，成为客户创造价值的业务流中不可分割的一部分。埃森哲的管理解决方案也因此摇身一变，由保健性的解决方案一下子变成了治愈性的解决方案，刚需、可重复、可验证，且具有商业连续性。

埃森哲的例子至少告诉了我们两点：

第一，当我们为客户提供的解决方案吸引力不足、不容易促成客户的选择时，我们一定要思考，我们的解决方案是治愈性的还是保健性的？如果是保健性的，就一定要想办法将它变成治愈性的。

第二，管理咨询不能"从管理到管理"，要"从管理到业务"，植入业务才能带来流量。有的公司把管理培训变成线上服务，期望通过这种方式带来流量，事实上也不容易做起来，因为它还是"从管理到管理"，不是"从管理到业务"。

一家从事人力资源管理软件服务的公司，致力于通过软件系统帮助企业提升人力资源管理效率。类似这样的解决方案就是保健性的，企业可有可无，因为人家手工也可以完成相关工作，因此能否形成订单，完全取决于客户的财务状况和管理偏好。可想而知，这家公司的经营业绩不可能有多么大的提升。但如果这家公司的管理软件能够有效对接企业的生产计划和外部劳动力市场，帮助企业解决招工难、用工荒的问题，这就成治愈性的解决方案了。该公司不光可以卖软件，还可以持续卖人力资源外包等增值服务，从而带来业务流量。

但并不是说治愈性的解决方案就必然会产出高价值。以工程施工企业为例，工程施工企业提供的基本上是治愈性的解决方案，但工程施工企业的利润率却普遍不高，原因是工程施工企业提供的解决方案不能比同行创造额外的价值，丧失了稀缺性，这也就意味着丧失了溢价能力。

深圳有一家企业就脱离了这种同质化竞争，它为诸如地铁等需要盾构作业的工程项目提供盾构泥水分离系统解决方案，为客户带来全方位的价值，获得了客户的高度认可。

其一，助力工程施工提速，大大降低了因渣土外排对工程施工进度的影响；其二，大幅度降低工程成本，通过对渣土中固相颗粒的筛分，大大降低土石方外运成本，一条地铁线节省建造成本约 10 亿元；其三，兼顾了施工质量、安全与环保，不仅净化了工程施工环境，减少了垃圾填埋所需土地资源与填埋场的安全隐患，还避免了高含水量渣土对土壤的污染，并从源头上解决了渣土堆弃监管难题；其四，为循环经济做出了贡献，盾构渣土处理后的渣料、泥饼和滤液，均可回收和再利用，真正实现了变废为宝。

值得所有企业反思的是，为什么这家企业可以有别于同行，创造性地提出治愈性的解决方案？一直以来企业界有一个普遍的做法，就是在做市场调查的时候，总是习惯性地把行业内的标杆做法和经验数据拿来作为企业重要的决策依据，这种"大量决策信息源于行业和企业之内"所带来的危害，是让企业在不知不觉中掉入了行业历史形成的经验隧道，就像上面的案例中，很多企业把传统的靠运输工具来排放渣土的工程方式当成了理所当然。

所以，这个案例带给企业的第一个反思是，决策其实从来不是从市场调查开始的，而是从管理者的直觉和见解开始的。人是根据自己的直觉和见解，去寻找数据验证的，是我们心灵觉醒的方向决定了数据统计的方向，而不是相反。

一些企业没有直觉力（或者叫商业敏感），一直行走在行业或自己的经验隧道里，无法摆脱路径依赖，当然也就走不出行业"内卷"，走不出经营困境。企业要创造商机，超越同行，首先要有跳出行业惯性的意识。"他山之石，可以攻玉"，只有找到他山的"金刚石"，"攻玉"才有可能。企业习惯从行业和企业之外获得数据和信息，可能更有利于触发企业的自我批判，更有利于企业找到他山的"金刚石"。企业千万要注意，当同行都认为某些习惯做法有道理的时候，它们可能真的没道理。

这个案例带给企业的第二个反思是，对企业的战略决策者来说，提出正确的问题比实际解决问题要重要得多。这家企业最难能可贵的地方在于，它提出了正确的问题："如果采用泥水分离的解决方案，那后续一系列的问题是不是就不存在了？"它顺着这个方向，重新定义了工程方法，最终找到了一个能够从根本上解决问题的理想方案，并且将该解决方案植入客户的业务流，变成了刚需，后续创造出了一系列商机。

这个案例带给企业的第三个反思是，能定义客户的未来，才能定义企业自己的未来。定义未来的目的，是超越或淘汰现在，尤其是当我们觉得一个行业确实太"内卷"了的时候，我们不妨尝试着用未来牵引现在，从而走出"内卷"。

我们生活的宇宙是一个被反复定义的宇宙，但其实"元宇宙"是没有定义的。我们本可以有各种版本的未来，但由于一些人的定义，我们拥有了某种符合他们预期的未来，我们举手投足，无不留下被人定义的烙印。这告诉我们，如果企业有能力的话，完全可以去定义客户的未来，从而定义企业自己的未来，但前提是企业的定义能给客户创造价值。

以上，也是企业数字化管理真正的精髓所在。《华为公司基本法》中有句话非常精妙，"华为没有可以依存的自然资源，唯有在人的头脑中挖掘出大油田、大森林、大煤矿……"，讲的也是这个意思。

产品的本质是时间

既然客户需要的是解决方案，并不是产品，那为什么市场上会充斥着各种各样的产品呢？

我们先来梳理一下脉络：解决方案瞄准问题，问题源自场景，场景是个性化的，个性化解决方案意味着非标，非标意味着资源消耗大、知识难以结晶，以及企业难以实现规模化复制和乘数效应放大，难以实现规模化复制和乘数效应放大意味着企业资产效率没法提高，资产效率没法提高意味着企业不能价值最大化。

因此，在个性化解决方案和企业价值最大化之间，需要标准化产品来过渡，通过标准化产品，实现企业的时间价值最大化。

产品作为解决方案的承载和表达，如果说解决方案的本质是治愈，那么产品的本质就是时间。

下面介绍几种用标准化产品拟合解决方案的方法，供读者参考。

第一种，解决方案 = 产品。个性化解决方案本身就可以直接作为标准化产品，这种方法一般适用于规模化的共性场景，相对简单。解决方案的原型就是产品的原型，定义了解决方案，也就定义了产品。

市场上的成品药就属于这一类，病因相同，药理也一样；电池制造企业为新能源汽车提供动力电池，看似每个品牌、每个车型的动力电池是内嵌到汽车场景中的个性化解决方案，但由于汽车本身是批量化产品，所以针对每个品牌、每个车型的动力电池解决方案，同时也是可规模化生产的标准化产品。

第二种，解决方案 = 平台产品 + 选配产品 + 定制服务。有的解决方案虽然适用的场景是共性的，但细分场景还是有一些差异的，比如电钻钻孔，电钻是平台产品，钻头要根据细分场景来设计，形成不同规格的钻头系列，以适应细分场景的需要，钻头系列就是选配产品。

还有的解决方案是根据不同的人群来细分的，比如轿车，轿车（基本配置版）可以被看作平台产品，不同人群根据个人偏好，可以在此基础上增减一些配置，这些可以增减的标准化配置就是选配产品。有的汽车厂家甚至还可以为顾客提供一些个性化的定制服务。按照人群来细分，本质上还是按照场景来细分，因为不同人群在选择不同配置的时候，背后考虑的还是他们可能遇到的具体场景。这种产品建模方式，目的是以最小的资源代价，满足尽可能多的需求。

第三种，解决方案＝产品组合＋服务。华为为网络运营商提供的解决方案大多属于这一类，比如每个城市的光网络解决方案，场景千差万别，但总体上可进一步细分为如下几种典型场景：第一种场景，是把低速支路信号交叉复用到线路上，或从线路信号中拆分出低速支路信号，以及对线路两侧信号进行交叉连接；第二种场景，是把多路低速信号复用成高速信号，或把一路高速信号分解成多路低速信号；第三种场景，是进行光功率放大以延长光传输距离；第四种场景，是单纯完成各信号间的交叉连接；第五种场景，是对不同场景进行标准化的软硬件配置和差异化的数据组态管理。

针对上述几种典型场景，华为相应地开发了分插复用器、终端复用器、再生中继器、数字交叉连接设备这些不同的"网元"产品和网络管理系统，把各个细分场景下的解决方案用不同数量的标准化"网元"和网络管理系统来承载，通过"网元"组网和安装服务，来实现解决方案落地。

注意，不能将"解决方案＝产品组合＋服务"反过来理解成"产品组合＋服务＝解决方案"。前者代表解决方案从客户的特定业务场景中来，产品组合和服务是对解决方案的承接，是以客户为中心的思维；后者代表企业通过产品组合和服务给客户简单拼凑出解决方案，是以产品为中心和以自我为中心的思维。

第四种，解决方案 = 平台 + 产品或服务。有人认为苹果公司构建了一个封闭的商业生态系统，其实苹果公司的本质是平台，其核心业务是品牌、设计和资源整合。无论是硬件产品还是软件产品，苹果公司基本上都是面向全球，分包出去的。

为什么平台能创造这么大的价值？因为传统的商业生态是一种线性思维，这种串行工作模式的最大弊端是极大地牺牲了时间的价值。

平台的核心价值在于：第一，通过平台集成最优秀的社会分工，可以为平台和产品的持续迭代提供不竭的动力；第二，把传统的串行工作模式变成平行工作模式，通过提供工具和制定规则，同步为解决方案中的不同群体提供互动机制，及时满足所有群体的需求，让不同群体之间的价值交换变得及时、透明和容易，从而大大减少现实空间中的摩擦，大大缩短解决方案的上市周期。可以断言，未来社会的经济活力，很大程度上依赖于平台型公司的不断涌现。

用标准化产品拟合解决方案的方法很多，无法逐一列举。需要提醒的是，不同产品之间也是可以抽象和定义出一些共性的业务模型的，比如：高、中、低端手机有的硬件可以实现共享，然后通过软件来对它们的性能进行区分。这样做的好处是减少了物料清单（Bill of Material，BOM），降低了制造成本和管理成本，做到了全局最优。

千万别将用标准化产品拟合解决方案搞成按图索骥，用标准化的产品去要求客户，而是必须定义客户在先，定义自己在后。解决这个问题的最好办法，就是深入到客户的业务场景中去，深挖客户的痛点，与客户一起，创造性地对业务场景进行定义和再定义。

华为的"铁三角"组织当时就是基于这样的初心成立的。现在很多 B2B 企业学习华为的"铁三角"，简单地认为"铁三角"是华为在市场前端获取项目的组织，其实并不尽然。

2003 年，华为承建的阿联酋电信 3G/WCDMA 网络投入商用，然后以此为样板点，华为邀请全球各地的客户到阿联酋开现场会，观摩华为提供的可视电话、会议电视、高速上网等 3G 业务，让客户充分认识到了华为 WCDMA 系统在性能、技术、品质及业务等领域的优势，为陆续打开海外其他市场奠定了基础。

但对网络运营商来说，3G 毕竟是一个新鲜事物，到底该如何建设 3G 网络，它们并没有实施经验。在这样的背景下，华为面向网络运营商客户，成立了"铁三角"组织，由客户经理（Account Responsibility，AR）、解决方案经理（Solution Responsibility，SR）和履行经理（Fulfill Responsibility，FR）构成一个"微咨询"团队，前置到客户端，在网络建设方面为客户提供专业解决方案。"铁三角"的背后，是华为的专家团队，他们为"铁三角"提供专家支持。

事实上，华为是通过"微咨询"服务，和客户一起定义 3G

网络，从而带动华为的 3G 网络解决方案销售的。如果反过来，华为不去做这样的工作，而是单纯向客户"兜售"华为的 3G 网络解决方案，结果可想而知，肯定不尽如人意。这再一次证明了，只有定义了客户的未来，才能定义企业自己的未来。

综上，在这个"内卷"的年代，唯有时间，才能治愈一切。"内卷"是在当下各种作用力处于平衡态时，把时间推向未来，这就相当于打破了现有的平衡，创造了一种新的不对称状态，而不对称状态下才能涌现出大的商机。

客户的未来决定企业的未来，企业家必须对未来充满想象力（见图 2-1）。企业要用解决方案去拟合客户未来的业务场景，用标准化产品去拟合解决方案，来实现客户的时间价值最大化和促进企业自身能力升级。

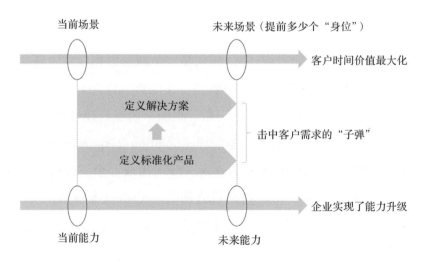

图 2-1   客户的未来决定企业的未来

同向塑造系统能力，占领市场

企业要满足客户未来某个时点的需求，就要在规定的时间窗口内尽快完成对自身能力的塑造，以匹配客户的需求。企业要完成自身能力塑造，就不能仅停留在"天道酬勤""勤能补拙""苦练内功"这样的基础认知上，必须打破常规思维。

同向塑造系统能力

建立在客户选择和市场占领基础上的能力，才是真能力，否则都是瞎折腾。

2002 年全球 IT 泡沫破裂，受 IT 寒冬影响，英国电信（British Telecom，BT）计划通过"21 世纪网络"项目，找到合适的供应商，帮助自身节省 100 亿英镑的投资和运维成本。

BT 对供应商的认证分为一般供应商、核心供应商、战略供应商及合作伙伴四个层次，认证短则数月，长则数年，还会定期进行复核。2003 年 11 月，BT 采购认证团队首次对华为进行为期 4 天的"体检"，没有事先沟通，他们带着自己的翻译随机抽查华为各层级的员工，独立访谈，交叉验证，共涉及华为业务管理的 13 个方面。BT 采购认证团队最后对华为的认证结果是，除了基础设施及其他硬件指标得分较高外，其他方面都不及格。

华为事先根本不知道，作为一家供应商，竟然有这么多需要关注的方面！在不知道认证范围和要求的情况下，华为选择了坦然面对和用心倾听，事后成立由董事长牵头的 BT 认证工作组，对 BT 提出的问题逐条分析并制订改进计划，同时聘请咨询公司设计公司治理架构，组建大客户服务部为大客户提供端到端服务。华为以进入 BT 的采购短名单（Short List）为牵引，一年多共花费数亿元全面改进管理，竭尽所能满足客户需求。经过一年多的艰难准备，2005 年 3 月，BT 正式宣布华为成为 BT "21 世纪网络"项目的供应商，华为终于敲开了 BT 的商业大门。

以上是华为开拓国际市场的一个经典案例。这个案例给我们最大的教益，是让我们知道了企业到底该如何塑造自身能力。

在探讨塑造能力这个话题之前，我们先简要梳理一下整体与部分的关系："整体大于部分之和"是希腊哲学家亚里士多德的名言，整体由部分构成，部分通过规则和秩序，融合为整体；部分有部分的规则和秩序，整体有整体的规则和秩序，整体除了拥有全部部分的规则和秩序，还拥有属于整体自己的规则和秩序。

了解了以上哲学思想，我们再回到塑造能力的话题。一提到塑造能力，一些企业就习惯性地想到招聘某方面的专业人才，或者打造单兵作战能力等，其实这些只能叫个体能力，即上面哲学中的"部分"。企业要塑造的能力，是指企业的系统能力，即企业不同要素之间按照一定的规则和秩序动态协同，最后发挥出整体效用的能力，即上面哲学中的"整体"。个体能力与系统能力的关系，就是哲学上部分与整体的关系，没有系统能力，个体能力再强，也难以形成生产力。

显然，系统能力不可能通过简单地拼装个体能力形成，因为还有系统的规则和秩序；系统的规则和秩序不能通过闭门造车臆想出来，因为系统的规则和秩序是围绕整体目标来构建的，必须在整体目标的牵引下，反复实践，磨合出来的。只有这样，才能锤炼出系统能力。

就像一支壮观的攻势足球团队，整体目标是进球，球员之间心领神会、配合默契的规则和秩序，一定是在目标的驱动下，靠平时不断地训练，不断地接受实战检验，逐渐磨合而成的。所以，发展整体的规则和秩序是一个动态的过程，是一个在实践中不断摸索、总结，最后沉淀出最佳实践的过程；是一个从平衡到打破平衡，再到建立新平衡的过程。不以整体目标为牵引，企业再多的热火朝天的能力塑造活动都是假的，没有指向性和意义。

塑造系统能力一定要有挑战性目标输入，是目标倒逼的结果。目标好比"假想敌"，企业围绕这个"假想敌"，凭借领导力，拉动各要素之间的实践互动，最后以实践结果来检验系统能力是否达标（见图 2-2）。我们把这个过程称为"同向塑造"，"同向"的意思是，各要素的努力方向均指向整体目标。

BT 认证华为的过程，为我们真实展示了一个同向塑造系统能力的全过程。华为的目标是成为 BT "21 世纪网络"项目的供应商，围绕这个目标，历经两年左右的磨合和整合，华为终于"破茧成蝶"，初次完成了面向国际市场、面向大客户的系统能力塑造。其中的经验值得借鉴。

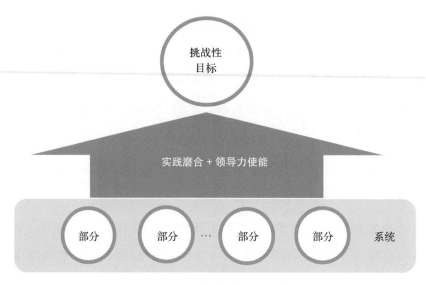

图 2-2　同向塑造系统能力

第一点，塑造能力必须要有挑战性目标牵引。一切事物的运动，不外乎是能量的表现形式。挑战性目标就是势能，整体中各部分之间的互动就是一个把势能转化为动能，让各部分真正融合为一个有力量的整体的过程。

为什么最好的防御就是进攻？因为进攻是往外看，看"目标、机会和生态"，是直面现实的主动行为，防御则是往内看，看"内在逻辑自洽"，是逃避现实的被动行为，可见进攻才能让系统处于激活态。

可以说，一些企业发展慢，根本原因不是能力低，而是目标低。由于目标没有挑战性，所以能力原地踏步，虽然你自我感觉没做错什么——因为内在逻辑自洽，但别人进步了，你自然就落后了。人不能拽着自己的头发上天，挑战性目标也可以看作是一种外力，在外力作用下，企业才能打破自己的固有惯性。

事实上，华为的市场成功和组织能力提升，与华为一直受挑战性目标的牵引有莫大关系。华为的理念是机会第一，市场占领是企业活下去的基础，市场踏空了，企业再怎么有能力，也无济于事。什么是能力？能力是对输出的衡量，能够变现的能力才叫能力。

第二点，企业在塑造能力时，要注意哪些能力必须自建，哪些能力暂时可以通过外部整合的方式来获得。 资源不求所有，但求所用，企业可开放整合，以时间换空间。市场占领空间足够大以后，再根据需要，考虑逐渐用自建的能力去置换外部能力，以实现企业效益最大化和经营风险的有效控制。

一些企业在这方面可谓教训沉重，简单地根据市场预测，就开始埋头自建能力，等到能力建起来了，市场却全被人拿走了。尤其是那些前台轻、中后台重的企业，这方面的问题特别突出。到底是用能力去选择市场，还是用市场来倒逼能力？显然，前者是企业的主观选择，后者是市场的客观实践选择。

华为在这方面的惯常做法是，不管自己是否具备相应的能力，只要认为某个市场必须占领，华为就敢于大胆向客户做出超前承诺，然后充分利用承诺与交付时点之间的时间差，倒逼和拉动企业能力与市场对齐。如果自身能力实在有差距，就运用价值杠杆，开放整合。对于一些高价值的能力资源，华为不惜用"范弗里特弹药量"去轰炸和获取。

例如，华为在开拓海外市场的时候，很多订单是"交钥匙工程"，但华为在国内只是积累了通信网络建设方面的能力和经验，并不具备完成交钥匙工程的能力。面对这种能力差距，订单是接还是不接？不接，市场肯定占领不了；接了，接下来面临的是内部矛盾，但内部矛盾可以通过管理来妥善解决，于是，基于"机会第一"的理念，华为承接了大量的交钥匙工程。在交付阶段，华为确实遇到了暂时的能力瓶颈，不得不高薪聘请外部顾问团队到现场指导，但经过几年的市场洗礼，华为的交付能力得到了质的提升。

第三点，塑造能力是一个持续迭代的过程，不能有静态的、一步到位的思想，哲学上的说法叫"否定之否定"，这类似于软件版本迭代升级。华为不断通过抢占市场战术机会点，无依赖地回传市场的压力和势能，倒逼自身能力持续迭代。这种持续迭代，不是管理者主观选择的产物，而是市场客观实践的选择，因而更加贴近市场本质，即通过一个个市场的胜利来检验能力塑造的有效性。即便是开启战略机会窗，华为也是遵从实践优先原则，摸着石头过河。

华为在进行重大项目投标时，不是看当下自己能不能做到，而是评估在未来某个交付时点上自己能不能做到，如果大概率能做到，华为就敢于冒"经过计算"的风险。从商业的角度来说，"No risk, no business"（没有风险，就没有生意），当你把所有的风险都排除了，也就把生意排除了。所以，华为一般会很审慎地去选择标书中的"做不到"选项。

理论上，没有满足不了的客户需求，只有客户不愿意买单的需求，客户既然提出了这个需求，说明在某种程度上客户已认证过这个需求的可能性了，客户还愿意买单，那为什么不倒逼自己试一下呢？相信总能找到一种满足客户需求的方式。这就是华为人经常挂在嘴边的，"Impossible is possible"（不可能是可能的）。只有把不可能变为可能，华为才能成功实现自我能力迭代。

一些企业的做法则恰恰相反，凡是能力暂时达不到的，就选择放弃，它们不是聚焦客户的压力与挑战，而是聚焦自己的压力与挑战。选择了放弃也就选择了平庸，放弃了稀缺，从而放弃了企业生存的机会。

第四点，塑造能力不能停留在企业领导的口头要求上，必须有强有力的组织保障来拉通管理，以及必不可少的管理投入。 就像华为对待 BT 认证一样，华为事实上已经超出了认证本身来看待这件事情。华为把 BT 认证放到了"打造一张敲开发达国家运营商商业大门的能力名片"这个意义上来对待，所以成立了由董事长牵头的工作组，历经两年左右的奋斗，不惜花费数亿元，来打造这张靓丽的名片。

试想一下，如果华为只是指定某个部门来牵头，针对 BT 提出的问题，象征性地做个跟踪改进计划就完事，结果会如何？华为肯定就不是后来的华为了。对企业来说，认识到这一点非常关键，企业要做系统性的改变，就必须有与之匹配的管理实践安排来支撑这种改变，不能将之简单地甩给下面的业务单元了事。

比如，有一家企业反复强调数字化转型的重要性，要求各个事业单元尽快拿出数字化转型的路径图，可总是不尽如人意，原因是屁股决定脑袋，各个事业单元的工作重心仍在当期经营上，担心业绩完不成会影响部门利益；数字化转型是未来，根据组织行为学的双曲贴现理论，当期和未来"打架"时，人一般会优先选择当期。

数字化转型既然是公司级的变革项目，那怎么能放到各个事业单元各自为战呢？部门定位就基本限定了他们思考的范围和边界，所以这件事情只有放在公司层面，成立专门的项目组来系统考虑和推进，数字化转型才有可能真正落地。若放在各个事业单元，让他们革自己的命，逼急了，他们也就是虚晃一枪，应付一下而已。

同向塑造为什么重要？因为一些企业在这方面交了太多学费，没有系统整合思维，部门各自为战，即便塑造了一些能力孤岛，由于没有以市场占领为目标，没有通过内外拉通建立起"整体的规则和秩序"，也无法形成整体战力，这导致企业能力建设总是去扯事业发展的后腿。训练场练兵固然重要，但与真实的战场相比，二者必定有天壤之别，训练场充其量只是对战场的模拟。

在塑造能力问题上，与其分而攻之，不如合而治之。

开放创面，成长路径最短

围绕市场占领，导入客户的心智，才能走快捷路径。

BT认证华为，从另一个侧面看，更像是为华为撕开了一个创口；没有BT认证，华为压根儿就没意识到自己离国际一流运营商的要求还有这么大的差距。可见，开放的文化对于一家企业是多么重要。

企业也好，个人也好，正常的认知系统，都是从"我"之外的一切出发的，这样才能防止"执我为实"，以便找到自身的问题并加以改进。华为的开放文化，体现为华为在客户面前，并没有捂着撕开的创口不让透气，而是开放创面，让创面自然结痂、愈合，再结痂、愈合。这个过程，本质上是华为能力再造、知识结晶的过程。

客户撕开创口，才能让企业看到自身的问题，而问题是顿悟的开始。企业要在规定的时间窗口内，将能力迭代到一个新的层次，这是一段探索未知的旅程，在这段旅程中，如果有人不断提醒我们哪儿有问题，其实就是在给我们的学习提供导航。在这个过程中，客户的心智本身就是一种能量的输入。

既然是这么好的一个导航，那为什么一些企业不愿意开放创面、接受客户的挑剔，不愿意"安装"这个导航呢？主要原因是价值观假设。人性是趋利避害的，在一些人眼里，出现问题等于不好的影响，于是他们做出的自然反应就是消除影响。

如果我们问一些企业，客户投诉是好事还是坏事？得到的绝大多数回答是，客户投诉是坏事。但数据能说明问题，统计表明，投诉的客户比不投诉的客户重复购买的比例高约 10%。有客户投诉说明客户在乎企业，即使投诉没有得到完全解决，至少客户释放了情绪；如果投诉得到及时有效的解决，客户重复购买的比例会上升约 40%，从客户不满意转变为客户忠诚。所以，在这个问题上企业不能跟着感觉走，正确的价值观假设应是问题等于机会，企业应建立鼓励客户投诉的机制，而不是排斥客户投诉，要通过开放的客户问题管理，尽可能把客户变成忠诚的客户。

有一家企业每年例行调查客户满意度，它发现曾经有一个大客户，每次给的满意度分数都很高，也不反馈任何问题，但就是没有后续订单。这家企业忍不住私下去打听，才知道客户与竞争对手在合作，满意度调查中客户给高分的目的，居然是不想让这家企业去打扰他们。这件事对这家企业触动很大，它深切地认识到，客户满意不等于客户忠诚，客户不满意也不等于客户不忠诚，关键是企业要发自内心，真正在乎客户的声音，用心解决客户的问题。

企业如果不改变自己的价值观假设，付出的代价将会越来越大。一些企业花费在质量管理上的成本高企，质量管理队伍非常庞大，但问题还是层出不穷。其中纵然有各方面的原因，但最关键的一个原因是各部门形成了关起门来悄悄解决问题的文化，各自捂着自己的创面，导致创面越捂越烂，再加上部门之间信息不对称，导致捂着的问题越来越多，以致后来"按下葫芦起了瓢"，企业不得不通过增加质量管理人员来控制问题，但在出现问题的层面，永远找不到解决问题的答案。

什么是质量？质量等于满足客户需求，不主动接受客户的挑剔，不让客户撕开创口，不建立反馈回路。那么，企业怎么知道自己的产品是不是真的满足了客户需求？一些企业宁愿花重金养庞大的质量管理团队，也不愿接受客户作为企业免费的质量工程师，真是咄咄怪事。企业自己的质量管理人员毕竟只是客户代表，客户直接传回的需求理论上比质量管理人员传回的需求更加精准、真实、可信。围绕客户需求去努力，成长路径最短，效率更高，企业应更多相信客户才对。

总体而言，客户反馈问题的出发点是为了合作，产品如果出了问题，客户一般会给企业一次改正错误的机会，只要企业积极改正了错误，客户满意度往往会更高，因为客户不仅从中看到了企业的产品和服务，还看到了企业对待客户的用心的态度，因而客户对企业的认知会更加丰满。但如果同样的问题再次发生，客户就会很难原谅企业，所以企业应充分抓住客户包容自己的机会，快速解决问题，改善质量。

怎么让质量管理流畅起来？正确的办法是，与其抱残守缺，不如开放创面，企业向客户开放创面，部门向周边开放创面，让各种问题快速暴露、快速呈现、快速得到解决，形成开放的质量改进之风。错过了解决问题的时间窗口，问题就有可能真的扩大为影响，乃至大范围漫延，产生巨大质量成本。

从体验营销的角度，客户也可以被看作企业产品的有机组成部分，任何产品的体验都是通过客户的体验来完成的，营销的重要目的是让客户参与进来，并在这个过程中帮助客户达成其自我实现。BT 认证就是非常应景的例子：BT 参与进来，它发现了华为的诸多问题，在后来的接触中，它又见证了华为在这些方面的长足进步，可见 BT 成就了华为，华为也帮助 BT 达成了自我实现，最后，BT 选择了华为！

　　错误的价值观假设，还导致一些企业对失败存在认知误区，这一点从它们的日常管理情况可见一斑。例如：对犯了错的员工，不加区分地予以责罚；遇到特殊情况，习惯性地把挑战性的机会分配给那些经验丰富的员工，认为年轻人经验不足，担心其惹事，不让他们真枪实弹地上主战场；等等。

　　实事求是地讲，每个人都渴望成功，没有人愿意失败，但人性的渴望是一回事，人性的满足又是另一回事，不经历失败，成功从何谈起？就拿年轻人来说，年轻人如果没有机会上主战场，他们哪有撕开创口、再造能力的机会？所以，价值观假设的原因变量不调整，会导致很多管理上的偏差。

　　人类探索未知的过程，是一个认识不断提升、不断修正、无限逼近真理的过程，出现偏差是大概率事件，所以失败是常态；没有偏差是小概率事件，所以成功是偶然事件。正因为如此，华为创始人任正非说，"华为还没有成功，只有成长"。企业与其追求成功，不如追求成长。其实，成功和失败可以被看作事物发展过程中两种不同的状态，我们要的是成长，成功和失败不过是对成长中的不同暂态的描述。

　　如何看待和管理成长中的偏差？不外乎两点：一是学习他人，防止掉进别人曾经掉过的坑，即有的坑自己可以不跳；二是自我学习，自己要能从一个又一个坑里爬出来，即有的坑自己必须跳，"从泥坑里爬出来的人是圣人"。从这个意义上说，失败成本是企业成长过程中必要的试错成本，是必须交的学费。企业不希望产生试错成本，等于扼杀了企业的学习成长；企业责罚试错中的失败，员工就不敢尝试，企业活力也将受到抑制。

失败是企业最珍贵的成长资源，失败的背后存在着必然，对失败案例的复盘，有助于我们找到必然。企业理性的选择应该是鼓励试错，鼓励"早失败"和"快失败"，从而尽快在失败中找到业务发展的规律。

分析噪声没有意义，要聚焦信号

什么是信号？什么是噪声？企业的最低纲领和最高纲领都是活下去，而市场占领是企业活下去的基础。因此，只有与市场占领相关的思考和行动才是信号，其他都可以说是噪声；企业唯一可靠的选择，是顺着未来要占领的市场所发出的信号前行。在下面的两难选择里，我们可以清楚地看到，一些企业不自觉地被噪声所淹没，迟滞了企业的发展。

1. 追求稳态还是敏态

没有哪家企业不希望获得发展，但当内部出现不同声音时，一些企业就开始游移不定，美其名曰"怕乱"，这时候求稳的心态便占了上风，最后业务和组织是稳定了，可企业同时也放弃了发展权。客观地讲，企业要处理好发展、稳定、变革的三角关系，并不是一件容易的事，企业不仅要有哲学思维，还要有卓越的驾驭能力，这些绝对是企业高层的必修课。华为在这方面总结了一些指导原则，可供企业借鉴。华为认为：

（1）客户需求是企业发展的原动力：客户需求是变化的，所以企业必须以发展的眼光来看待和把握客户需求，以客户需求为导向，指导企业的战略选择和管理体系变革，快速形成核心竞争力。

（2）稳定是发展的前提：企业要尽可能改良而不是改革，先立后破，坚持实用主义，不追求完美，要保持管理体系相对稳定。

（3）变革为稳定注入新的活力：公司运作是一种耗散结构，在稳定与不稳定、平衡与不平衡间交替进行，有利于公司保持活力。

在发展与稳定的选择上，任何非此即彼的做法都可能对企业造成伤害，企业必须懂得如何把握其中的"灰度"：一味地求稳肯定是不行的，企业不可能构建一个绝对稳态的管理系统，市场占领决定了企业必须快速响应客户需求，市场和客户需求的变化性决定了管理系统也要"以变应变"；借发展之名，动不动就推倒重来也是不行的，没有继承，就没有发展；企业最好是在绝对稳定和绝对不稳定之间选择，即保持相对稳定的中间态，我们把这种状态称为"敏态"，敏态是一种非平衡态，一种生长态。

事实上，任何一个面向市场竞争的企业都是开放系统，开放系统总是有变化或不确定性输入，故开放系统只存在敏态，不存在稳态，只有封闭系统或输入不变的系统才存在稳态。一个敏态系统，时刻接受无依赖的市场压力传递，必然会失衡，失衡引起震荡，震荡触发自适应，自适应内生学习，学习促进成长，因此，敏态系统也可以说是智慧型的活力系统，它具有自我迭代、自我更新的能力，能够不断从旧的规则和秩序中走出来，向新的规则和秩序演进。

对企业而言，市场和客户（目标）在哪里，力量就应自然往哪里聚焦，其他都是噪声。

2. 节约还是耗散

企业怎么才能形成不断占领市场，又不断强健组织的正反馈？华为创始人任正非在一次内部讲话中，仅用一个简单、形象的比喻就把原理说清楚了：110 米栏运动员刘翔为什么能成为世界冠军？他得天天吃牛肉，但如果吃了牛肉后不运动，那他岂不是要成胖子？不断摄入能量，又不断耗散能量，如此才能成为世界冠军。

很多人都梦想成就一番伟大的事业，但在伟大面前，一些人却望而却步，为什么？不愿意投入。不论成熟事业还是新事业，一些企业都采用一刀切的做派——厉行节约，诸如：

（1）招聘员工看谁更便宜。

（2）经常在缩减员工收益上做文章。

（3）新事业刚开始，就要求有利润。

（4）不计流程等待成本，费用审批搞"一支笔"控制。

…………

窃以为出台这些措施，可能与政策制定者对"节约的本质"的理解有关，他们把节约简单理解成了"能量匮乏"，尤其是企业在开源方面遇到困难的时候，他们会习惯性地通过降低运营成本等节约措施来缓解经营压力，因为相比赚钱，省钱似乎更容易。

但这种节约方式，不过是通过抑制组织活力，为企业创造一种短期盈利的经营假象。其实，"能量匮乏"只是节约给人造成的一种错觉，节约的本质是"合理分配和利用资源"。直白地说，节约就是不该花的钱不花，该花的钱一分也不能少。

一家制造企业为了节省电费，规定在电价高的时间停产，尽量利用电价低的时间加速生产，但如果客户有大的紧急订单来了，电费问题就完全可以忽略不计，确保订单才是关键事项，然而，总有一些部门打着节约的名义影响订单履行，损害公司全局利益。一些人可能觉得不可思议，这样的事情怎么会发生呢？但现实就是如此，类似的事情可以说比比皆是。在成本费用考核导向下，一些部门天天算细账，为了一点点成本费用的分摊，不惜召开一个又一个会，最后实实在在地耽误了一些重要工作的进程。这就是对节约的错误认知导致的结果，这种风气要通过文化导向和底线管理来纠正。

如果把资源当成一种能量，管理者的工作就是持续推动能量的流转和循环，让"活的资本"不断为组织注入知识和劳动，让管理者个人和组织的能量在流转中放大和增值。所以，错误的节约观是收敛，正确的节约观是耗散，任何组织的成长，都要通过耗散来完成。

树立了正确的节约观，前面提到的一些企业就会有不一样的做法。

（1）招聘员工看价值，贵的要素才是便宜的。

（2）正确计算员工的利益，不让"雷锋"吃亏，信心和士气比黄金还珍贵。

（3）新事业要有战略投入，虽然上甘岭暂时不产粮食，但没有了上甘岭，就找不到产粮食的地方了。

（4）让业务流程"跑"起来，错过的成本大于犯错的成本。

…………

节约也好，耗散也好，其实殊途同归，目的是赚钱，而不是省钱；是开源，而不是节流。

以华为为例，当一个产品在市场上趋于成熟时，华为就会有意识地把这个产品经验丰富的员工"节约"出来，流转到新的事业中去。让经验丰富的员工做新事业，成功的概率更大；让年轻人做成熟事业，可以提高投资回报率。

华为对不同业务单元采用薪酬包管理和效率管控，一些部门为了多些人干活，把本来应该给那些做出贡献的员工涨薪的部分资金，用于人才招聘和保留。这时华为人力资源部门就会定期进行人才盘点，主动把那些做出贡献的员工识别出来，调整薪酬，促进各业务单元提升人力资源质量。华为通过对资源的合理分配和利用，实现了企业的时间价值最大化。

3. 顾及员工安全感还是传递市场压力

由于人才争夺战，一些企业里经常存在员工以友商在高薪挖人相"要挟"的情况，企业苦于被员工"软绑架"，便想出一些办法来应对：一是"哄"，好话说尽；二是"拉"，无功受禄；三是

"纵"，有责不追；四是美其名曰"顾及员工安全感"。久而久之，这些办法便形成了一种风气，谁会叫谁就占便宜，企业反受其害。企业经营状况不好，哪来激励资源？这些盗钟掩耳的办法，最后都起不到好的作用，外面如果真的诱惑大，那么想走的还是会走。

优秀员工为什么选择离开？他们从一个熟悉的业务环境换到一个陌生的业务环境，不安全感其实是更强的，除非不得已，他们一般不会做出这样的安排。从对他们的访谈中得知，根本原因还是他们对企业的未来丧失信心，觉得再这么混下去没前途。一些员工"要挟"企业只是表象，他们的初衷是以这种相对极端的方式，表达对企业经营现状的不满，希望以此引起企业高层对经营的重视。所以说到底，企业还是要把事业做起来，将市场占领作为第一要务，用事业吸引员工奋斗，这才是信号和信号源，其他都是噪声，成天分析噪声没有意义。如果企业真的顾及员工的安全感，就应该让员工感受到企业确实是一个可以让他们长期托付的事业平台。

这里要特别讲一下，"狠好"的老板和"很好"的老板有什么不同。可以肯定地说，真正成功的企业家几乎都是清一色的"狠好"的老板。

健身为什么要请专业教练？除了专业指导的因素外，健身的最大敌人是懒惰，人在练到最艰难、最痛苦的时候往往容易放弃，很难对自己狠起来，专业教练的价值是不断激发你坚持目标和持之以恒的信念。不吃尽苦头，哪来"马甲线"？"狠好"的老板和专业教练其实是一样的，"狠"实际上是在给员工赋能；"好"则体现在员工做出了成绩，老板能及时予以相应的激励和肯定，没有这一点，"狠好"的老板就变质成了"又要马儿跑，又不让马吃草"的"好狠"的老板。

而一些让员工感觉"很好"的老板，营造的是一种温暾水的组织环境，大家一团和气，老板不懂得传递市场压力，只负责给员工付薪，不负责给员工赋能。付薪但不赋能，员工的薪酬不仅难往上走，甚至难以为继；赋能伴随付薪，薪酬既有机会往上走，也有机会长久保持。所以，"很好"的老板，其实是误人误己的老板。

这一事实告诉我们，所谓事业平台的安全感，其实是构筑在企业有效进行市场压力传递，让员工适度感觉不安全的基础上的。在适度感觉不安全的公司，员工才最有安全感。

企业要占领市场，就离不开人才，但人才一定不是迁就得来的，而是企业为他们创造胜利的机会和条件，考绩得来的；考绩是考不走优秀人才的，不考绩才会埋没人才。一些老板总担心高的业绩标准和严格的考绩制度会把一些人考走以致没人可用，他们的口头禅是"有人干总比没人干强"，生怕人员调整造成组织震荡，因而很难跨出"狠"这一步。这就是思想被噪声占据了，辨识不清信号。

越怕什么，就越来什么，企业越怕"塌方"，就越是大面积"塌方"，直至陷入无人可用的窘境。一些企业的正向实践经验表明，不破不立，越不怕"塌方"，员工反而越优秀。不优秀的人走了，实际上是在给优秀的人腾位置，他们适应新的岗位也许需要一个习得经验的过程，但意愿比能力重要，在机会的牵引下，会不断成长。

找准"生态位"，精准进行战略调焦

战略的目标是发现市场、创造机会，并把机会转化为商业成果，市场、机会和商业成果构成企业管理的主线，这条主线的清晰度决定企业商业成功的程度。任何企业的能量都是有限的，能量耗散不能像天女散花一样，企业"创造显化"的关键，是能量聚焦。

市场不是"盲盒"

"盲盒"是消费者不能提前得知具体产品款式的盒装商品，也是以随机抽选为主要特征的一种销售模式，2019 年前后开始在中国流行。这一诞生于日本的潮玩，最初名叫 mini figures（迷你公仔），流行至欧美后被称作 blind box（盲盒）。"盲盒"一旦打开，消费者就得为它买单，其对限定款式的饥饿营销方式，激发了消费者的重复购买欲，刺激了产品销售。"盲盒"销售高度不透明，一些人却购买"盲盒"成瘾，这其实是赌徒心理所致。

企业所面对的市场可不能是"盲盒"。"盲盒"毕竟产品价格不贵，在消费者可承受的范围内；企业如果把市场当成"盲盒"，用赌徒心理开发市场，那么试错的成本就未免太高了。

一家从事柔性屏产品开发与制造、号称"独角兽"的企业，在高光时刻，融资规模达到数十亿元，然而，最后还是陷入了业绩困顿。这是典型的把市场当成"盲盒"，最终造成令人嘘唏的结局的商业案例。

柔性屏技术领先不等于柔性屏产品竞争力领先，产品竞争力领先不等于有市场，尤其是一些高科技企业，很容易把技术或产品与市场画等号。从应用场景看，柔性屏技术应用场景不典型，大多不构成消费刚需。在找不到显著的创新突破点时，柔性屏技术可能被一些企业当成炒作的"噱头"，要在这样一个市场"盲盒"里，像彩票开奖一样开到"迷你公仔"，难度非常大。该公司眼见开不到"迷你公仔"，便冒冒失失地撞进手机领域，冀望通过自己生产的手机，来带动柔性屏销售。可见，该公司从来就没有自己的市场定位！

作为手机领域的新军，该公司这样大摇大摆地走进别人耕耘日久的领地，从 B2B 转向 B2C（是否有 B2C 的基因我们暂且不说）想去开启另外一个对自己来说更加陌生的市场"盲盒"，结局能不惨不忍睹吗？

另一家企业情况类似，但由于及时做了战略澄清，没有陷入市场"盲盒"的游戏。这家企业看到新能源市场巨大的"风口"，跃跃欲试，可新能源市场太大了，哪里才是它的市场？它的客户到底是谁？这些问题它事先都没有想得很清楚，同样也是把市场当成了"盲盒",莽莽撞撞地"盲打",怎么可能有好的结果呢？

一般来说，初创企业战略积累有限，体格相对羸弱，若不能精准进行战略调焦，找准进攻方向，它们有限的资源能力就很容易消耗殆尽。所以，初创企业找准自己的"生态位"特别重要，应尽可能在某个细分领域，活在别人的认知之外，避免与同行短兵相接，通过错位竞争，实现异军突起。

后来经过反复的"兵棋推演"，这家企业终于找准了适合它的细分市场，并且惊奇地发现，以前居然把客户是谁都搞错了。那么，这家企业是如何进行战略调焦，看清市场方向的呢？

这家企业的经验做法是提问，它一共设置了12个自己认为重要的问题，并一边讨论一边逐一回答这些问题。如果这些问题都有了比较清晰的答案，就说明企业基本达到了战略调焦的目的。这12个问题是：

（1）企业到底进攻哪个细分市场？

（2）该市场空间是否足够企业长期生存发展？

（3）这个市场中谁是企业的客户，企业到底为客户创造什么价值？

（4）市场是不是刚需市场？

（5）谁是市场背后最重要的推动力量？

（6）主攻方向若有延缓，是否有备选方向保证企业活下去？

（7）最大的市场风险是什么，如何规避？

（8）有没有实现与同行错位竞争？

（9）解决方案是否具有唯一性？

（10）企业如何盈利？

（11）企业的战略控制点是什么？

（12）企业的核心能力是什么，如何构建？

企业如果对这 12 个问题都给出了自己认为相对有把握的答案，那至少说明企业在战略展开前已基本实现了逻辑自洽，基本做到了"先胜而后战"。但话说回来，不是说回答了这 12 个问题，企业就可以"一劳永逸"了。由于宏观经济因素、行业影响因素、客户因素、社会因素等市场环境的变化，今天的逻辑自洽未来未必可行，所以企业必须适时调整，适应环境变化，并周期性地回答这些问题，不断对原来的"逻辑自洽"进行修正。

事实上，很多时候确实存在看不清市场的情况，比如服装行业，每到换季，企业就要考虑在接下来的季节里到底流行什么款式？企业很难用传统的市场调查方式去发现新市场，因为：第一，未来还没有到来；第二，未来不同于过去；第三，消费者偏好是个性化的，未来哪个方向会成为消费主流，事先不得而知。这种情况一般发生在 B2C 领域，战略调焦确实存在难度，但再难，企业也不能把市场当成"盲盒"，还是得想办法，让市场从不清晰到相对清晰。

有的 B2C 企业采用"3 定 1 试"的方法，取得了较好的效果："3 定"即消费者定位、产品定位和品牌营销定位；"1 试"即尝试在同一方向投放多款产品，哪款能够引爆市场，哪款就是消费主流。尤其在服装行业，这种方法使用得较多。

总之，企业在面对市场不确定性的时候，既要防止掉入自己的经验隧道，又要防止陷入市场调查为我们编织的陷阱，时刻不忘用我们的心智世界，实时地去拟合现实世界。

机会是用时间"泡"出来的

前面我们已经给管理下过定义，这里我们来重温一下：管理就是调节原因变量，让时间的价值最大化。那么问题来了，什么才是企业最大的原因变量？毕竟原因变量太多了，我们很难一一详述。

比如平台化运作，它可以大幅提升企业的沟通效率，能够将许多串行工作模式变成并行工作模式，大大减少工作与工作之间的连接时间，以及由于信息不对称造成的工作差错等。那平台是企业最大的原因变量吗？诚然，平台确实非常重要，华为20多万人能够在全球范围内高效地服务客户，就得益于华为有一个统一的奋斗大平台。

1998年华为创始人任正非就在《华为的红旗到底能打多久》这篇文章中，讲到了平台的重要性，他说："我们要逐步摆脱对技术的依赖、对人才的依赖、对资金的依赖，使企业从'必然王国'走向'自由王国'，建立起比较合理的管理机制。当我们还依赖于技术、人才和资金时，我们的思想是受束缚的，我们的价值评价与价值分配体系还存在某种程度的扭曲。摆脱三个依赖，走向'自由王国'的关键是管理。通过有效的管理构建起一个平台，使技术、人才和资金发挥出最大的潜能。"

但这里我想说的是，平台再重要，它仍然只是企业内部的原因变量，如果没有外部的流量注入，再好的平台，也是企业的负累。对任何一家企业来说，在时间价值上贡献最大的原因变量，必须是开源，必须是外部的市场机会。"问渠那得清如许，为有源头活水来"，毫不夸张地说，机会是企业内部一切资源要素的激活因子，它具有拉动企业内部成长、达成各环节峰值效率的效用。这就像俄罗斯通往欧洲的油气管道，只要俄罗斯的油气阀门一关，油气管道平台就成了摆设，机会就好比是任何一家企业的"油"和"气"。

既然机会对一家企业来说如此重要，那么机会是怎么产生和变现的呢？

我们知道，在移植人体器官之前，都要先进行器官配型，确保供体和受体的 HLA 分型（Human Leukocyte Antigen，人类白细胞抗原）相近，以明显减轻术后的免疫排斥反应，大大提高移植器官的长期存活率。在商业上，机会的产生和变现与器官配型和器官移植其实非常类似：客户制订其商业计划时，需要集成外部优秀的社会分工，以增强自身的系统能力，这就好比是"器官配型"；配型之后，客户进入采购实施阶段，以补充内部能力，达成系统完整，这就好比是"器官移植"。

因此在机会管理上，"器官配型"和"器官移植"两者重要性并举，企业不能忽略其中任何一个环节。举例来说，一些企业出于业绩增长的需要，有计划地布局"市场下沉"，这时候它们就需要寻找与下沉市场相匹配的供应链，这就是"器官配型"；一旦配型成功，后面就会源源不断地向供应商下订单。供应商如果事先没有掌握客户"市场下沉"的诉求，不去主动接触客户和积极参与客户的"器官配型"，机会可能就转瞬即逝。

实际上，一些企业漠不关心客户的"器官配型"，只是急功近利、致力于客户的"器官移植"。省略了"器官配型"环节，就会造成解决方案与客户需求脱节，最后企业往往只能在客户面前"王婆卖瓜，自卖自夸"，这种自以为是的"解决方案"，实难成为客户的必然选择。重视"器官配型"就是重视营销，营销才能发现市场，创造机会和主动把握市场；只注重"器官移植"就是销售，销售是后知后觉、捡漏机会的，是被动接受市场。

创造机会离不开与客户的深度对话。人类很多深邃的思想，其实都是通过对话获得的，如汇集柏拉图思想的《对话录》、汇集孔子思想的《论语》等，创造机会的过程一样需要深度对话。评价营销人员的标准之一，就是看他是否具备点燃客户、与客户开展一场有来有往的对话的能力。

为客户"器官配型"，是一个与客户打成一片，进行交流、诊断、探索、提议、行动、确认等的复杂过程，在这个过程中，需要准确把脉客户的压力与挑战，为客户提供有独特价值的解决方案。显然，这是一个"磨刀不误砍柴工"的活儿，需要花费大量的时间与客户"泡"在一起，才能"发酵"出深层解决方案和"泡"出机会来。企业机会不够，往往是因为"泡"在客户那里的时间不够。把时间用在哪里，一个人的成功就在哪里，人如此，企业亦如此。

纵观企业现状，一些企业从事"器官移植"的人都很少，更别提在"器官配型"上的资源投入了，企业把大量的时间都"泡"在内部，天天有开不完的会，解决不完的问题，而如果解决问题不能带来客户选择，岂不又增加了运营成本？企业看似很忙，但这种忙，不过是一种虚假的繁荣罢了。建议这些企业出台相关政策，将客户界面做厚，让越来越多的人成为公司的流量入口。

机会是用时间"泡"出来的，但不是说谁与客户"泡"在一起都能创造机会，必须是那些对客户的业务有深入理解的人，且必须把时间"泡"在客户端，对客户需求进行精准"测绘"，才不致要么简单地 Follow（跟随）客户需求，要么简单地 Follow 内部能力。这么做看似企业在客户端"浪费"了时间和资源，但由于"测绘"准确和事先管理好了客户的期望，事实上，企业各环节大大提高了工作的命中率和效率，减少了很多冗余工作量，其实是成本最低的一种运作方式。同时，这种前端控制的运作方式，在投标之前就为企业构筑了价值壁垒和竞争优势，有利于企业将机会变现。

一些企业喜欢把为客户提供解决方案的组织与研发组织放在一起，理由是它们在专业技术上具有相通性，放在一起有利于人员之间技术传承，而像华为这样对技术要求甚高的公司，却长期把解决方案的组织同销售组织一起放在面向客户的前端。放在前端和放在后端有什么不同？

正如老话所说，"屁股决定脑袋"，企业将组织机构放在哪里，企业的站位就在哪里，站位不同，思考问题的角度就不同：放在前端，有利于企业"向前看"，真正从客户价值出发，定义客户的未来，牵引企业能力向客户需求上靠；放在后端，则很容易导致企业首鼠两端，总想引导客户需求向企业能力上靠，不是聚焦客户的压力与挑战，而是聚焦自己的压力与挑战，极可能导致对机会视而不见，不利于企业成长。

从帮助客户自我实现到流量变现

每个人都有自我实现的需要，人的最高目标是自我实现。为什么玩游戏容易上瘾？因为游戏玩家可以把他们认为在现实中无法实现的目标，搬到游戏中虚拟实现，由此产生强烈的自我满足感，从而达到一种精神上高度痴迷的状态。同理，在现实生活中，如果我们有机会给人营造一种自我实现的代入感，人就会像痴迷游戏一样"上瘾"，进而创造出无限可能。

一位三甲医院的著名医生讲述了自己小时候的一段经历。由于上学的时候贪玩，成绩一直不好，她干脆破罐子破摔，成天和一些差生在一起调皮捣蛋。有一次上课的时候，班主任当着所有同学的面说："你们别看这孩子现在贪玩成绩不是很好，我看这孩子聪明着呢，哪天醒悟过来，稍微端正一下学习态度，她的成绩立马就会追上来。"听到班主任的这句话，她猛地一下子惊醒了，她从来没想过，在班主任心里，自己居然是这么一个积极正面的形象！从此，她来了个 180 度转变，发奋学习，立志要在班主任心里把这个正面形象保持下去，生怕自己哪天让班主任觉得"看走了眼"。后来她终于如愿以偿，考上了一流的医科大学。

这个故事完美地诠释了，自我实现的驱动力并非为了获得物质或精神上的外部补充，而是源自目标牵引下的内在需要，它表现为一个"执着而持久"的自动自发的过程，直到目标最终实现。这启发我们，商业运作完全可以运用这一原理，企业只要在客户自我实现的目标中成功地嵌入商业交易目标。这样，企业帮助客户达成自我实现的过程，也就自然而然地成了企业与客户之间完成商业交易、实现流量变现的过程。在这个过程中，企业把客户价值与企业价值进行了完美融合，并且消除了企业与客户在现实交易中可能产生的任何"摩擦力"。

一些商业交易的例子，可以让我们更好地认识"从帮助客户自我实现到流量变现"的妙用。

有一次我去药店买眼药水，药店的业务员拿出一瓶眼药水，我一看标价 58 元，便吃惊地问：为什么这么贵？业务员的常见反应是，告诉顾客这种药有什么不一样的特点和功效，以证明这种药的确物超所值。但这样做效果往往不好，因为这样做是把顾客当成了"被教育者"而放到了对立面，顾客体验非常不好。但这个业务员与众不同，她的一席话让我二话不说，心甘情愿地选择了买单。

她是这么说的，"先生，情况是这样的，我们以前进口了一种眼药水，价格是 30 元，有些顾客买回去之后反馈说效果不怎么好，后来我们就进口了现在这种眼药水，贵是贵了些，顾客买回去之后都反馈说这种眼药水效果非常不错。要不这样，您先买一瓶回去试一试，如果效果好，方便的时候您就告诉我们一声，我们今后就不再进口其他眼药水了"。

业务员的这段话非常巧妙，以致长期在我脑海里留下难以磨灭的记忆。这段话一共传递了六层意思。

（1）她肯定而不是否定顾客对价格的判断。

（2）她用 30 元的眼药水做比较，垫高了顾客心中对眼药水的价格认知，从而让顾客对价格问题不再敏感。

（3）她不是自说自话，而是用顾客的反馈来证明眼药水的功效，成功地把顾客的注意力吸引到了眼药水的价值上，用价值证明价格的合理性。

（4）她不是简单地把顾客当成商品售卖对象，而是把顾客的体验和价值感知当成了商品的有机组成部分，赢取了后者，也就赢取了顾客忠诚。

（5）她的每一句话都站在了顾客的立场上，不只重视顾客，更重视如何促成顾客的选择。

（6）最后，也是最重要的，她成功地把顾客塑造成了自动自发的志愿者，顾客为了满足自我实现的需要，不仅心甘情愿地选择买单，还心甘情愿地为之试验和宣传。

我们再看一个例子。医美服务绝对是一个大市场，医美的本质是美学和心理学，爱美是人的基本需要；医美同时也是刚需，再美的人都会有衰老的一天，因此抗衰老是一种持续的投入。

背靠大市场和刚需，有一家医美企业成功地从众多同行中脱颖而出。该企业敏锐地捕捉到，随着生活方式的变化，人们的自我意识正在不断地提升：重视"颜值"的社会文化、健康意识的觉醒、摆脱生理时钟的定义等，这些变化正源源不断地为医美行业注入新的活力因子。但是，传统的医美服务也因可能带来创伤、痛苦和后遗症，而让一些人望而却步。现实中这样的例子屡见不鲜，无形中加剧了一些人踏进医美大门的畏惧心理。

针对上述变化和问题，谁能率先找到一种"兼爱"的解决方案，谁就更容易在市场竞争中胜出。这家医美企业不遗余力地开展这方面的尝试，终于羽化成蝶，收获了非常好的市场反响。该企业的服务之旅，本质上也是始于顾客的自我实现。

第一步，该企业以美学为切入点，帮助顾客开展形象设计。该企业认识到，顾客要的不是轻医美或美容本身，而是形象管理，是美所带来的活力、自信、魅力、绽放……基于这样的认识，该企业给自己的使命定位是做顾客的形象管家，先帮助顾客开展形象设计，一旦顾客有了一个辨识度高、自我认同感强的自我形象定位，就会内生出一种自我实现的内在需要。

第二步，该企业从顾客心理出发，重视顾客的心理重建。由于一些医美事故造成不良社会影响的原因，顾客对医美服务在心理上有"六怕"：怕被骗、怕无效、怕操作过程复杂、怕副作用、怕留疤、怕贵。针对这"六怕"，该企业推出了无外部创口和以生理盐水注射为主的小针技术，同时对顾客郑重做出"零风险""零事故"、价格亲民的承诺，免去了顾客在寻美过程中的后顾之忧。

第三步，该企业从完整的"顾客旅程"出发，对顾客体验进行系统化梳理，让每一个场景都围绕顾客的体验来设计，为顾客打造了一个"始于寻美，安于医术，愉悦于心"的场域，让顾客在放松和愉悦的环境中享受医美服务，享受自我实现的过程。

客户的需求具有层次性，表象层次的需求是 Wants（想要），问题层次的需求是 Needs（需要），动机层次的需求是 Wish（愿望），自我实现是客户的愿望，它超出了问题本身。上述这家医美企业围绕客户的愿望进行的战略调焦，不仅仅包括客户的形象构建，还包括客户的心理构建。

企业经营的动态性决定了企业管理的动态性，企业要获得持久的商业成功，就必须动态管理好企业与市场之间的"时空差"，与客户一道，共同定义未来；借力市场需求，推动企业进化；开展战略调焦，让资源匹配价值。管理"时空差"，才能提高"命中率"。

综上，本章把打移动靶的关键步骤——定义未来、市场占领、战略调焦（见图 2-3），逐一进行了展开。商场如战场，企业经营和军事斗争的原理一样，都要在运动中打歼灭战，在战争中学习战争。

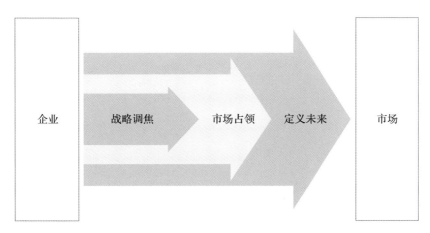

图 2-3　打移动靶的关键步骤

Chapter 3

第 3 章

动态决策

　　实践离不开知识的导航，人类所有的学习，不外乎是为实践提供决策依据，但悖论是：过往的知识不是指引我们前行的灯塔，只有与时俱进的新知识，才能为实践导航。与时俱进的新知识是人在与实践环境的互动中实时创造出来的，而决策是人与实践环境互动的主要形式之一，也是创造新知识的关键过程之一。通过决策产生的新知识可以填补过往的知识在指导上的不足，有助于我们发现和找到事业的新大陆。

决策的本质：借势

我们为什么需要决策？因为知识与实践"断篇"了，知识的缺位，让实践遇到了盲区，这时候急需新知识来填补空白，以加速实践的进程。新知识又叫见解，任何决策都是从见解开始的，依据见解，收集实践环境数据，以验证见解是否逻辑自洽。凡是能加速实践进程的见解，必然蕴含着合乎规律、审时度势、因势利导的"借势"思想。

权力的大小 = "势"的多少

一些企业管理者名义上肩负着很多管理责任，却不敢擅自做主，遇事玩"太极推手"：向上，推给上级；向下，推给下级；向外，推给周边；向前，推给前任；向后，推给将来……"太极推手"如果只是个别现象，那应该是责任心问题；如果是普遍现象，那一定是管理出了问题。

一般来说，没有人甘愿平庸和碌碌无为，大家的初心都是"在其位，谋其事"。之所以不谋其事，多半是因为曾经经受过一系列的挫败和打击，在履行责任上产生了无力感，但出于自我保全的需要，他们又不得不面对现实，结果把自己变成了"太极推手"。在管理上，人们把上述现象称为"习得性无助"。

一些企业不假思索地把"习得性无助"归结为管理者能力问题，冀望开展各项赋能活动，来帮助管理者提升认知和能力水平，但事实证明这些赋能活动根本无法达成企业的期望，原因是企业找错了原因变量。导致"习得性无助"的原因变量是企业应给管理者赋权，而不是一厢情愿地赋能。

任何个体都是渺小的，对个体再怎么赋能，其能力带宽也无法与组织目标相匹配。人无完人，个体优势在客观上具有分散性，将分散在个体身上的优势全部集中到特定个体身上是小概率事件，且个体载荷有限，个体能力提升需要周期，企业依赖个体能力提升，难以快速响应组织需求。真正有效的赋能是塑造组织能力带宽，即围绕目标对不同个体的优势进行组合管理，以大大降低在特定个体身上进行能力切换所产生的时间成本，带来1+1>2的效果。赋权意味着管理者有权力以目标为引领，对企业的资源进行组合管理，以有效履行责任，达成组织目标，这里的资源不仅仅指人，还包括组织内外的其他资源。一言以蔽之，赋能关键是组合管理，赋权关键是有权力进行组合管理。

任何目标的达成，都需要有与之匹配的资源，没有权力调用资源，就没法"借势"，没法"借势"，自然也就没法达成组织目标。从赋权和赋能的关系，我们不难得到以下推论。

一是赋能的前提是赋权，真正的能力来源于权力。

二是权力的目的不是追求"资源占有"，而是追求"资源连接"。

三是权力应与责任和目标相匹配，拥有鞭子和用鞭子抽人不是权力，用鞭子抽出结果才是权力。

这里我们给"权力"下一个更易理解的定义：权力的大小 = "势"的多少。权力本质上是一种力，"势"是对这种力的度量，用来指称能量或力的大小。很显然，只有拥有了某项权力，才可能有某种整合资源要素的能力。韩信将兵，可以打胜仗，刘邦将将，可以取天下，一个人驾驭的"势"越大，意味着权力越大，成就的事业也越大。反过来也可以说，无权者意味着无"势"，无"势"者意味着无能。一些人空有一腔抱负，却无法在工作中施展才干，为什么？因为组织没有给他们赋权，他们整合不了资源，没有"势"，仅凭"匹夫之勇"，当然难有作为。

既然权力是用"势"来度量的，那么凡事就应先成势再成事。"隆中对"就是典型的例子。刘备三顾茅庐时的境况是"壮志未酬，倍感前途渺茫"，诸葛亮通过分析给出了如下应对之策，拨开云雾，让刘备看到了危中之"机"，最终促成了三国鼎立的战略决策。

必须建立自己的事业根据地。颠沛流离、寄人篱下，没有根据地，就相当于没有群众基础和事业根基，什么理想、抱负，都将是浮云。这就好比企业，一定要有自己固有的市场和客户资源，这是企业生存之基础。

强调战略思想（力量的运用）的重要性。力量固然重要，但力量的运用（人谋）往往能起到意想不到的效果。事业成败不是领袖个人"智术"行不行的问题，任何战略思想都是高层团队群体智慧的结晶，关键是要做好高层团队学习型组织建设，像曹操一样，懂得用谋臣来给自己补位。

搞清楚谁是敌人，谁是朋友，懂得"卸力"和"借力"。事业成功不能靠蛮干，不能"杀敌一千，自损八百"，避曹魏之锋芒，连孙吴之强援，保存实力、积蓄力量是当务之急。

尽快完成从战略被动到战略均势的转变。扩展自己的生存空间，先取荆州，后夺益州，与魏、吴错位发展，尽快实现三国鼎立的格局。

大趋势下要稳固基本盘，只有发生趋势转折才可伺机图取中原。内修政理，外结邻邦，稳固基本盘，依托险阻，进可攻，退可守，为将来兴复汉室做好充分的准备，等到哪天发生了"天下有变"的趋势转折，即可顺势而为，图取中原。

"隆中对"折射出了诸葛亮杰出的政治智慧和军事才干，然而不得不说，"隆中对"背后的"源代码"却非常质朴，它不过是我们今天的物理学常识——势能与动能的相互转化原理。诸葛亮在"隆中对"中的全部思想精华，可以高度概括为两个字——"借势"。

（1）"断势"。诸葛亮告诉刘备，天下大势是建立自己的势力范围，没有自己的势力范围，就没有与别人较量的力量基础和本钱，须尽快解决力量来源问题。

（2）"取势"。首先，取"精神和方法论"之势，重"人谋"，战略思想正确了，可以通过"力量的运用"，来弥补实力上的差距；其次，取盟友之势，合纵连横，抗衡曹魏，做到力量均衡，才不致被强敌所灭，并有机会不断获得战略优势，如赤壁之战、定军山之战等。刘备相比刘表、刘璋、张鲁，力量是相对较强的，取势容易成功，应时不我待，以强胜弱，尽快将荆州、益州等地纳入势力范围。贻误了时机，就会悔之晚矣。

（3）"造势"。纵然有了自己的基本盘，但如果自身力量不强，图取中原也仍然是镜花水月，因此必须沉下心来，巩固和壮大自己的根据地。只有进行充分的战略积累，才谈得上战略进攻。历史证明，刘备正是按照诸葛亮的战略设计，积累了足够的势能，才有了后来抵御强敌、三国鼎立之动能。

（4）"顺势"。诸葛亮的战略构想，前半部分是成功的，但未等到"天下有变"的顺势再图取中原，最终以失败告终。关羽失荆州、刘备夷陵之战失利后，蜀国元气大伤，相比魏、吴，势力范围决定了彼此的实力差距，等得越久，局势对蜀国越不利，这也是诸葛亮坚持北伐的根本原因。本想舍近求远，避实就虚，夺取凉州作为蜀国的另一个根据地，但终因实力太弱而折戟沉沙。

求之于势，不责于人

"隆中对"与今天企业战略设计的逻辑，如出一辙。企业每当遇到事业关口，总免不了"断势"。

2003 年 IT 寒冬，华为预判，按照当时的发展状况，华为会达到世界先进水平，但带来的结果是迟早会和美国对抗，于是华为高层做出决策，希望卖给摩托罗拉公司，为华为戴上一顶美国的"牛仔帽"，有利于华为在国际市场上的开拓。摩托罗拉之所以收购华为，是希望通过华为弥补自己在核心网上的劣势。这次收购双方都有诚意，双方在海南聚会，准备等摩托罗拉董事会批准后就大肆庆祝一番。不巧的是，摩托罗拉高层发生人事变动，此前支持这笔收购的掌门人离职，新掌门人认为这笔交易不划算，给否决了。

华为既然外求借势不成，退无可退，那就只好在内部借势，点燃全体干部员工必胜的精神信念。狭路相逢勇者胜，没有退路，就是胜利之路。极端的困难，终于把华为逼成了"世界第一"。

"取势"意味着有计划地通过一系列主动的战役成功，来"倒逼"和壮大自身的能力。2011 年以前，华为通过给运营商生产白牌手机，来积累在终端方面的能力。2011 年以后，智能机呈爆发式增长态势，华为开始在智能机领域发力，走精品路线，打造自主品牌。但如何成为消费者心目中认可的精品？

再好的战略规划，没有强有力的战略执行也是白搭，华为消费者业务提出了打赢两场战役的口号："中端价位要打赢国内品牌""高端市场要打赢海外品牌"。成功需要朋友，但巨大的成功需要敌人，通过两场战役，华为成功地将消费者业务的系统能力拉升到了一个新高度。终于在 2018 年，消费者业务营收从 2011年的 446 亿元，跨越式发展到了 3489 亿元，首次超过了传统的运营商业务。2019 年，华为消费者业务实现营收 4673 亿元，以

38.5% 的市场份额稳坐中国智能手机市场头把交椅。其中，中高端手机市场份额占比高达 56%，消费者业务成为华为新的"现金牛"。

从全局看，"取势"好像是逆势而上，但从局部看，"取势"实际上是以强胜弱，体现了集中优势兵力打歼灭战、积小胜为大胜的思想，是逐步获得战略主动的一系列进攻的组合。一些企业绞尽脑汁挤进苹果的供应链，也是取势的方式之一。

断势、取势，前提是有势，在无势的情况下，要想事业成功，就必须学会"造势"。涓涓之水，本没有什么力量，但如果把它们汇聚起来，就会形成滔天巨浪和海啸，拥有巨大的力量，这就是"造势"。成功企业都深谙"造势"之妙。

在 B2C 领域，企业经常用净推荐值（Net Promoter Score，NPS）来衡量消费者对品牌的忠诚度，其背后的策略就是让消费者成为自动自发的志愿者，用消费者的自我裂变来达到市场营销目的。NPS 反映的是消费者向其他潜在消费者推荐的可能性，NPS =（推荐的客户数 – 贬低的客户数）/ 被调查客户总数。这种策略具有传统销售无可比拟的优势。

（1）大大降低争取客户所需的成本。

（2）形成可持续的营业收入。

（3）带来稳定的基础利润。

（4）规模下的成本下降。

（5）口碑带来的价值增值。

一般来说，如果消费者非常认可某一品牌，他们会通常推荐给 4～5 人。随着互联网的普及，他们通过互联网平台推荐所产生的影响力，相比线下，可能带来非线性增长。正因为如此，很多企业会设立专门的机构来进行网络声量管理，也就是在线上"造势"，包括利用关键意见领袖（Key Opinion Leader，KOL）、关键意见消费者（Key Opinion Consumer，KOC）、社区团购、社交电商、私域流量，等等。在流量越来越稀缺的情况下，企业与其花钱向平台买流量，还不如直接把钱补贴给消费者，让更多客户成为企业的推荐客户。

要警惕空心化的"造势"。企业不论如何造势，都应谨记"打铁必须自身硬"的道理。没有实力，造势的最后结果就是虎头蛇尾、铩羽而归，所以造势既要"外求"，更要"内生"。华为消费者业务能取得突飞猛进的成绩，与华为的"内求"是分不开的。

2017 年华为在自己的麒麟 970 芯片中内置了寒武纪的嵌入式神经网络处理器（Neural-network Processing Units，NPU），宣告手机 AI 正式来临，这是全球第一款内置 NPU 的手机芯片，后来高通、苹果、三星等迅速跟进，纷纷在自己的芯片中支持 AI 功能。这是华为的第一个"领跑"。

华为的第二个"领跑"是拍照。华为和莱卡合作，Mate20 Pro 手机首次在 DXO（法国的一家公司，创办了为独立相机、镜头和配有相机部件的移动设备所拍摄的照片进行图像评分的网站）评测中成为全球第一名，华为将其作为宣传重点和卖点，立马吸引了消费者的关注和青睐，而后华为每次发布旗舰手机，基本上都能刷新成绩，取得 DXO 评测榜上的第一名，而其他手机厂商也在拍照上玩出了花样，苹果、三星被迫应战，不断升级拍照技术。

从华为消费者业务的发展看，"造势"的背后，其实是一个从"无势"或"势不足"到"有势"的演化路径。

如果说"取势"代表的是一种主动的"逆生长"能力，那么"顺势"代表的则是一种"规律下的动能"。

1999 年前后，摩托罗拉的市场竞争压力主要来自爱立信、诺基亚。错失了市场机会，逐渐从市场中失利的摩托罗拉为了弥补其产品竞争力不足，尤其是在核心网上的缺失，积极寻求与华为合作，合作的形式是摩托罗拉贴牌华为作为 OEM 的产品，即摩托罗拉传递客户需求，提出针对运营商的要求，负责网络的安装和日常维护，而华为来完成产品的实现、代码的生成、技术问题的解决。在这种合作关系中，华为是产品和技术的实际提供者，摩托罗拉作为集成者提供商标贴牌和负责分销。双方开始了长达十年的亲密合作，从最早的核心网扩展到基站和基站控制器，从个别区域逐渐扩展到 40 多个国家。

然而，在决策这项合作的时候，当时华为内部有不少反对的声音，认为摩托罗拉贴牌华为，会削弱华为在国际市场上的品牌力。针对这些声音，华为创始人任正非却有着不一样的思考，他说，"破除了狭隘的民族自尊心，就是国际化；破除了狭隘的华为自豪感，就是职业化；破除了狭隘的品牌意识，就是成熟化"。

同时，他还提出"与友商共同发展，既是竞争对手，也是合作伙伴，共同创造良好的生存空间，共享价值链的利益"的经营理念。实事求是地说，当时摩托罗拉在全球的市场份额比华为要大得多，华为顺势而为，能够借摩托罗拉这艘"船"出海，对华为开拓国际市场绝对是重大利好。

综上而言，决策的本质在于"借势"——断势、取势、造势、顺势，本质上是通过事态的动力学分析，来谋取目标的实现（见图 3-1）。宏观决策要考虑人的能动性因素，但在趋势力量面前，人的力量往往是渺小的，"求之于势，不责于人"，当是决策的重心和方向。

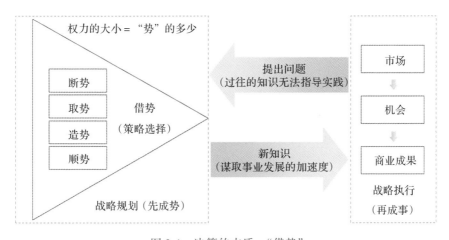

图 3-1　决策的本质："借势"

权力为纲，纲举目张

抛开企业治理层面的权力不说，在企业经营层面，按照"势"

的大小，权力一般可以划分为思想权、战略权、运营权和战术权。

1. 思想权：连接心智能量

"人心齐，泰山移"，这句话道出了思想对齐可以发展壮大成一种排山倒海的"势"。在讲思想权之前，我们不妨先来了解一下受精卵到完整的人的发育过程。

受精卵发育的第一个阶段是卵裂。一个细胞分裂成 2 个、4 个……达到 16 个细胞时，细胞就团在一起，形成外形类似于桑葚的胚胎，称为桑葚胚。桑葚胚是人整个身体的原始细胞团。桑葚胚继续发育，胚胎细胞团中间出现囊胚腔，受精卵发育成人，靠的是囊胚腔的内细胞群。第二个阶段是细胞分化。细胞分化是指同一来源的细胞逐渐产生出形态结构、功能特征各异的细胞类群。细胞分化本质上是基因组在时间和空间上的选择性表达，通过不同基因表达的开启或关闭，最终产生标志性蛋白质。在细胞分化阶段，囊胚腔的内细胞群发育成内、中、外三个胚层，每个胚层的细胞逐渐发育和分化，形成不同的组织和器官。第三个阶段是个体成形，即器官形成、发育和构成不同的系统。

企业的发育过程与受精卵的发育过程其实非常相似：每个企业家创业，都有一颗初心，这颗初心好比是"受精卵"，至于"受精"的方式，抑或始于市场的灵感，抑或始于专业的创新，抑或始于生活的感悟，不一而足。

在事业起步阶段，一群志同道合者怀揣共同的梦想，铆足了劲，夙兴夜寐，全情投入，不分彼此，这好比是"卵裂"；在事业发展阶段，企业基于业务需要，逐渐形成前台、中台、后台等差异化分工，这好比是"细胞分化"；在事业成熟阶段，企业逐渐形成相对完备的组织和管理系统，以及行之有效的运作，这好比是"个体成形"。

更本质地说，企业的发育和受精卵的发育，都是基因组在时间和空间上的选择性表达，有什么样的企业基因，就有什么样的业务和组织运作。如果创业者的初心始于市场的灵感，则企业基因组中市场侧的信息特征可能多一些；如果创业者的初心始于专业的创新，则企业基因组中产品和技术侧的信息特征可能多一些；如果创业者的初心始于生活的感悟，则企业基因组中自我实现的信息特征可能多一些。

企业基因组在时间和空间上的选择性表达，可以分为形而上和形而下两个部分：形而上的部分是思想，形而下的部分是业务和组织运作；有什么样的思想，就有什么样的业务和组织运作。由此可见，一家企业最大的管理权是思想权，思想对齐了，业务和组织运作才可能顺畅、高效。在第 1 章里我们讲到了无形催生有形，现在我们已然清楚，企业无形的思想，其实可被视为基因组对企业的信息编码，通过这些信息编码，企业可实现对各种价值创造要素的整合和组合管理。

思想权连接的是人的心智，目的是最大限度地把人的精神能量汇聚到组织期望的方向上来。人类任何成功或成长，都是对未来"固执"追求的结果。在对未来缺乏足够证据支持的情况下，人们还能保持一种坚定的信念，不断开展自我证明、自我实现、自我反省和自我约束，不得不说，这完全应归功于人类思想权的运用。就像华为这样的企业，能取得今天如此瞩目的成就，必然与华为体系化的思想权建设密不可分。

华为明确管理者的使命和责任，其中第一条就是"干部要担负起公司价值观的传承"，在中国浩如烟海的企业里面，能做到这一点的企业可以说是凤毛麟角。华为认为："接班人是用核心价值观约束、塑造出来的，这样才能使企业长治久安"；"企业领导者最重要的任务就是创造和管理文化，通过文化和价值观，有效地整合资源和要素，驱动价值创造和商业成功"；"干部要以文化和价值观为核心，管理价值创造、价值评价与价值分配，牵引文化认同，实现公司长期生存和持续发展"……

不仅如此，华为的思想权还体现在企业基因组在时间和空间上的选择性表达上。华为认为思想权是为企业发展服务的，企业在不同发展阶段对价值观的诠释，总体上应保持一致性，尽可能避免造成思想上的混乱，但同时企业发展又充满了不确定性，因此奉行价值观不是让员工遵从一个概念化的、静态的、一成不变的价值判断，而是体现为一个基于场景的、随企业的发展动态诠释的过程。价值观的活力和生命力，体现在结合企业不同发展阶段的问题和挑战，与时俱进地突出、强调和丰富价值观某些特定的内涵和要求，为企业发展提供思想导航上。

例如，发现当员工不以客户为中心时，华为就强调"客户是衣食父母，必须虔诚地善待客户"；当大家只是简单地以客户为中心而忽略了价值创造时，华为又出来告诫员工"要正确理解以客户为中心，以客户为中心还要以生存为底线，企业没有活下去的基础，如何持续以客户为中心"。总之，针对不同的业务和组织情形，华为总能与时俱进、动态地对员工的思想进行调焦。

思想权旨在构建一种看不见的"相信的力量"，引领大家"上穷碧落下黄泉"，执着追求，从而让管理更简单，让成功更容易。但遗憾的是，多数企业其实并不怎么重视思想权，认识不到思想权的重要性，这是当下企业的一个普遍现象。有的企业家自己在这方面并不擅长，认为抓思想工作"太虚"，不如具体做事来得实在，正是这种错误认识，导致了企业效率低下、执行力不强。

每一位企业管理者和员工的社会背景、教育背景、专业背景、成长环境各不相同，大家走到一起，由于个人诉求不尽相同，看事情的立场和价值观也就有差异，如果大家在思想认识上找不到交集，相互之间的合作就很难进行。思想权不同于洗脑，关键在于求同存异，找到价值冲突中的最大公约数，凝聚思想共识，有了思想共识，企业才有执行力和效率。一些管理者和员工感觉工作上不是身累而是心累，推进工作困难，力不从心，这些现象其实就是缺乏思想共识导致的。

思想家孟德斯鸠说："权力只对权力的来源负责。"就企业经营而言，权力来源于企业家的初心和他们内心深处的思想信仰，权力运行不能背离企业家的初心和思想信仰，这也是企业最大的思想共识。

2. 战略权：连接未来能量

如果说思想权连接的是心智能量，那么战略权连接的就是未来能量，目的是寻找企业进化的方向，引领企业可持续发展。

企业进化与地球上生物进化的逻辑是一样的。战略权，说到底是企业的生存选择权。企业和生物一样，都需要在生存的关口选择自己的生态位，选择自己的进化路径。

但天下最难的事，其实正是选择。以华为公司初创期为例，成立于 1987 年的华为，白手起家，为了生存，误打误撞，选择了做交换机代理。得益于 20 世纪 80 年代末 90 年代初中国电信市场的迅猛发展，华为代理的我国香港地区生产的交换机，由于需求旺盛，性价比高，特别受市场欢迎，1992 年华为的销售额首次突破 1 亿元大关，利润上千万元。但生意随之遇到了挑战，由于代理交换机利润高，再加上没有技术壁垒，很快就吸引了大量企业，于是行业一下子变得不赚钱了，代理交换机的企业纷纷倒闭。华为未来生存之路在哪里？华为好不容易赚到的第一桶金，未来将投向何方？这些问题即便搁在今天，也会让无数的企业家彻夜难眠，如果当时选择错了，就不可能有今天的华为了。

这些选择注定异常艰难，完全可以用"一边是火焰，一边是海水"来形容。"火焰"就是当时深圳的房地产和股市两大经济泡沫，"海水"就是在通信市场产品自主创新，选择前者意味着赚"快钱"，选择后者意味着赚"慢钱"。华为选择产品自主创新，极有可能非但赚不到"慢钱"，甚至可能撞得头破血流、血本无归，要知道当时中国的通信市场基本被国外电信企业占据，它们拥有长期的先发优势，技术成熟，产品稳定、实力雄厚。草莽创业的华为，在狭缝当中求生存已属不易，搞产品自主创新，简直像天方夜谭。但华为最终选择了后者，走上了产品自主创新之路。

在华为创始人任正非看来，"快钱"如果赚多了，谁还愿意去赚"慢钱"呢？大家都走的路，才是一条最艰辛的路。从华为创始人任正非《华为的红旗到底能打多久》一文中，我们可以管窥其当时的心路历程。

"我们广泛吸收世界电子信息技术最新研究成果，虚心向国内外优秀企业学习，在独立自主基础上，开放合作地发展领先核心技术体系。我们紧紧围绕电子信息领域来发展，不受其他投资机会所诱惑，树立为客户提供一揽子解决问题的设想，为客户服务。公司从创业到现在，紧紧围绕着通信，后来扩展到信息。大家知道，深圳经历了两个泡沫经济时代，一个是房地产，一个是股市。而华为公司在这两个领域中一点都没有被卷进去，倒不是什么出淤泥而不染，而是我们始终认认真真地搞技术。房地产和股票起来的时候，我们也有机会，但我们认为未来的世界是知识的世界，不可能是这种泡沫的世界，所以我们不为所动。

我们正在制订在通信产品上全面发展的计划，以能为客户提供全面的技术服务为目标，提升低成本的一揽子解决问题的能力。相信三年以后用户会更接纳我们。"

相比努力，选择更重要，但不等于说后期的努力就好像很容易。华为在通信领域起步较晚，底子薄，实力弱，首次产品自主创新就遭遇了"滑铁卢",空分交换机刚研发出来没多久就被市场无情地淘汰了,市场上数字程控交换机开始成为主流。华为明知投资房地产或股市能赚"快钱",却依然选择把全部资金投入C&C08数字程控交换机的研发。终于在1993年8月,华为产品自主创新的C&C08数字程控交换机投放市场后大获成功。此后,华为一路"开挂",将C&C08数字程控交换机销往全球50多个国家,服务上亿名用户,创造了巨大的商业价值,也为国产通信设备赢得了广泛的声誉。

几十年来,从名不见经传到世界第一,华为通过一个个战略目标、战略举措和战略专题的攻坚克难,完美诠释了自己的战略选择——让多少企业望而却步的产品自主创新之路。多少年后,华为用瓦格尼亚人在每秒流量2.8万立方米的刚果河中捕鱼的场景,进一步强化战略专注的重要性——绝不在非战略市场消耗战略竞争力量。可见,华为在战略选择上一以贯之。

3. 运营权:连接市场能量

战略权解决的是企业进化路径选择的问题,运营权则是在价值目标与企业资源之间建立连接,通过资源的整合和有效利用,达成价值目标,让资源保值增值。但什么是价值目标,什么不是价值目标,如何防止价值目标设置事与愿违,很多企业对这些问题都没有予以正确回答,目标瞄准都出问题了,企业怎么会有让人满意的投入产出效率呢?

在目标瞄准问题上,企业所犯的最突出的错误有以下三种。

第一种，假目标，即把纯粹的价值消耗当成了业绩目标。

典型例子是一些企业搞数字化转型，要求所有业务数字化，结果凭空增加了很多 IT 成本和无效劳动。数字化转型失败的例子实在太多了，简单粗暴地把数字化手段当成数字化目标的做法，说明企业根本就没理解数字化的本质。

数字化不是"大干快上"地去完成一些数字化转型项目，也不是盲目地用数字化方法去"重写"现有业务，更不是什么虚拟经济。数字化是企业战略和科技推动力的结合，通过数字化技术，要么实现敏捷经营，精准营销，满足客户需求，增加营收和利润；要么对当前产品和服务进行数字化改造，开发新型商业模式，驱动业务和业绩增长；要么赋能员工，激活组织，降本增效，形成高效运营。任何没有产出效率的数字化转型，都是耗费企业资源的闹剧。

企业切忌在战略不清晰的情况下，就开展所谓的数字化转型，应待战略澄清后，再根据实际情况，充分利用既有优势，开展顶层设计和数字化转型路径规划；同时，不要梦想"一夜煮沸大海"，要遵照急用先行原则，挑选最迫切的典型业务场景，分析清楚该场景下企业真正期望的价值目标是什么，然后围绕价值目标，渐进、稳妥地推进数字化转型。

举例来说，有的平台企业通过人工来分拣和分类诸如音乐等服务内容，这是一种非常耗费人工的、老套的运作模式，通过数字化转型，采用算法自动分拣和分类，就可以达到效率高、响应快、差错率低的整体效果，有利于及时、准确地满足客户需求。

第二种，普遍存在"既要……又要……还要……"的问题。有道是上面千条线，下面一根针，资源是有限的，目标一多，基层根本就抓不到重点。

例如：一些企业给销售部门定目标，要求销售部门既要达成销售收入，又要保证营业利润，还要承担销售回款、战略客户开发和新产品上市多项目标，总之，把企业想要达成的目标，像"俄罗斯套娃"似的，不假思索、原封不动地"甩"给各层组织。这些目标叠加在一起，大家就像求解多元方程一般，很难在特定业务场景下进行正确求解，最后必然从自身价值最大化出发，放弃那些更具挑战性的目标。诚如孟子所言，"鱼，我所欲也；熊掌，亦我所欲也。二者不可得兼，舍鱼而取熊掌者也"。

现实情况是，很多人把销售收入作为主攻目标，其他目标能兼顾多少算多少，因为对他们而言，销售收入目标相对难度最小。这就完全背离了企业的初衷。所以，目标管理一定要重点突出，但重点多了，反而湮没了重点。原则上，一个时期，只抓一个重点。出现"既要……又要……还要……"的情况，既有组织安排的问题，也有目标统筹的问题。

在组织安排上，企业不应安排单一团队去承接全部目标，而应安排不同团队去承接各自的专属目标，原因是不同的目标所要求的能力模型不尽相同，执行全部目标对人的能力带宽要求太高，企业很难找到这样的人，更别说培养了。组织安排要尽可能降低对人的要求，而不是提高对人的要求。企业目标管理不能搞成先设计出一块大家都扛不起来的石头，然后再要求大家去扛起来。

就销售部门这个案例而言，企业完全可以安排三个团队，分别承接各自的专属目标，即一个团队聚焦当期业绩，一个团队聚焦战略客户开发，一个团队聚焦新产品上市，团队之间可以进行工作协同，但不同的目标，必须明确不同的责任主体（Ownership）。

在目标统筹上，销售收入、营业利润、销售回款这些当期业绩目标，最好不要变成玩跷跷板游戏，例如为了销售收入牺牲利润，或为了利润牺牲销售收入等，否则会大量虚增内部的博弈成本。一些企业的经验做法是引入"贡献利润"概念，把三个目标合为一个目标来管理。

贡献利润 = 销售收入 – 分摊成本 – 销售费用 – 超期未回款部分利息

引入"贡献利润"概念，把销售团队当成一个独立的经营单元来看待，有利于牵引销售团队从销售思维向全面经营意识转变，从而真正关注企业的价值增值。

第三种，与企业的初衷相背离。管理上有个著名的"眼镜蛇效应"，特指对某种问题做出的解决方案反而使该问题恶化。

印度被英国殖民时期，英国政府计划要减少眼镜蛇的数量，于是颁布法令，每打死一条眼镜蛇都可以领取赏金。然而，让英国政府意想不到的是，印度人为了赏金，竟然开始养殖眼镜蛇。当英国政府意识到这种情况故而取消赏金之后，许多养殖的眼镜蛇随之被遗弃，继而大量繁殖，最终印度眼镜蛇的族群数量不减反增。本意为解决某种问题而采取刺激性机制，最终却导致这种问题更加严重，这就是"眼镜蛇效应"。

"眼镜蛇效应"同样也是企业管理中的顽疾。一些企业制定了某些特定的目标，并为之出台了不少专项奖励政策，如超长期欠款回款奖励、产品良率改进奖励、加班时长奖励、专利数量奖励等，本意是好的，可实际适得其反。一些钻空子的员工发现，把本职工作做好是应该的，但若本职工作没做好，后来通过进一步消耗公司资源做好了，却可以得到奖励，于是他们放松了对自己的要求，故意把一些本应一次性做正确的事情遗留到后面来做，甚至不惜用制造问题的方式，来骗取后面的专项奖励，导致企业在急需改善的地方反复得不到改善，甚至使问题恶化。针对这类问题，企业其实完全可以引入"基线"概念，牵引员工在基线基础上持续改进。

管理固然需要量化衡量，但在实际工作中，很多人其实并没有意识到，指标和目标之间是存在差异的，两者并不能完全画等号。指标作为目标的一种衡量方式，其局限性在于，它只反映了目标的某个重要的侧面。因此，企业在为特定目标设置衡量指标的时候，一定要反复斟酌，看该指标会不会同步带来一些适得其反的副作用，如果有，可能就要优化指标设计，或者采取某种规避措施。

就拿回款来说，正常回款本应是相关责任部门的分内工作，本职工作出现了偏差，企业应责成部门纠正偏差才是，怎么能用奖励的方式推动回款呢？简单地奖励产品良率改进也不妥，因为产品良率改进可以采取增加成本的方式，良率改进的最终成果应反映在成本（包括质量成本）改善上，以成本改善为目标，以良率改进为过程测量手段，奖励的应该是前者而不是后者。至于加班时长奖励，就更不值一提了。企业是一个效率组织，员工单位时间价值最大化才是管理的追求，企业应该推行目标责任制，鼓励效率高的员工挑战更高的目标，从而增加单位时间的产出，根据产出来实施奖励。

一些企业简单地对专利数量进行奖励，导致大量无效专利甚至垃圾专利产生，真正能形成战略控制点的"武器"专利却一件也没有，非但起不到商业保护作用，反而徒增了专利管理成本。行之有效的做法是，企业根据行业态势和竞争需要，先进行专利规划和专利布局，然后在此基础上，有针对性地进行专利设计和专利申请。要么能形成战略控制，要么能与竞争对手达成专利互换，总之，专利要为企业的事业发展保驾护航。

价值目标的本质是什么？对企业来说，价值目标的本质是市场能量，企业通过获得市场能量，来延续生命。任何企业的价值目标都应来源于企业的外部，企业内部"目标"不过是达成外部价值目标的手段罢了。

4. 战术权：连接机会能量

战术权一般被赋予企业前线作战单元，方便它们拉动后端的资源和能力，确保机会实现。一些企业简单地认为，机会实现是前端组织的责任，与后端组织关系不大，甚至认为企业关键是把产品做好，由前端组织去卖，卖不出去，那就是前端组织能力不行。从根本上讲，持这些观点的人，没有真正理解客户需求。

在第 2 章里我们强调，客户需要的不是产品，而是解决方案，标准化的产品或产品组合，是为了对解决方案进行拟合，目的是提高企业的运营效率，实现时间的价值最大化。既然客户需要的是解决方案，而构成解决方案的要素必然是多元的，那么专业意见、设计要求、产品力、交付保证、产业合作、质量、服务、商务、融资、管理、客户关系……这些都有可能是构成解决方案的要素。

举例来说，华为当年为了增强其在国际市场的竞争力，曾经提出要把产品解决方案、服务解决方案、融资解决方案和客户关系作为"营销四要素"来打造。这些要素，构成了华为整体解决方案的核心。

面对诸多要素，显然，前端组织只能扮演整合者角色，无法对这么多的要素做到"十项全能"，最现实和最高效的做法是，后端组织的专业化分工能够及时被前端组织集成。因此，确保前端组织有权在战术层面整合后端组织的资源和能力，就是确保企业的机会变现，确保企业的生命线。企业必须上升到企业生存的层面，来看待向前端组织赋权的问题。

在市场竞争越来越激烈的今天，企业要建立有利于面向客户、快速形成解决方案的机制，可行的办法就是，前台、中台、后台的组织都要从客户价值链的场景中来，到客户价值链的场景中去，聚焦于打破企业与客户之间的边界，以此来回看自己的工作目标和工作重点。所谓以客户为中心，不外乎每个业务单元都围绕客户需求来构建资源、能力和业务运作，形成多维立体的"围猎"客户的进攻态势。前台、中台、后台轮番进攻，前台不等于一定是前线，需要的时候，中后台也可以是前线。

一些企业担心，战术权如果被赋予前线作战单元，会不会带来资源浪费？现实运作情况是，中后台组织常常以资源不足为由，拒绝响应前线的支援请求，因为响应前线的支援请求，意味着可能要搁置自己的一些重要工作，难免会影响中后台业务计划的执行，很多企业的"部门墙"也因此而起。

从性质上来说，前线作战单元属于快结构，适合处理重要紧急的事情；中后台相对而言属于慢结构，适合处理重要不紧急的事情，两者之间要做到有效协同，中间需要有"软组织"，比如设置接口部门或接口岗位，在两者之间建立起桥梁。同时，为了防止前台组织无节制地呼唤炮火，前线作战单元需要建立起相应的预算和核算机制，呼唤炮火可以，但需要承担炮火的成本，这样前线作战单元就会站在经营的角度，权衡呼唤炮火是否必要，能否产生增值。

总之，企业业务量达到一定规模后，如果战术权不清晰，前后端就会产生大量的博弈成本，更严重的是影响机会变现，造成大量的机会成本，从宏观的角度看，企业的机会损失将远大于错误地呼唤炮火所带来的损失。正因为如此，华为明文规定：让听得见炮声的人呼唤炮火，把指挥所建在听得见炮声的地方；面向机会的组织，可以获得密集资源的授权；后台组织要联勤化，一切为了前线，一切为了胜利。

试想一下，像华为这么庞大且复杂的组织，如果没有简单有效的权力秩序，怎么会有如此高效的业务和组织运作？

权力是纲，纲举目张。企业只有正确构建了思想权、战略权、运营权、战术权，才能凝聚心智、面向未来、高效运营、攻城略地。

权力运行需要"护栏"

在责、权、利的三角关系里，责是过程，权是保证，利是结果。随着市场的变化和竞争的加剧，企业需要具备多样性能力，才能灵活适应市场和业务的复杂性。将权力下放到相应的业务单元，方便它们对市场和竞争做出快速反应，成为企业不得不的选择。但权力是柄"双刃剑"，既是天使，也是魔鬼，当它服务于正确履责时，是天使；当它服务于个人目的或错误履责时，是魔鬼。所以，企业必须为权力运行建立"护栏"，防止权力脱轨，沦为魔鬼。

信任缺失导致有效率的权力运行机制缺位

如果把我们生活的社会看作是一个契约社会，那么一切人与人之间的关系都是一种广义的契约关系。契约人分为自然契约人和集团契约人，自然契约人俗称自然人，即在生物学上区别于其他动物的人，集团契约人指两个自然人以上组成的利益集团。不

管是自然契约人还是集团契约人，其共性是都要生存，都有自己
的利益。

事关集团利益的事，不可能交由全体自然契约人平等协商解
决，这样做效率太低，可行的做法是集团契约人委托代理人解决。
在契约社会，这种委托代理关系非常普遍，上至企业总经理，下
至普通员工，几乎所有人都曾经或正是委托代理人。要实现集团
契约人的利益，集团契约人必须与委托代理人约定相应的责任，
赋予其相应的权力，并承诺合理的利益。作为委托代理人，他在
处理委托事务时，考虑的应该是委托人的利益而不是自然人（委
托代理人）的利益，所以忘我精神其实是这样一种精神：委托代
理人在处理委托事务中，忘记作为自然人的我，仅考虑委托人的
我。有忘我精神的人，才能获得集团契约人的肯定，才能跟随集
团事业发展而发展。

需注意的是，委托代理人在处理非委托人事务时，无权利用
委托人提供的资源和赋予的权利，如果不清楚这一点，混淆了委
托人的我和自然人的我，就会导致职务犯罪。

但即便是集团契约人和自然契约人签订了非常严格的契约，
自然契约人也有不可靠的一面，原因是什么呢？我们从人们对热
点事件的反应，不难看出其中的端倪。随着网络媒体的兴起，我
们经常会看到网络上突然冒出热点事件，随之而来的便是"吃瓜"
群众铺天盖地的评论，大家从各自不同的角度热炒该事件，说好
说歹的都有。

面对同一事件，为什么有这么多种解读？原因是我们的大脑具有"波粒二象性"（见图3-2）：人脑就像一台"傅里叶变换"的机器，不断接收来自外部的信号或噪声，并把这些信号或噪声通过"傅里叶变换"，从时域图像（或形象地称之为"波"）转换成频域图像（或形象地称之为"粒"）。不同频率分别标记了有关事件的不同"意义"，诸如事件背后的人格挖掘、事件衬托出来的社会担当、事件的社会影响、事件的教育意义、事件的娱乐意义、事件的营销价值、事件的社会透射效果，等等。经过"傅里叶变换"之后，大脑再通过自身的"滤波"功能，选择性地对某些频率进行"滤波"，从而选择性地获得其所期望的某种"意义"。这大概就是大脑与外界交互的基本方式。

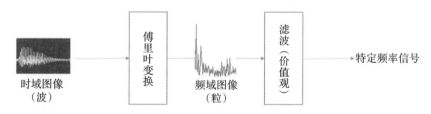

图 3-2   大脑的"波粒二象性"

由此可知，发生于外部的事件，本身其实是中性的，不具有任何"意义"，之所以有了某种"意义"，与我们对事件的解读有关。人在解读事件的时候，往往受两方面的影响：一是经验隧道，人在过往经历中所形成的经验隧道整体上决定了他的认知水平，从而决定了他对事件"意义"的解读水平；二是价值观，价值观决定了一个人在主观意愿上更愿意从哪个角度去解读事件的"意义"，乃至故意过滤和忽略其他的"意义"。这大抵就是同一热点事件会有如此多种解读的原因。这也说明了，认知即真相，每个人所感受到的真相，未必是同一真相。换句话说，所谓真相，就是以想法的形式呈现自己，真相其实是可以编辑的，编辑真相的目的是为我们的价值观服务。

编辑真相最典型的例子，莫过于美国国务卿鲍威尔在联合国安理会上的作证。2003 年 2 月 5 日，鲍威尔在联合国安理会上举着一个试管，称伊拉克正在研制化学武器。他拿着来历不明的试剂瓶，声称"萨达姆用这么一点炭疽就能造成数万人死亡"。2003 年 3 月，美英联军以此为由发动伊拉克战争。战争打了八年多，美军却没能在伊拉克找到第二瓶"白色粉末"。2012 年鲍威尔在自己的回忆录中这样说道，"这绝不是我的第一次失败，但这是我最重大的失败之一，也是影响最广泛的失败之一"。鲍威尔为了美国的利益，拙劣地编辑真相，一瓶"洗衣粉"彻底改写了无数伊拉克人的一生。

了解了大脑的"波粒二象性"，我们就理解了为什么人与人之间的信任关系难以建立。由于经验隧道的差异，每个人对事情的认知不一样；由于价值观的差异，每个人的诉求和行为方式就会有差异。建立信任的困难，必然导致授权不充分；授权不充分，必然导致履责困难；履责困难，必然导致进一步的不信任……一旦信任危机形成了增强回路，委托代理人就会渐渐丧失其履责能力，进而无所作为。

我们从以下普遍现象中可以看到，信任缺失将导致权力运行畸形，并进一步造成组织伤害。

现象之一：越级指挥，即上级经常绕开下级发号施令。一般来说，非常特殊的情况除外，正常情况下，上级可以越级检查，但不宜越级指挥。

越级指挥带来的危害非常大：其一，容易造成政令和组织秩序混乱，影响下级正常履责；其二，影响组织效率，尤其是当上下级指令不一致时，下级会感觉特别尴尬，员工夹在中间，更是莫衷一是，左右为难，不得不怠工，直到上面有更清晰的指令；其三，影响上下级之间的信任关系，越级指挥会让下级觉得上级不信任自己，从而挫伤下级的工作能动性，长此以往，下级渐渐沦为一种"摆设"，凡事谨小慎微，不敢决策，不敢大胆开展工作，工作越来越玩不转；其四，组织中可能因此产生一批不服管、不敢管的"通天"员工，对组织健康有害。

现象之二：安插"眼线"，也就是在正常的权力监督之外，针对某些重要的人和事，安插暗中侦察之人。这样，领导就有了一明一暗两路信息来源。当两路信息一致时好办，当两路信息不一致时，问题就来了：到底该信哪一路？事实上在绝大多数情况下，领导会选择相信从暗路过来的信息，原因很简单：领导之所以安插"眼线"，恰恰是因为他不太相信明路信息而故意为之！这与疑邻盗斧典故所蕴含的道理是一样的。当我们怀疑别人的时候，就会觉得别人的一言一行都指向了自己怀疑的方向；当我们不怀疑别人的时候，别人的所有动作又都正常了。每个人所"看到"的世界，实际上都是被自己的意识"扭曲"了的世界。

安插"眼线"的做法，给能人一种如鲠在喉的感觉，积极性受到影响是必然的，久而久之还会不断加大组织内耗。安插"眼线"是一种追求个人安全的权力游戏，如果"眼线"有能力，企业却不委以重任，岂非埋没人才？如果"眼线"能力平平，那他的认知又怎么能轻易地被组织采信？所以，"眼线"作为企业领导者决策信息来源的"传感器"，其误差是很大的，充其量只能在一定程度上作为企业领导者的一种心理安慰。真正的智者，不难通晓其中之理、其中之义，并深谙健全组织机制的必要性——这才是企业管理的主流。

企业不排斥多路径信息来源，但企业领导者一定要有对特定人事独立的价值判断能力，谨防"冤假错案"对构建健康的企业文化造成无谓的冲击和伤害。

综上，集团契约人对委托代理人的信任是有限的，在这种情况下，组织到底应如何有效开展权力运行？答案是寻找共识。

共识最大化，信任与授权才能最大化

人与人之间的信任关系一般有两个依赖因素：一个是人际距离，另一个是共识偏差。如果人际距离近（比如亲属之间），那么即使彼此之间没有共识，也不妨碍相互合作；如果人际距离远（比如一般同事之间），人与人之间就必须要找到共识，否则彼此合作就很难进行。

在中国几千年的文明里，人与人之间的信任关系基本构筑在人际距离基础上，所以中国传统文化特别强调忠诚度。商鞅变法的本质，是在以人际距离为基础编织出来的社会权力圈层里导入一套格格不入的"业绩－能力"系统，也就是说，人家本来可以依靠"血缘－关系"坐享其成，结果偏要靠"业绩－能力"才能显贵！在当时的社会环境下，可想而知商鞅遭遇的挑战之大，不知得罪了多少既得利益阶层，最后不得善终也在情理之中。

商鞅永远想不到的是，两千多年后，在中国的广袤大地上，成千上万的"商鞅变法"正在上演。中国现代企业治理所沿袭的，恰恰是商鞅变法的精髓——"业绩－能力"系统。比商鞅要幸运的是，在当下的企业环境里，"业绩－能力"系统和"血缘－关系"系统已经不再是能不能共存的问题，而是如何共存的问题。其原因是现代企业不同于以往社会组织，现代企业是商业组织，商业组织的性质决定了它只能靠创造，不能靠盘剥才能维持其生存，这种不可抗力，让企业创始人团队无论是心甘情愿还是不得已而为之，都不得不效法秦孝公，向企业导入"业绩－能力"系统，从而让大量没有"血缘－关系"纽带的职业经理人，不断涌入核心权力圈层。

应该说，"业绩－能力"系统不排斥"血缘－关系"系统，只要符合相应的业绩能力标准；不符合业绩能力标准的，只好从关键经营岗位上退出，或者干脆退到企业股权结构层。随着企业生存压力越来越大，很多企业正逐步向"业绩－能力"系统嬗变。很显然，如果是一群"非亲非故"的人在一起共事，那么建立共识就成了企业提升效率、效益和效果的关键之所在，因为没有共识，就没有信任的基础，而任何信任都是有立场的。在共识的基础上，不断深化合作和相互之间的信任关系，这当然是很多职业经理人梦寐以求的选择。

无论企业如何"装"出信任的样子，任何一个职业经理人心里都一定要像明镜一样清楚：初来乍到，一般情况下，企业对自己的信任度是低的，企业不可能一开始就对自己充分授权，如果认识不到这一点，越来越多的误会可能就会从此开始产生。

每个人都有自己的权力意志，作为企业创始人，他要确保对企业的掌控力，担心授权后可能产生管理失控的风险。授权容易收权难，一旦走到收权那一步，意味着彼此的信任度明显下降，因此对企业创始人来说，最稳妥的办法就是对职业经理人进行渐进式授权。

在企业管理体系不完备的情况下，加上某些环节未必配合等因素，职业经理人要在较短时间内创造勉强说得过去的业绩，绝不是件容易的事儿。统计表明，职业经理人的生存环境不容乐观，"阵亡率"非常高。一些成功的职业经理人，深谙职场上生存之难，他们摸索出一套弹簧式的"伸缩工作法"，即"摸着石头过河"，小心翼翼地试探和求证上级授予自己的权力边界到底在哪里。"伸缩工作法"虽然容易被人误解为"取巧""圆滑""城府深"等，但总体来说，仍不失为一种相对稳健、现实可取的工作方法。

按照"伸缩工作法"，职业经理人走马上任，切忌有"新官上任三把火"的想法，一开始只宜"细火煨之"，不宜"猛火攻之"。

越是大动作，越需要高的信任度来做背书。真正的信任关系，是用时间"熬"出来的，急功近利只会给人行为鲁莽的感觉。推荐做法是，在自己可控的职权范围内，找准一些有典型意义、容易突破的"小切口"，积小胜为大胜，像萤火虫一样发出自己的光亮，既可以彰显自己的能力，又有守正出奇的效果，且不致引起局部关系紧张，以此渐进式融入业务和组织，扩大共识。

关键是这个"小切口"怎么找？很多职业经理人往往不假思索地戴着过往成功经验的"有色眼镜"，居高临下地审视和挑剔当下的业务和组织问题，恨不得把自己原来那一套尽快"抄作业"过来。可以肯定地说，这种无视当下业务和组织运作现状及其历史缘起的做法，大概率会"踩雷"。

诚如我们所知，企业是创始人的企业基因组在时间和空间上的选择性表达，除非"基因配型"没有排异反应（几乎不太可能！），否则基因组会天然地防范"外来物种"入侵。由此可见，那些下车伊始便"言必称希腊"的职业经理人，实际上是在自己"作死"，他们完全陶醉在自己的经验隧道里，全然看不到"此路不通"的风险。

因此，寻找"小切口"要反其道而行之，职业经理人应潜入企业创始人的"创梦空间"，从企业创始人的内忧外患出发，精准识别企业创始人的深层痛点和不容触碰的红线，也就是说，职业经理人必须"走心"才行，这个"心"，指的是创始人的初心。再直白一点，"走心"才能与创始人志同道合，志同道合才能达成最大共识，共识最大化才能实现信任与授权最大化。职业经理人应牢牢抓住寻找共识的"牛鼻子",然后从自己的经验库中找寻与企业创始人深层痛点相契合的相似解,将其因地制宜和"本土化",以有机地嵌入到业务和组织中,确保适用、实用和不致造成"基因污染"。

一些鲜活的企业案例特别能说明问题。一家企业为了实现业绩增长,要求管理层制订业绩提升方案。当大家纷纷以提高个人业绩承诺为切入点时,创始人却不满意了,创始人认为企业业绩停滞不前,根本原因并不是大家工作不努力,而是大家太过努力了,努力到大家全部陷入到了具体的业务细节中,而忽略了各自业务单元的组织建设。创始人意识到,靠个人英雄主义,企业已无法突破业绩的天花板,个体能力再大,企业仅有的几个"能人"的有效工作时间就那么多,无论怎么传递压力,终归无济于事;企业后面的业绩突破,必须走组织发展的道路,靠组织的裂变来实现业绩的裂变。

接下来,管理层开始慢慢转变观念,顺着创始人的指导思想,思考如何通过 OD(Organization Development,组织发展)支撑企业发展战略,通过 TD(Talent Development,人才发展)确保组织业绩可实现。

另一家企业情况恰恰相反,业绩迎来快速上升期,但是组织能力跟不上。当大家一头扎进去拼命招兵买马准备"大干快上"的时候,创始人却看到了企业发展中一个潜在的大隐患——高层团队来自五湖四海,各自为战,难以形成合力,如果继续放任这种情况发展下去,企业可能出现更大的混乱,甚至可能出现系统崩溃。

　　这时候高层团队最需要思想对齐，向创始人思想靠拢，以思想共识创造效率，以文化认同保障管理有效。只有解决了形而上的问题，形而下的问题才不是问题；只有顺应创始人思想主线的作为，才是顺势而为。思想对齐，本质上是创始人在"宣示主权"。在创始人的"主权"范围内，职业经理人的"术"才有生根的土壤，真正厉害的职业经理人，都只能是"移花接木"的高手。

　　综上而言，职业经理人要在以下方面保持清醒的头脑：第一，"强基"而非"转基因"，要在理解创始人基因组的基础上做好补位；第二，"发现合理性"而非"挑错"，职业经理人加入新的组织环境，目的是"继承和发展"，而不是兜售自己如何功能强大，也不是"挑错和推倒重来"；第三，"主动融入"而非"与众不同"，必须清楚，海纳百川不过是自然的表象，百川归海才是生活的真相。

通过常态化机制，让共识成为组织记忆

　　换一个视角看，企业何尝不是一个"剧本"，即企业创始人自编自导的宏大叙事，唯一的区别在于，这个剧本不是跃然于纸上的，而是用企业的实践、行动和结果来刻画和描摹企业的现实：思想权，意在给叙事嵌入灵魂，让叙事"有核"和防止叙事偏离；战略权，意在搭建叙事骨架，以结构创新，让悬念迭起、精彩纷

呈；运营权，意在建立叙事内容，让叙事围绕灵魂和骨架展开，脉络清晰，血肉丰满；战术权，意在塑造关键叙事，让叙事传递出深层的穿透力；职业经理人，则在各自的分镜头下，完成自己的"脚本"。

思想权、战略权、运营权和战术权，可以说是企业四位一体、逐层展开的叙事权，构筑稳固的叙事能力，就是巩固企业的生存发展权。当然，既然是叙事，就应该确保叙事的和谐统一，战术权服从于运营权，运营权服从于战略权，战略权服从于思想权，"脚本"服从于"剧本"，企业在这样的共识意识下，才能建立高效的业务和组织运作。

具体来说，企业共识一般有哪些典型的承载形式？建立这些共识需要经历哪些关键的过程？

思想权共识的典型承载形式有以下七种。

（1）**创始人公约**：创始人初心的表达和对创始人团队思想和行为的宏观约定，企业永续经营的"宪法"或总纲，核心回答"创始人团队如何志同道合，患难与共？"。

（2）**企业愿景**：企业梦想与追求的总概，核心回答"我们的事业是什么？"。

（3）**企业使命**：对企业独特价值定位和企业社会责任担当的总括，核心回答"客户为什么选择我们？"。

（4）**企业核心价值观**：企业全体员工共同遵守的"母规则"，核心回答"我们应如何思考和行动？"。

（5）**管理思想**：企业关于具体经营管理实践的理论指导，核心回答"企业如何调节生产关系，解放生产力？"。

（6）**行为准则**：具象化、可操作的员工行为指南，核心回答"企业如何调节员工行为自觉性，让组织有秩序、工作有效率？"。

（7）**觅母（Meme）**：文化的最小载体和基因单元，能把冗长的思想表达浓缩为精炼的概念性表述，从而提高文化的传播效率。

创业是一份艰辛的事业，尤其考验创始人的意志力和坚韧性，因此，建议创始人团队在创业初期就建立"创始人公约"，用信仰来应对创始人团队可能面临的重大选择挑战，事先对未来可能出现的情况做出预判和约定，使创始人团队在遭遇特定情况时不会力量分散，让创始人的初心成为弥久的、点亮创始人团队使其坚定前行的精神契约。

在经营一段时间以后，企业再根据发展需要，以分层分级、专题讨论的方式，输出并形成企业的愿景、使命、核心价值观和行为准则。需要说明的是，以上内容形成的过程比形成本身更重要，应尽可能更广泛地把员工吸纳进来，参与讨论甚至争论，讨论和争论的过程其实就是企业文化宣贯、达成共识与内化的过程。

管理思想一般是企业在诸如业务决策会、管理专题会、员工座谈会等日常业务和管理实践中，总结形成的思想指南和方法论，这些"源代码"和"指令集"，有助于员工准确理解工作要求，高效协同输出。

战略权共识的典型承载形式有以下五种。

（1）**战略思想**：企业长期经营发展的基本观点和企业制定战略的理论基础，随企业经营管理实践的发展而不断地丰富、完善和体系化。

（2）**战略指引**：企业对未来战略生长点的宏观思考和对各事业单元业务经营的导向、重心、范围和要求，是各事业单元开展战略规划的基本假设和前置条件。

（3）**战略目标/战略 KPI**：对企业各事业单元战略性经营活动预期成果及市场竞争力期望和要求的定义和衡量，是对企业"诗和远方"的量化表达，区别于一般经营活动目标和 KPI 指标。

（4）**战略路径/关键任务**：企业在业务增长和能力建设方面持续性的战略举措，包括客户管理、产品营销、产品开发、交付、平台、服务、风险管理、运营流程建设等，是企业中长期发展的关键成功要素和成功条件，是战略执行的核心内容和基础。

（5）**战略预算**：企业为实现可持续发展，对面向未来、暂无业绩贡献的战略机会进行的资源投入，目的是不断为企业开辟新的增长点。战略预算要花当期的钱，用未来牵引现在，用现在保证未来。

成熟企业一般每年例行召开高层战略务虚会，输出战略思想和战略指引，作为各事业单元战略规划的关键输入，说到底就是给各事业单元明确主攻方向、边界、路径、节奏和重点。各事业单元依据战略思想和战略指引，高质量地开展战略规划，输出各事业单元的战略目标/战略 KPI、战略路径/关键任务以及支撑战略落地的战略预算。

其间尤其要注意的是，各事业单元不能关起门来搞战略规划，要将战略落地过程中涉及的相关部门都卷进来，在一些需要战略协同的事项上达成一致，确保战略协同和战略任务互锁。

由上而下规划，还需要由下而上对齐，各事业单元一般还要以述职的方式，向公司高层汇报战略规划的结果，确保各事业单元的战略规划能够支撑公司战略目标实现。

运营权共识的典型承载形式有以下四种。

（1）**计划**：企业通过分析计算，澄清经营目标和子目标的管理活动，目标清晰了才能有的放矢。计划环节，关键是做好四个"匹配"：与理想的未来匹配（想做），与企业外部环境匹配（应做），与企业内部资源匹配（能做），与企业的价值规范匹配（容许做）。

（2）**组织**：企业整合资源，达成目标的管理活动。组织环节，关键是做好场景闭环，能够预判特定场景下的潜在问题和风险，前瞻性地制订预案，提前找到和匹配达成目标所需的价值资源，确保目标达成。

（3）**领导**：责任主体通过影响他人，以终为始、主导事物发展进程的管理活动。领导环节，关键是在遇到新情况、新挑战时，领导者要能及时有效地做出决策，拨云见日地创造新知识，以有效指导实践活动。

（4）**控制**：企业为确保目标达成，对业务进程进行监督、纠偏的管理活动。控制环节，关键是要能及时发现并管理偏差，找出和调整导致偏差发生的原因变量，缩小和控制偏差范围，防止偏差扩大。

计划、组织、领导、控制，是一个逻辑自洽的闭环管理过程。运作规范的企业，一般会拟订例行的日程计划，来澄清业务目标，并通过组织业绩指标（KPI）和个人绩效承诺（Personal Business Commitment，PBC），予以正式确认。同时，各事业单元要根据目标要求，制订和更新各自的资源计划，并获得决策层批准。

资源预算分为一次预算和二次预算：一次预算是机会点与目标预算，钱要从客户那里来，不能"自嗨"，以确保健康经营，其中，中长期发展的战略性投入，原则上要花当期的钱；二次预算是资源配置预算，要以产出定资源，确保资源效率。企业在具体的经营过程中，总会存在各种不确定性，因此企业需要有一套行之有效的组织学习和决策机制，来保证业务进程，指导业务实践。过程中，如果结果出现了明显的偏差，则需要通过专题分析会议，找到原因变量，对症下药，实施对偏差的管理。

战术权共识的典型承载形式有以下三种。

（1）**权力秩序**：在战术机会面前，到底由谁指挥谁，不能含糊，没有简单有效的权力秩序，就没有战术上的执行力。华为公司就明确提出，面向机会的组织可以获得密集资源的授权，要"把指挥所建在听得见炮声的地方"，"让听得见炮声的人来呼唤炮火"。

（2）**资源调用**：资源拥有方必须无条件响应资源诉求方的业务需求，确保战术成功。权力秩序不能停留在"大家认知一致"上，还必须彼此行动一致，资源拥有方不得寻找各种理由和借口，对资源诉求方的需求不予响应或延误响应。

（3）**资源核算**：资源诉求方要承担资源拥有方的资源支持成本。如果说资源诉求方是作战单元，那么资源拥有方就是赋能单元，赋能单元提供的资源支持成本，理应计入作战单元的成本，防止作战单元不计成本地呼唤炮火资源。

机会转瞬即逝，一家企业的执行力往往体现在机会窗开启的瞬间，能否快速决策和行动。如果大家把精力放在怀疑及内部的争吵协调上，一旦过了特定的时点，机会将不复存在，这就好比敌人已近在咫尺，大家还在无休止地内耗，而不采取必要的行动，怎么能取得胜利和得到保全？

任何机会都存在不确定性，在充满不确定性的机会面前，企业必须有一个确定性的规则，即主责的一方说了算，由主责的一方确定这一仗到底是打还是不打，如果确定要打，其他各方应责无旁贷、积极配合，提供必要的支持和资源。同时，主责的一方必须承担盈亏的责任，企业通过计划、预算、核算体系，将相应的成本计入主责一方的成本。

决策不是决定

决策的本质是"借势"。任何事物的发展都是动态的，"时移"意味着"势异"，"势异"意味着需要再决策，不断通过决策和再决策，来创造新知识，促成"借势"，以此推动事物的发展进程。把决策当成决定，就是犯了教条主义的错误。

大胆假设，小心求证

解释事物的发展需要用到逻辑，否则人无法沟通和理解事物。但逻辑的弊端在于，它只能负责解释，不能负责发明。任何新生事物，都不是逻辑创生的，因为逻辑要以已经发生的事实为依据。所以，人光有感性和理性是不够的，还要有灵性，用灵性去捕捉新事物，然后用感性去验证它，用理性去解释它。真正的逻辑自洽，不外乎是"大胆假设，小心求证"的结果。

在商业上，灵性表现为对人类生存生活环境中的不和谐场景的捕捉能力，这种能力又被称为"商业敏感"，是一种稀缺的、捕捉商机的能力。人类的生存生活环境中总会有各种不和谐的场景，因而总会有生意可做，关键是我们有没有灵性，帮助我们敏锐地发现这些商机。自然界的神奇在于，它没法做到"天衣无缝"，总会产生"漏洞"，究其原因，还是人类的理性不完美所致。

人的大脑处理能力非常有限，认识和解释纷繁复杂的现实世界须借助抽象的逻辑，这就注定了过程中会存在对信息的不完全处理，从而产生"漏洞"。一些人的"漏洞"，就成了其他人的商机，所以捕捉商机，实际上是一个又一个"捡漏"的过程。战略规划的关键是寻找"生态位"，寻找"生态位"的本质就是"捡漏"，通过"捡漏"，为企业创造生存机会。

比如，医院里为什么有牙科？因为人们对牙齿保健存在理性认识上的不足，出现了"漏洞"，导致牙齿一旦出现问题，就需要牙科来进行"补漏"，几乎所有的三甲医院都有牙科。可为什么私人牙科诊所在一些城市不断涌现？因为公立医院牙科资源配置不足，流水化作业，服务体验一般，公立医院的这些"漏洞"，为私人牙科诊所创造了机会。于是，私人牙科诊所针对高价值人群，定制各种增值服务，价格虽然不菲，但生意却很稳定。

公立医院是计划体制，以为社会提供稳定的基本服务为目标；私人诊所是市场体制，以为高价值人群提供增值服务为目标。市场体制在计划体制基础上"捡漏"，同时也是对计划体制进行"补漏"，共同服务于社会差异化需求。市场体制既然是"补漏"，就意味着市场体制的生命力在于不断为社会创造新价值。

企业的战略决策，关键在于提出正确的问题：哪里存在可支撑企业生存发展的大的"捡漏"机会？提出了正确的问题，接下来就是对问题进行"大胆假设"，"顿悟"出自己想要的见解。一切新的、有见地的见解，往往都是灵光乍现的结果，需要用后续的实践数据予以验证，因而，原则上见解都要有一个"小心求证"的过程，在理论指导实践、实践发展理论的循环往复中，逐步实现理论与实践相结合。直白地说，企业必须做到"顶层设计"与"摸着石头过河"相结合。战略决策在开始的时候只是一个构想，这个构想是否成立，需要一系列的战术决策来进行实证。经过实证的战略决策，才称得上是行之有效的战略决策。

举例来说，大家都知道华为成立了车BU部门，大举进军汽车产业，却未必知道华为选择汽车产业，背后的假设应该是有以下三条。

（1）汽车产业市场规模足够大。华为是恐龙，只能吃恐龙的食物，其他食物难以果腹。按照华为一贯的逻辑，大市场才有大需求，大需求才有大机会，大机会才能孵化大企业。

（2）汽车产业迎来趋势转折，正从"种内竞争"走向"种间和生态竞争"，软件定义汽车时代来临。汽车电动化正在加速传统汽车产业更新迭代的步伐，在产业政策的推动下，传统汽车不断释放出固有的市场空间，智能汽车正不可逆地进入发展的快车道。

（3）智能汽车与智能手机具有极高的相似性。人为什么需要知识？因为未来不同于过去，但人能否获得知识，则取决于未来与过去是否相似。在华为看来，智能汽车不就是人与外部世界交互的、移动的智能终端吗？华为完全可以利用其在 ICT 领域的积累优势，快速占领制高点。

对汽车行业的传统玩家来说，华为的入场好比外来物种入侵，大家总有一种如芒在背的压力感。华为作为新进入者，须在汽车行业找准自己的生态位，"捡漏"别人不容易做到的领域，与车企形成优势互补。所以，华为给自己的定位是"智能汽车增量零部件供应商"，沿着自己擅长的 ICT 方向，攻坚克难做增量，如芯片、感知硬件、智能座舱、智能驾驶、生态服务、云服务等。

正如华为创始人任正非所说，"智能汽车解决方案不能铺开一条完整战线，要减少科研预算，加强商业闭环，研发要走模块化的道路，聚焦在几个关键部件做出竞争力，剩余部分可以与别人连接"。和谐以共生共长，不同以相辅相成，这就是华为进军汽车产业的指导思想。

但再好的战略假设，也需要有一个小心求证的过程。华为的战略能不能成功？

为了求证战略假设，华为专门设计了三种业务合作模式：第一种是零部件模式，即华为自己不造车，而是向车企提供智能驾驶、智能座舱、智能电动、智能网联、智能车云等增量部件或服务；第二种是 Huawei Inside 模式，即华为与车企一起，共同定义、联合开发和使用华为"全栈"智能汽车解决方案，除底盘、外壳和电池等少量零部件外，其余基础模块由华为提供，上层应用由车企自己研发；第三种是华为智选模式，华为直接主导造车，深度参与汽车产品定义、整车设计及渠道销售，车企接近于 OEM（Original Equipment Manufacture，原始设备制造商）方式，主要负责整车生产和售后服务等。

无论哪种业务合作模式，目标都是帮助车企缩短产品上市周期、降低成本、提升用户体验，区别仅在于合作深度不同。零部件模式适合强势品牌企业，Huawei Inside 模式适合创新能力不足的品牌企业，华为智选模式适合相对弱势的品牌企业。到底哪一种业务合作模式能胜出，需要实践来检验。从目前"问界"车型的市场表现来看，华为智选模式似乎初见成效。华为智选模式若获成功，无疑会对其他两种模式产生巨大的促进作用。华为只有走通了任何一种模式，才能说自己的战略是成功的，华为的智能汽车战略还需拭目以待。

资本对企业的加持，逻辑也是一样。某企业创始人分享的自己的创业故事，就很能说明问题。在创业初期，该企业创始人团队只有一个商业模式构想，他们拿着精心准备的商业计划书去找人投资，结果到处碰壁，原因是仅仅凭借商业计划书，不足以说明逻辑自洽和取信于人。

但凡做投资的人，初衷多是与你共富贵，几乎没人愿意与你共患难。商业计划书只是一个故事，是企业创始人团队的一个大胆假设罢了，并未经过现实的检验，所以还称不上真正的逻辑自洽。一般来说，投资人做决定需要有事实和数据做实证，光凭讲故事是不行的。该企业创始人团队最后被逼无奈，不得不东拼西凑、东挪西借，找到一个投入不大的业务"小切口"，自己先开干起来，结果还真的闯出了一条新路。

商业模式一旦在现实中实现了逻辑自洽，故事就再也不是一种"心证"了，其说服力大大增强，企业估值也随之被推高，投资者纷至沓来。在资本的加持下，该企业最后获得了巨大的商业成功。

领袖不是给答案，而是划重点

诚如我们所知，行军打仗，情况瞬息万变，统帅身处百里甚至千里之外，怎么可能比前线更了解具体战况？如果把话说死了，极可能脱离实际，让下级无所适从。因此，领袖往往不是给答案，而是站在宏观策略看问题，划出他认为需要下级关注的重"点"，下级既要领悟这些重"点"，又要清楚上级其实还给自己做了留白，自己要参照这些"点"，去完成工作的"面"，动态地找到事物发展的规律性，对最终结果负责。

作为组织成员，我们已不再是纯粹的自然人，而是组织的委托代理人，每个人必须清楚自己作为委托代理人的角色定位，不折不扣地履行好角色赋予的责任，避免将自然人的思维和行为习惯带到组织中来。但事实上，很多人在实际工作中混淆了委托代理人和自然人的概念，时不时地表现出自然人的主观意志，意气行事，导致上级的"点"与下级的"面"严重脱节，具体表现为下面几种典型情况。

第一种：上下级之间出现意见分歧，双方各持己见。

第二种：下级表面上应付，背地里却不执行或在执行中打折扣。

第三种：下级机械地理解和执行上级的指令。

在通信领域，有一个信令概念，它是指通信系统中，除了传输用户信息外，为使全网有秩序地工作，用来保证正常通信所需要的控制指令。信令一旦出现异常，就会导致通信故障。组织系统出现上述情况，好比通信系统信令出现异常，同样会导致组织系统运行障碍，因此必须设法让组织系统信令畅通。

针对第一种情况，上级有必要让下级参与到决策过程中来，使决策过程成为决策者和执行者的共创过程，鼓励大家各抒己见，以提高决策的质量，避免后续决策与执行脱节。

针对第二种情况，上级应做好决策的执行监督，以便及时发现问题，对症下药。表面应付多半是下级站在局部利益看问题所致，如果影响到决策执行，上级必须适时介入，帮助下级提升认知格局，并解决下级遇到的现实疑难，必要时甚至可以果断采取措施，通过人员调整来确保政令畅通、决策落地。

针对第三种情况，下级关键是要理解上级的决策意图，而非简单地执行上级的决策指令。在战争中，即使是最高决策者，也很难拿出完美的行动方案和绝对正确的作战命令，在这种情况下，重要的已不再是上级具体的方案和命令，而是如何实现上级的整体意图，方案和命令只是实现意图的手段。对方案和命令是要随机应变的，下级要做的，不应该仅仅是理解方案和命令本身，而是要透过具体的方案和命令，真正把握上级的意图。

但越是自以为工作经验丰富的管理者，越容易被一个问题卡住："上级的决策明明是错的，如此执行，岂不把事情搞砸了？"倘若真遇到这种情况，我们不妨自问下面三个问题，让自己尽快跳出认知局限。

问题一：上级愿意把事情搞砸吗？

这个问题的答案当然是否定的。就拿一些企业老板来说，他们对待企业就像对待自己的孩子一般，他们考虑问题的初衷一定是冀望企业向好，他们做出的任何决策，不可能是心血来潮的随性之作，一定是反复权衡利弊的结果，背后自有他们的目的、意图或者苦衷。

问题二：固守自己的立场和见解是否一定可行？

一个成熟的管理者，不应把自己囿于是非对错的二元思维局中，而应尝试着去同理别人，习惯进入到别人的思维空间中看问题，搞清楚别人为什么这么决策，背后的目的和意图是什么，从而最大限度地找到彼此的工作交集。

从组织行为学的观点来看，罔顾上级的决策，固守自己的立场和见解，属于耍个性、不负责任的自然人行为。个人的立场和见解也许是对的，但如果未经组织的确认和授权就加以实施，就是一种没有共性的个性，是一种组织的破坏力。各行其是的"组织"，不可能形成战斗力。

问题三：什么样的态度和行为才是真正对组织负责？

但凡成熟的管理者，在处理上下级关系时都应遵循"不越位，不缺位"的基本原则。不越位，意味着在上下级出现意见分歧时，只要上级做出了明确的决策，下级就应坚决执行；不缺位，意味着下级一方面要从全局出发思考自己的任务，另一方面要从局部出发，积极向上级提出建设性的建议和意见。

若事实证明上级原来的决策有偏差，要及时向上级反馈，并帮助上级一起想办法管理好偏差，及时为上级补位，尤其要注意不能据此认为上级不如自己而渐渐变得自我膨胀、目无上级。

上面三个问题，可以称得上是正确处理上下级关系的三把钥匙。

曾有一位企业副总裁诉苦说，当初自己是临危受命接手公司营销业务的，差不多一年时间，组织建设初见成效，市场也有了一定的起色，可这时候公司却要对营销组织进行变革，将营销组织按业务类别进行分拆，方便进一步扩大业务。他认为这时候组织最需要休养生息，频繁折腾容易让大家身心疲惫、无所适从。

　　副总裁从自身的感受出发看问题，情况似乎的确如此。可问题是，他所反映的情况，公司难道考虑不到吗？显然都考虑过了，那公司为什么最后还是要对营销组织进行分拆？经过了解发现，该副总裁在业务上太过求稳，新业务突破相对保守，设定的市场目标与公司的期望有差距。在现金流充裕的情况下，公司希望通过营销组织分拆和赛马机制，实现业务超常规发展，求稳反而会让公司错失发展机遇，不利于组织健康发展。

　　可见，该副总裁与公司的工作思路不同频，公司并非他所想的那样，问题的症结恰恰是他自己没有将工作思路和目标统一到公司的宏观战略上来。该副总裁后来认识到自己的问题所在，及时调整了工作思路和目标，思想通了，工作也就渐次顺了，上下级之间不必要的冲突和摩擦也减少了。

　　假设该副总裁认识不到自身的问题，继续导致上下级之间信令不通，结果必然是公司通过重要岗位人员调整，来达成公司的战略诉求。

决策和再决策

　　决策也好，政策制度的设计也好，要注意不能在客观上造成员工工作的片面性和自我设限。在这一点上，华为创始人任正非尤其头脑清醒，"公司未来的发展实际上是不清晰的，是整个社会和环境同时在设计公司，我们不可能理想地确定未来结果是什么，但可以确定一个过程的规则，共同面对不确定性挑战，减少人为的不确定性，避免混乱"。

正因为如此，越是重大的决策，原则上越要留尾巴，一旦情况有变，就要及时再决策，凡事不能绝对化，"形势比人强"，不能一条道走到黑。决策和再决策是为了胜利，但胜利的路径往往充满了曲折，需要一系列的再决策来矫正原来的决策，因而管理在短期内的忽左忽右，其实是对企业长期发展目标的无限逼近。

一个典型的案例是，2009 年正值全球性的金融危机，华为高层决策进军企业业务，想从面向网络运营商的单业务模式逐步转向多业务模式，以增强企业的抗风险能力。当初华为想复制网络运营商的直销模式，提出招聘两万只"小老虎"去抢粮食（企业业务），结果把很多面向企业的集成商给吓坏了，以为华为要和它们抢生意。但实际呢，华为招了很多"小老虎"，却找不到目标客户。原因是网络运营商是大客户，在全球是数得着的，签一个单，金额巨大，而企业客户成千上万，订单额却很小，要知道其中哪一家有 IT 需求，需要进行非常细密的市场触点布局，才能清楚地掌握。华为要做到这些，一是需要时间；二是市场拓展和项目运作成本高，需要投入。华为为此交了不少学费。华为高层发现形势不对后立马掉头，通过再决策，明确提出了"坚持被集成"的理念，即团结所有的集成商，一起来发展企业业务，从此企业业务才开始走向正确的方向。

这一案例再次证明了决策的本质是"借势"。若企业业务采用直销模式非但借不到势，反而会把集成商推向自己的对立面，而华为凭一己之力，既难成势，也难成事，因此必须通过再决策，来修正原来错误的决策。

从华为的案例中不难得出，世界上根本不存在万全的决策。事物是运动、发展的，从来就没有什么先知先觉，唯一现实可行的做法就是坚持自我批判，在实践中实事求是，不断通过动态调整，无限逼近合理性。一些企业管理者在需要决策的场合不敢决策，甚至显得有些优柔寡断，原因是心里没底，不好判断，这其实是一种追求完美的心态所致，总想找一个万全的决策，实际上这是不现实的。所有的决策，本质上都是一种对赌行为，没有风险，就不存在决策。错误的决策固然会带来风险，但要是不做决策，风险可能更大，因为错过的成本，往往大于犯错的成本。

所有的决策都是不完美的，所有的决策者也都是不完美的。企业决策者必须有这样的勇气，承认自己的不完美。经常见到一些企业决策者把"面子"看得比"里子"还重要，为了所谓的"面子"和"尊严"，固执地捍卫自己原来的决策，一意孤行，结果给企业造成越来越大的损失，管理上把这种现象称为"承诺升级"（Escalation of Commitment）。

承诺升级是管理心理学上的一个概念，是一种在过去决策的基础上不断增加承诺的现象，说白了就是承诺了一件事情，为证明自己是正确的，不惜一切代价也一定要做到，如果做不到就继续加码，直到把所有的筹码加进去，而不考虑投入和收益是否合理。

企业决策者必须清楚，企业所有的经营活动指向的是商业成果，而不是为了满足企业决策者自我证明的需要。倘若经营出现了严重问题，请问企业决策者到哪里去找回"面子"？恰恰相反，只要企业一直走在健康经营的轨道上，企业决策者再怎么不要"面子"，也绝对少不了他的"面子"。

因此在这个问题上，头脑清醒的企业决策者应本着一种"选择性遗忘"的态度，一旦发现自己原来的决策错了或者偏了，就应立马进行再决策和自我纠正，压根儿想不起自己原来的所谓"承诺"，这才是真正对商业结果负责。

下级在执行决策过程中遇到了新情况，如果自己不能把握，原则上要向上级请示，升级决策，以获得组织系统的联动支持；如果自己能把握，原则上要向上级报备，让上级有知情权，信息越透传（透明传送），信任与授权越充分。

一些管理者容易犯这样的错误，"公司既然把部门交给了我，就应该给我充分授权，公司最后考核结果就好了"。这些管理者是把部门视作黑匣子，或者孤岛。一切存在都是关系型存在，持这种想法的人，其实是不清楚组织实际上是一个相互联系的系统，这个系统通过工作分工来实现专业化，通过业务流程来实现秩序化；无论是专业化还是秩序化，都是为了组织系统各单元之间能进行高效的连接与互动。

一些企业会对组织系统的不同单元制定不授权清单，目的就是促进不同单元之间高效连接与互动，同时避免某些单元走向失控，导致系统丧失内在的连接功能。一旦丧失内在的连接功能，组织系统的整体效用就会弱化。把部门视作黑匣子和孤岛，显然不可能实现组织系统的目的，等到最后考核结果，一定是没有结果的。

　　只有动态决策才能更好地应对未来的不确定性，但在动态决策过程中至少有一样是确定的，那就是以生存为底线，活下去是企业生存发展的根本。战略进攻固然重要，但没有足够的战略积累，就无法组织有效的战略进攻，企业做任何决策都不能忘记这一核心前提。

Chapter 4

第 4 章

组织进化

　　存在需要消耗能量，维持存在需要获得能量。企业组织作为一种特定的存在，它的最低纲领和最高纲领都是活下去，活下去的前提，是企业组织能持续给自己创造生存的机会。企业组织必须有智慧力，要能够动态识别和感知机会，还要善于自我赋能，快速将机会变现。

组织进化"三引擎"

战略连接未来能量，流程确保流量变现。战略驱动组织进化（以匹配战略诉求），流程驱动组织设计（以保证运作效率），领导力驱动组织变革（从当前组织模式跃迁到新组织模式）。战略、流程、领导力，是组织进化不可或缺的"三引擎"。

战略驱动组织进化

首先说明，无论战略还是组织进化，都不是什么高深莫测的学问；任何故作高深的管理，都不是好管理。当存量资源渐渐枯竭，企业难以维持生存的时候，企业自然就会思考：到哪里去找水草肥美的地方栖息？这就是战略。战略是"指兔子"的活动，指完兔子，接下来要排兵布阵，布局"打兔子"，这就是组织进化。"指兔子"与"打兔子"相匹配，这就是战略驱动组织进化。

华为开拓海外市场，就是战略驱动组织进化的鲜活例子。一般企业开拓海外市场，战略动因不外乎更好地对资产、能力和竞争优势进行全球性利用，华为也不例外。

顺便提一下，其实华为从创立之初，就是一家国际化公司，因为它从一出生起，就与西方公司同台竞技，只不过战场发生在中国而已。当时中国通信市场上总共有 8 种制式的机型，它们分别来自 7 个国家（其中，日本的 NEC 和富士通分别占据了两种制式），因此中国通信市场被称为"七国八制"。这意味着中国主流通信市场已经被各国巨头"瓜分"，作为后来者，华为不得不奋起直追，用 10 年左右的时间，才把交换机做到了中国通信市场第一名。

到了 2000 年，中国通信市场迎来建设高峰，华为的订单排得异常饱满，公司上下全力以赴，忙着订单交付。但通信市场的特点是，虽然市场容量每年在不断增加，但网络建设具有周期性，过了网络建设高峰期，接下来就是网络运维阶段，设备销售额会随之下降。这种网络建设的周期性，决定了华为必须未雨绸缪，谋划出海，因为只有通过国际化，才能有效避免业务大起大落。华为所选产业面向的是一个全球充分竞争的市场，产业特点也决定了，华为只有在全球化竞争中发挥比较优势，才能成为长久的赢家。

想明白了"要不要出海"的问题，还要想清楚"能不能出海"的问题，能不能出海取决于以下因素。第一，从市场角度来看，是否存在共同的、不受地区和文化影响的需求？第二，从技术角度来看，产品技术标准是否全球一致？第三，从政府角度来看，目标国家是否存在有利的产业贸易政策？第四，从竞争角度来看，对手的战略是什么，它们进入国际市场了吗？第五，从成本角度来看，是否存在全球规模经济？显然，华为出海之前，已在这些方面做足了功课。

做到了"方向大致正确"，接下来就是基于公司的战略选择布局出海。1997 年，华为在莫斯科成立办事处，开始探索海外业务拓展经验，到 2000 年将近 3 年时间，莫斯科办事处虽然只签订了一份几十美元的合同，但这丝毫没有动摇高层对出海的战略定力。华为创始人任正非还专门撰写文章，帮助坚定广大干部员工出海的信念。至 2000 年底，华为召开干部奔赴海外市场誓师大会，从此拉开了波澜壮阔的国际化序幕。

拓展海外市场是华为的大战略，在该战略路径上，华为采取了"分步走"的策略。

第一步是"业务延伸"，即华为作为一家中国公司，如何将业务延伸到海外。经过莫斯科办事处的"热身"之后，华为开始对海外市场进行"试水"。华为成立了海外市场部及可以辐射周边多个国家的海外地区部组织，以积累海外市场拓展经验，总部主要的业务机构也成立了相对独立的海外支持部门。

既然是"试水"，就意味着不太可能"用力太猛"，所以华为的组织重心还是以国内市场为主，确保国内的粮仓不会出现问题。

海外也基本以中国籍员工为主，因为核心能力和资源都在总部，当地员工不太可能具备与总部频繁沟通与连接的能力。驻外机构主要是适应和利用母公司的能力，当地更多是一个与客户接触的窗口。

为应对海外复杂的网络建设需求，华为还在总部成立了专门的 Turnkey（一站式方案）工程部门，以集中解决"签了合同，交付不了"的难题。总体而言，运作特点是，业务触角延伸到海外，业务重心保留在国内，各业务机构对海外支持部门统抓统管。

第二步是"本地经营"。 随着海外业务量越来越大，靠"长传冲吊"终究不是长久之计，这时华为想办法开发当地经营运作能力，实现适当分权和本地自足。华为的前端组织开始资源下沉，在业务量达到一定规模的国家陆续设立代表处，开始大规模招聘当地员工，大量基础业务由当地员工负责，核心层和负责与总部连接的岗位仍以中国籍员工为主。

顺带提一下，一些企业在出海的时候，想当然地采用"以夷制夷"的策略，事实证明这种策略根本行不通，原因是总部能力传递困难，以及文化差异太大，如果核心层不是非常熟悉总部的人，会造成总部与分支机构在管理上脱节。

海外业务规模超过国内业务后，华为开始调整管理重心。2006 年，华为正式成立全球销售与服务体系，中国市场变成了全球市场的一个地区部，以拉通全球业务管理和加大海外资源投入；海外成立几个片区，一个片区管几个地区部，片区相当于总部的派出机构，以加大对地区部的业务支持。

第三步是"区域响应"。随着业务规模持续扩大，华为开始建立分散的、互助的、专业化的能力配置，强调区域响应和学习，要在全世界范围内联合开发和共享知识，在全球范围内实现人才、能力、经验、资源的最佳配置和贴近客户的业务互动。华为提出，要"从资金最廉价的地方吸纳资金，从人才最充裕的地方补充人才，在成本最低廉的地方从事生产，在国境线不构成限制的地方市场营销"。在这个阶段，华为在全球各地成立了数量众多的联合创新中心、研发中心、财务共享中心、资源共享中心和供应链中心。

为进一步落实区域响应，加大向一线放权的力度，创始人任正非发表了《谁来呼唤炮火，如何及时提供炮火支援》的讲话。紧接着，华为将全球销售与服务体系更名为"片区联席会议"机构，同时弱化片区功能，将业务支持职能重心向地区部下移，片区总裁成为片区联席会议成员，总部一下子变成了业务参谋机构。

第四步是"组合效率"。经过前期的分散式经营，华为积累了丰富的全球业务经营实践经验。为了进一步扩大市场规模，提升全球效率，华为提出全球化概念，并提出和开始执行中央集权与地方分权相结合的组织治理模式。片区联席会议重点加强区域管理和干部管理两大职能，统一全球战略规划、业务计划、预算管理和干部队伍建设，也就是抓方向、抓效率和抓关键少数，实现全球一体化运作。

同时，华为提出了"蜂群"组织理念：代表处是"海军陆战队"，宽频带、低振幅，负责整合资源和抢滩登陆；地区部是"重装旅"，窄频带、高振幅，负责方案支持和市场突破；全球能力中心是"赋能平台"，负责为前线赋能和提供方法论。"蜂群"组织通过专业化分工，形成前台、中台、后台三位一体，以及攻击前进、协同作战的组织队形，充分发挥"群"的作战效能。

从华为拓展海外市场的组织进化过程不难发现，企业组织进化是有内在规律性的，我们至少可以解析出以下规律性知识点。

（1）组织进化的目的是战略落地，更好地配合战略演进的需要。

（2）组织进化的本质是重构力量和力量规则，实现战略凸起。

（3）组织进化是一个不断开放边界的过程，客户和市场在哪里，组织边界就在哪里，组织在开放边界的过程中不断进行"破"和"立"。

（4）组织进化以熵减为前提，因此一般发生在事业上升期，在战略目标的外力驱动下，一边获得负熵（进化能量），一边完成组织再造和组织展开。

（5）组织进化以循序渐进、适用、实用为原则，要与战略节奏相适配，不能失速，也不宜过速，做到效用最大化。

（6）组织进化带动了人的能力进化，但同时摆脱了对个体能力的依赖，通过构筑整体的组织系统，把能力建在组织上。

流程驱动组织设计

劳动者、知识（技术）、企业家、资本……这些都是价值创造的要素，但要素本身并不自动创造价值，要素只有参与到业务活动中，才能创造价值，而要素参与业务活动，达成业务目标的过程就是流程。流程既可被看作是产品和服务所走过的路径的显化，也可被看作是价值创造要素在业务活动中所贡献的价值在特定规则下有秩序的流动。因此可以说，业务就是流程，流程就是业务，定义业务过程就是定义流程，业务和流程事实上密不可分。正因为如此，企业应围绕流程，围绕如何有效承载价值创造活动，来开展组织设计。

要开展组织设计，先要理解什么是组织。组织是按照特定工作目标或工作性质构造起来的集合。具备一定规模的企业有很多实体部门，这些部门就是大家所熟知的功能型组织；还有很多临时性的项目组，也是一种常见的组织。容易被人忽略但恰恰最不应被忽略的是，流程本身也是一类组织，它是将相关资源要素组织起来完成特定目标的组织。准确地说，项目组执行项目运作流程，也属于这一类组织，我们姑且把这类组织统称为流程型组织。

流程是直接创造价值的主体组织，因此组织设计应先设计流程型组织，梳理清楚资源要素、业务活动和目标之间的关系。建立了关系，才能焕发生产力，让业务高效地跑起来。一些企业不去设计流程型组织，只是依样画葫芦，搭出一堆功能型组织来，这就会导致管理者天天要去做"扳道工"，否则业务就跑不起来，从而严重制约业务效率。

在流程型组织中，执行任务的基本单元被称为角色，而端到端流程管理的角色则被称为流程负责人（Process Owner）。流程负责人的责任是总体负责流程和流程组织建设，打造流程执行力文化，以及流程推行和改善等。把不同的角色映射到相应的人身上，流程就可以跑起来了，因此理论上企业有流程型组织就够了，未必一定需要功能型组织。

一些初创企业和小微企业，大家按角色分工来做事，基本上没有什么功能型组织，因此就属于全流程型组织。业务规模化后，企业的复杂度大幅增加，这时候仅有流程型组织就不行了，必须要有一个个功能型组织来充当"堆栈"，通过包括"堆栈"内在的运作规则，解码和及时处理来自流程的各项指令。

功能型组织常见的"堆栈"作用大致有以下四种。

工作调度：对业务活动及与之相应的员工技能进行分类和适配，选调和匹配合适的人来完成流程下达的工作任务。

资源建设：战略目标从流程传递到功能型组织，功能型组织要前瞻性地开展资源规划，使资源及时到位，确保业务有序开展和资源效率最优。

员工赋能：打造学习型组织，不断显化、积累和分享员工在与流程互动中所产生的知识和经验，通过协作解决问题来强化员工的专业深度。

氛围营造：关注员工业绩表现和工作状态，确保员工时刻"在线"，并通过有效激励等手段，让员工有成就感和归属感。

一项工作任务如果只涉及单一的功能型组织，相对来说就比较容易，因为只有一个部门长，工作调度相对简单。事实上，企业里大量的工作任务需要多个功能型组织一起配合才能完成，因此就需要有一个"协议"机制，来解决不同功能型组织之间如何协同工作的问题。这个"协议"机制建议包括以下三个方面。

（1）每个功能型组织，既是某些流程特定业务活动的执行单元，又是某些流程建立、运营、维护、升级、赋能的常设驱动机构，是流程的主责方，以及业务规则的制定者。

（2）功能型组织的部门长，既负责所在功能型组织的管理，通过"军政"来打造组织能力，使之"来之能战"，又是流程负责人，通过"军令"保证流程效率，使之"战之能胜"。

（3）按照下面的"RACI法则"，澄清跨功能型组织流程化运作中的角色与责任，以降低组织运作阻尼系数，防止出现部门墙。

- 负责者（Responsible）：实际完成工作任务者，也是把事做正确的做事者（Doer），他可从多路径获得任务，但任务难度由当责者定。
- 当责者（Accountable）：担负最终责任者，也是做正确的事的全过程责任者（The buck stops here，责无旁贷），具有战术决策权、否决权和追责权。每项任务只能有一个当责者。
- 咨询者（Consulted）：在决策或行动之前必须咨询的对象，可以是上司或公司指定的人员，是决策或行动方面的资深人员（In the loop，灵通人士）。当责者必须为咨询者提供必要的资讯。
- 告知者（Informed）：决策或行动后应该告知的对象，以便他们掌握事态（Keep in the picture，参与其中），及时有效地采取后续行动。

　　举例来说，财务部门既是公司专业财务的功能型组织和执行单元，又是公司财务流程的常设驱动机构，是财务流程的主责方，以及财务规则的制定者；财务总监既是财务部门的部门长，又是财务流程的负责人和当责者；其他各部门在执行来自财务流程的工作指令时，是负责者，须接受财务流程负责人的指导和指挥，以确保财务流程顺畅高效；财务总监在开展重大战术决策和行动时，应咨询公司决策团队（即咨询者）的意见，并应及时将决策和行动结果知会相关环节（即告知者），不致对相关环节的业务活动造成被动或不良影响。

　　当然，以上是业务流相对清晰的情况，事实上在创业初期，企业的流程和组织都是不清晰的，有的企业甚至连流程和组织的相关概念都没建立起来，此时企业处在一个业务高度不稳定的状态，厘清流程和组织运作显然谈不上是当务之急。所以，创业初期的企业（包括开创新事业的成熟企业），在起步阶段，组织设计充其量只是一个"框"，企业给这个"框"装载一些必要的资源，让它们且行且摸索，就像调试软件程序一样，先把业务做起来再说。

　　因此，流程和组织一定是实践出来的，不是想当然地、纸上谈兵般地设计出来的。就像华为在 2009 年成立企业 BG 时所强调的一样，"在企业业务发展的初期阶段，所有企业业务的干部首先要作战，在战斗中快速成长，在战斗中学会指挥，在战场上取得成功后分出干部，扩大组织，自然形成英雄，自然形成有效的指挥体系"。华为这样做的好处是，让大家以归零心态和创业者心态开展新业务，并鼓励和警醒大家要勇于走出自己的经验隧道，在不确定性中找到业务发展规律和自我发展定位。

领导力驱动组织变革

"饭圈"（Fans，粉丝圈子）经济在当下流行，大致呈两大方向：一个是注意力方向，另一个是创造力方向。每个人的注意力都是有限的，朝注意力方向、靠"博眼球"来抢占粉丝注意力，本质上是"内卷"白热化的一种外化表现，短期内也许可以赢得一种浅层的"爆棚"效应，但从长期来看，这种"你方唱罢我登场"，不断"造魅"和"祛魅"的连环上演，不仅无形中空耗了社会资源，同时还构成了对粉丝情感的过度消费和透支，有的甚至偏离了社会主流价值观。因此，单纯的注意力方向，走到最后一定会让粉丝感觉"空心化"和"审美疲劳"，等到热度过了，一切恢复如旧，繁华落尽，自然便"相忘于江湖"。

可以断言，"饭圈"经济未来的主方向，必定是深层的创造力方向，用创造力去加持注意力，从而成就一种不断为社会接力、不断创造社会增量价值的"饭圈"经济。只有与社会价值同步的"饭圈"经济，才能经久不衰，才能焕发出勃勃生机。

领导力驱动组织变革，与"饭圈"经济的底层逻辑其实是一样的。真正让企业经久不衰的，是企业聚焦客户、持续为客户创造新价值的能动力，也就是用创造力去加持注意力，唯有自己做得足够优秀，成为强者，才能"你若盛开，蝴蝶自来"，否则迟早会陷入"内卷"的旋涡中难以自拔。

既然创造新价值是企业的首要任务,那么企业领导者领导一个组织的核心工作,就是把脉市场价值流向的大方向,前瞻性地将组织方向与价值流向的大方向对齐,从而让企业持续地汲取外部的生长能量。华为创始人任正非说,"领导一个组织,要基于人性,基于时空的变化,基于对无序的警惕与变革"。这里的"无序",即指组织偏离了价值流向的大方向,不能持续获得生长能量,却还要无序地耗散能量,等能量耗散完了,组织也就丧失了它的动能。因此,企业领导者必须与时俱进、适时调校组织这台"机器",使其一直有序地指向价值创造的方向。组织变革不能冀望一劳永逸,只要必须,就应适时启动。

但万物都遵循惯性定律,组织长期形成的平衡态,如果没有足够的领导力和动能去启动它,将很难被打破,更别提让组织从旧平衡态跃迁到新平衡态了。

制约组织变革的惯性因素很多,其中最为关键的因素有四个。

存量惯性:战略连接未来能量,存在不确定性,而企业存量利益却是客观现实。存量利益的巨大惯性,常常让一些企业领导者面临艰难抉择,迟迟不敢兑现对行动的资源投入,最终让组织变革胎死腹中,战略规划也沦为一种纯粹的认知游戏、分析型思维和预测技术。为什么越成功的企业越难掉头?以上就是核心原因之一。

运行惯性:组织变革需要重建"目标 – 责权"系统,组织内外各种力量间的博弈将不可避免地阻碍变革进程,容易导致理想中的"目标-责权"系统走形甚至流产。

群体惯性：组织变革打破了组织成员原有的工作关系（显规则），以及组织在长期磨合过程中所形成的工作默契和心理默契（潜规则），而建立稳健的、新型工作关系需要足够的时间。

个体惯性：组织变革意味着对员工固有思想观念、工作内容、工作方式和工作技能的重构，个体需要经历一个逐步从"知"到"行"，再到"知行合一"的习得过程。

正因为制约变革的惯性因素之多、惯性力量之大，变革领导力才成为组织变革最迫切的需要。大多数企业组织变革之所以失败，乃至落入"理想很丰满，现实很骨感"的困境，究其根本，就是缺乏与之相适配的变革领导力。少了变革领导力的使能作用，再完善的变革方案，也只能是一张可以用来证明认知力，却无法现实落地的"设计图"，无法助力企业驶向成功的彼岸。

说到变革领导力，一些人可能马上会联想到自己所在企业的组织变革：变革启动会上，企业领导者的惯常表现是"豪言壮语"；当变革导致矛盾冲突加剧时，企业领导者便习惯性地当起了"和事佬"，开始对变革犹疑不决和"寡言少语"；过不多久，企业领导者渐渐失去了变革的定力和耐心，直至退守到最后，对变革"不言不语"。这就是人们常说的虎头蛇尾，可见，企业领导者的决心和意志力是变革领导力的核心构成要件。

但我们不能把决心和意志力理解为一种空穴来风的精神胜利法，它一定内在逻辑自洽。企业领导者在组织变革上的决心和意志力，源自一套行之有效的变革方法论组合，这套变革方法论组

合有助于给企业领导者以逻辑自洽，让企业领导者容易下决心和
有意志力。这套变革方法论组合包括以下四点。

1. 跳出现实利益观，立足于企业的生死

在推进组织变革的过程中，企业领导者之所以难以保持决心
和意志力，往往是因为他们把焦点放在了对现实利益的取舍上，
比如：对未来的投入、对当前业务和组织可能造成的短期影响等。
从人性的角度看，除非不得已，任何人都不愿意对自己的现实利
益做减法。企业领导者也一样，要战胜自己的人性，放弃当下不
小的现实利益，不是件容易的事，也因此，但凡逆人性的事情，
往往都不容易成功。

既然在出现问题的层面找不到问题的解，那么我们为什么不
跳出现实利益观，立足于企业的生死来定位组织变革呢？变则生，
不变则死，在企业生死面前，一切现实利益可能都只好让位。只
有思维升级以后，企业领导者在变革抉择时才会更通透、更从容、
更坚决。显而易见，企业生死问题是比企业任何现实利益问题更
大的问题，企业领导者在战术上的"舍"，恰恰是为了在战略上更
大的"得"，这种选择看似逆人性，实际上是从更高层面顺应了
人性。

以 1996 年华为市场部集体大辞职为例，这次具有里程碑意
义的组织变革，一次性让 30% 的干部下岗，一举开创了华为干部
能上能下的先河。华为创始人任正非之所以能够在干部能上能下
的问题上做到"不纠结"，是因为他洞见了组织的新陈代谢与企业

的生死存亡休戚相关！他在 2000 年 1 月回顾这次历史性事件时，是这样评价这次变革的："市场部集体大辞职，对构建公司今天和未来的影响是极其深刻和远大的。我认为任何一个民族、任何一个公司或任何一个组织只要没有新陈代谢，生命就会停止……如果说我们顾全每位功臣的历史，那么我们就会葬送公司的前途……如果没有市场部集体大辞职所带来的对华为公司文化的影响，我认为任何先进的管理、先进的体系在华为都无法生根。"

既是生死局，岂能听之任之？当企业领导者用高维思考去统领低维思考的时候，一切障碍因素不过是他们前进道路上的"量子纠缠"罢了。

2. 组建中立的、专业化的变革团队，推进变革

组织变革不成功，一个重要原因是企业像安排日常工作一样，安排一些既得利益者来主导变革。为了维护部门和个人的利益，他们在制订变革方案和实施变革的过程中，不自觉地让天平朝自己倾斜。组织变革本来是要适度打破现有责权利结构的，结果却出现了方向偏离。因此，对一些涉及面较广的组织变革，建议企业组建中立的、专业化的变革团队来推进变革，以确保变革的有效性，同时把变革过程管理做得更扎实。

这个中立的、专业化的变革团队不能是一个"拉郎配"的草台班子，核心成员原则上要专职化，防止屁股决定脑袋；要抽调有全局观、有成功实践经验的人来主导，不是看谁有空，就让他来做变革；要尽可能用企业内部熟悉业务和组织运作的人，以有

利于变革沟通和变革成果内化；可以适当引入外部咨询团队，但不能太依赖咨询团队来完成变革输出工作，要重点考察咨询团队中一些人是不是真的具备专业化能力，要把那些只知道从后台拷贝标准化模板的人从咨询团队中清理出去；变革团队成员中最好有外部资深专家来校验方法论的有效性，以减少企业在方法论探索上投入的时间成本。

组织变革是一项复杂的系统工程。针对大型组织变革，企业一般设立变革指导小组（Steering Committee）、变革项目管理办公室（Project Management Office）、变革项目组（Project Management Team）等组织，来分层分级运作。有了组织保障，才不致让变革失控。

3. 思想动员，最大限度地激活组织动能

再完善的机制，运行一段时间后，也会形成一个既得利益群体。一个有活力的组织，应与时俱进、动态地对组织和机制做出调整，以最大限度地激活组织动能，防止组织懈怠。

以战略落地为目标的组织变革，最大的优点是不在存量利益上动脑筋，而是通过创造未来增量价值的方式，实现各种价值创造要素的共赢。换言之，每个人都有机会做加法，前提是在新的公平的机制下，大家用商业成果来证明自己。这就让变革的阻力小了很多，企业不需要通过"革命"来完成变革，绝大多数情况下可以通过思想动员来达到目的。

思想动员不是为了改造人，而是通过共同利益牵引，团结一

切可以团结的力量；不是引导员工放弃现实利益，而是启发员工切换一种更高明的利益计算方式，来获得更大、更持久的利益。虽然人不可改变，但人以利动，思想动员就是通过陈述利害，来达到激发人、激活组织的目的和效果。

举例来说，一些企业质量部门人数众多，组织变革要求它们精兵简政，提高效率，它们常常打着"质量保证不能放松"的旗号，陈述精简之难。质量部门的定位是防止价值牺牲，可要是质量部门自己消耗的价值过多，何尝不是另一种价值牺牲？这时候公司就有必要对质量部门进行思想动员，中心思想就是"如果换一种工作思路，效果可能会更好"。

譬如供应商管理，质量部门在供应商认证和来料质检方面，应尽可能地通过加大对来料不良的惩处力度等方式，引入"怕力"，以唤醒供应商自身的质量保证体系。质量部门回归管理职能，重在防微杜渐和机制建设，更多地通过抽查、加大惩处力度、警示和暴露问题等措施，持续保持一种威慑力。

质量部门精兵简政后，工作层次上升了，工作效率也提高了，没有理由不支持组织变革。顺便提一下，一些企业很难改变一个认知惯性，就是用人图便宜，表面上这是在帮公司省钱，实际上可能导致公司损失更大。企业很多时候真的是"千军易得，一将难求"，因此，精兵简政千万别忽略了"精兵"这个前提。

华为创始人任正非讲道：人力资源部门为什么不去招聘一些最好的医生来给员工提供医疗保障呢？他们的工资虽然高一些，

但是能快速给员工治好病，员工感受好不说，还省了大量来回跑医院的时间，让员工把这些时间用在工作上不好吗？为什么要让员工把时间浪费在路上？可见，有效的思想动员，其实就是算账，它虽是一种"批判的武器"，但这种批判不是止步于指出别人的问题，而是设身处地帮人打破思维局限，提升格局，达成一种更高层次的利益计算。

4. 思想再造，扫清变革路上的障碍

思想再造是组织再造不可或缺的一环，但由于人的价值观、立场、认知局限、既得利益（例如，推翻一些人曾大力推行的组织方案）等原因，总有极少数人对组织变革表现得貌合神离甚至抵触，他们好比是组织中的"钉子户"，指望"钉子户"回心转意，这个时间成本太高了。组织要前进，"一把手"就要果断扫清前进路上的障碍，不能让抵触变革的人耽误了变革的进程。"一把手"如果只是领头羊，不能成为领头雁，就只好让位。

现实中一些老板在这方面表现得非常纠结，原因是这些"钉子户"往往身居要职，不容易找到合适的人替代，年轻人业务能力上跟他们比还有差距，最后没办法，等年轻人能力上来了再说吧。企业越这么想，越耽误事，因为组织变革搁浅，影响的是企业战略实施，孰轻孰重，一目了然。

从组织能力建设角度看，如果一个岗位只有某个人可以做，换个人就不行，这说明企业的组织建设出了问题。把能力建在个人身上而不是组织上，这样的企业是不安全的，更应该通过有序

的人员调整，逆向找到组织建设的问题并加以改进。

还有一个事实是，任何人走上新岗位，都有一个适应的过程，只要年轻人有把事情做好的强烈意愿，就应大胆地让他们去尝试。其中的道理很简单：一直不给年轻人机会去操控方向盘，年轻人就一直成不了老司机。无数经验告诉我们，员工越换越优秀。出工不做功者腾出了位置，优秀者就有了位置，尤其是对"钉子户"的"武器的批判"，非但不会导致组织"塌方"，反而会大大增强员工对组织变革的信心。

当然，年轻人上来后，不能让他们自生自灭，最好是"扶上马，送一程"。其中，最重要的是授予年轻人相对独立的业务领域，以及可独立支配的资源，让他们易于成事，同时，避免业务和组织边界含糊不清给一些阻挠变革的人提供"埋伏"年轻人的机会。

综上，领导力是组织变革的关键驱动力之一。战略和流程重在"谋事"，领导力重在"谋人"，任何事都要靠人来完成，因此可以说，领导力是组织进化"三引擎"中最为本质的"引擎"。

智慧型组织

真知指导实践，实践出结果。但由于人类的实践是动态演进的，当下的真知，须臾之间可能就过时了，已知未必能指导未知。这就决定了人类的宿命必然是不断用心智世界去拟合现实世界，不断动态修正我们的认知，不断用发现的新知识来指导实践、产出结果。这些也是企业构建智慧型组织的基本假设。换句话说，只有不断发现新知识的组织，才是智慧型组织。

发现信息差：VUCA 时代下的商业感知力

反弹道导弹防御系统（简称反导系统）拦截导弹的方式，通常有初段（助推段）拦截、中段（大气层外）拦截和末段（再入大气层）拦截几种，不同区段的拦截难度和效果是不一样的。相比之下，中段拦截是最理想的拦截方式，这时候导弹处于惯性飞行状态，反导弹头从瞄准、修正弹道再到撞击，反应时间非常短，以确保高速命中目标。

反导系统首先要依靠分布在太空中的预警卫星提供来袭导弹的发射信息和大致弹道，再用计算机计算出其可能的落点，接着大功率、高性能的 X 波段雷达（X Band Radar，XBR）和巨型相控阵雷达（Phased Array Radar，PAR）开机，密切跟踪来袭导弹，同时将精确的弹道数据发送给导弹防御中心的计算机，计算机指令反导系统发射两到三枚拦截弹，从来袭导弹的前方撞击来袭导弹。

如果把上述反导系统看作是一个智慧型组织，我们将不难得出智慧型组织的一些关键特征。

（1）具有敏捷的环境感知力。

（2）能够快速从无序到有序，生成指向清晰的策略和行动。

（3）具备柔性的、以多样性应对复杂性的自适应能力。

（4）指挥系统内置强大算力。

其中，第一项关键特征可以说最基本，也最具前置性，没有第一项，其他几项就是摆设。

有人不禁要问，现代企业为什么要向智慧型组织演进？背后的驱动因素到底是什么？

事实上很多人已经感觉到了，我们正处在 VUCA 时代。VUCA 现在被大量用来描述我们所处环境不稳定、不确定、复杂和模棱两可的现实，它给我们带来的最大挑战是变化可能不再以线性方式出现，这就会导致企业原来的有序可能不再管用，企业需要一种新的能力，即能够在"混沌"状态下识别非线性，在无序中快速生成有序，以柔性应对各种非线性挑战，而这恰恰是智慧型组织所特有的能力。

随着人类生活不断加速，未来越来越多的企业应该向智慧型组织演进。现代企业在这方面的需求已经越来越紧迫，如果继续沿袭过往的运作惯性，将极有可能逐渐丧失其商业感知力，以及随"机"而动的快速反应能力，当然也将无法延续其"岁月静好"。

企业向智慧型组织演进，首先要建立商业感知力。企业作为商业组织的全部努力，不外乎两个方向：开启战略机会窗和抢占战术机会点。在竞争白热化的今天，没有商业感知力的企业，在以上任何一个方向上都难有斩获。

企业光有专注力是远远不够的，专注力往往会把企业确定性地"锁在"历史的轨迹上。商业感知力则让企业有机会在自己的能力范围内去感知更辽阔背景下的其他事物，引领企业去探索和触及范围更广的生存空间，就像预警卫星和雷达系统那样，不间断地扫描机会目标。

商业感知力表面看是一种机会识别能力，以至于一些人想当然地认为机会是一种"唾手可得"的客观存在。事实上，机会从来都不会自己贴上标签，躺在那里等着我们去"捡来"。机会和好文章一样，都需要"妙手偶得之"，只不过这里的"妙手"，是我们的商业感知力。

但商业感知力并不是什么神秘的力量，其本质其实是能发现"信息差"，也就是能敏锐地捕捉到不一样的市场信息。只有发现了"信息差"，企业才有机会在正确的时点正确地分配资源，早于他人布局机会，进入市场。

还是以反导系统为例，敌方导弹一发射，预警卫星就要在第一时间发现来自敌方的"信息差"，雷达系统和后台计算机根据预警卫星发现的"信息差"，开始跟踪和锁定机会目标，并在正确的时点正确地分配资源，直至目标导弹被成功拦截。

发现"信息差"是企业至为关键的一种生存能力。我们已经阐述过，市场经济是"捡漏"的经济，因此谁掌握"信息差"，谁就具有了捷足先登"捡漏"的条件。在不同市场条件下，企业发现"信息差"的方向有所不同，诚如下面我们列举的一些典型的"信息差"所示。

（1）在商品稀缺的市场条件下，**"信息差"就是更早地发现产品**。谁能将产品导入市场，做到人无我有，谁就能获得商业成功。

（2）在商品丰富的市场条件下，**"信息差"就是更早地发现性能**。谁能做到差异化和人有我优，谁就能获得商业成功。

（3）在商品过剩的市场条件下，**"信息差"就是更早地发现性价比**。谁能做到成本优势，实现人有我廉，谁就能获得商业成功。

（4）在客户细分的市场条件下，**"信息差"就是更早地发现价值**。谁能发掘并创造性地满足细分客户的独特价值，谁就能获得商业成功。

（5）在客户定制的市场条件下，**"信息差"就是更早地发现个性**。谁能绽放客户的个性，让客户的价值体验最优化，谁就能获得商业成功。

多数企业是顺着业务延长线，以迭代思维去发现"信息差"的，它们的业务战略往往以"周期性重塑"和"求存"为主要特征。还有一些企业则是以重构思维去发现"信息差"，颠覆性地创造出一种新的需求满足方式或新的消费诉求，以达到颠覆和占领市场的目的。典型例子如：智能手机对功能手机的重构，电动汽车对燃油汽车的重构，打车平台对传统出租车行业的重构，电商平台对传统商业的重构，互联网对电视产业的重构，等等。以重构思维发现"信息差"的企业，属于"春江水暖鸭先知"，因此这类企业的业务战略往往以"愿景引领"和"抢先"为主要特征。

发现"信息差"需要有专门的组织来保证。有远见的企业，一般会专门成立市场和预研组织来开展前瞻性研究，尽可能将产品和技术创新前置。到了产品开发阶段，创新工作其实已基本完成，产品开发的主要任务是产品实现而不是产品创新。只有当产品和技术创新走在其他企业前面时，才有真正意义上的"信息差"。一些在业界有影响力的企业积极加入国际标准化组织，也是为了更早地发现某些方面的"信息差"，把标准讨论的方向尽快导入企业预研过程，并据此快速布局企业武器级的专利，以此形成战略控制点和构筑市场竞争壁垒。

聚焦信号：系统站位下的抵巇之策

"抵巇"是《鬼谷子》一书中的传世智慧，意思是"抵御漏洞，防患未然"。我很喜欢一句话，"万物皆有裂痕，那是光照进来的地方"，在上古神话中，就有天塌地陷、女娲炼五色石补天的传说。

随着人类认知能力的提升，我们知道世界其实是连续的，我们之所以觉得有裂痕，完全是因为人类碎片化的认知造成的。正是由于认知不连续，人类才需要智慧来修正认知缺陷，才需要"三十六计"的攻防之术。企业作为人类的一种生存模式，生存资源的有限性决定了企业"生存即竞争，生存即选择"。VUCA 时代尤其呼唤智慧型企业，它们能够根据环境的变化动态生成抵巇之策，以适应生存挑战。

前面我们谈到了"信息差"的重要性，但发现了"信息差"不等于必然发现了机会。世界其实不缺"信息差"，很多"信息差"

可能只是噪声罢了，只有从"信息差"中解耦出信号，才能构成机会。就像反导系统，真假弹头都可以提供"信息差"，关键是反导系统要根据雷达从多角度传回的数据进行计算和比较，解耦出真弹头的信号。

"信息差"有可能是噪声的情况，这里也略举一二例：很多企业都会做客户满意度调查，但很少有企业知道客户满意度调查反馈的"信息差"并不是为了改善客户满意度，而是为了更好地分析客户的价值偏好，以方便企业进行创新业务设计。竞争研究也是如此，研究竞争对手并不是为了打败竞争对手，而是为了解耦出行业的价值流向，更好地引领企业发展方向。面对各种"信息差"，企业需要保持清醒的一点是，分析噪声没有意义，聚焦信号才是关键。

掌握了内在逻辑，我们才能掌握方法论。解耦信号遵循的内在逻辑是什么？我们知道，一切存在都是关系型存在，不存在任何孤立的存在。否则，如果有孤立的存在，我们就无法研究这个存在。也就是说，一个存在的运动变化，必然会对其他相关存在造成影响，我们只要沿着存在与存在之间的关系纽带，顺藤摸瓜，去分析这些影响，就能找到信号源，从而找到突破口。这种方法论就叫"找关系"，人类学习的本质其实就是"找关系"。

我们以具体案例来解析这个"找关系"的过程。一些企业的制造部门经常抱怨销售部门提供的客户订单计划不准确，导致后端生产计划波动大和被动，以及资源准备和成本管控困难，因此强烈要求将客户订单计划准确率纳入销售部门的绩效考核。

站在问题中思考问题，当然得不到问题的解，我们一定要跳出问题本身，从系统站位去分析问题的症结所在。销售部门提供的客户订单计划不准确，往往是由客户的出货计划波动引起的，而客户的出货计划波动又是由客户的产品在市场侧的波动引起的，客户市场侧的波动本身就具有不确定性，销售部门怎么能未卜先知，拿出一个确定性的客户订单计划呢？

客户订单计划是客户对产品未来市场表现的预测，有误差很正常，考核销售部门客户订单计划准确率，非但不能保证客户订单计划的准确性，反而会起副作用，销售部门可能将倾向于提供相对保守的计划，这样就会抑制它们主动获取更多机会订单的能动性，从而影响企业开源。当然，客户订单计划准确率不纳入绩效考核，不等于不需要管理，这个指标可以用于过程测量，便于发现问题，总结经验教训和推动改进。

既然前端的"扰动"及"扰动"对后端的影响是一种几乎"不可为"的客观存在，企业就应理性地接纳这种客观存在，干脆把工作重心放在后端，即寻找因应"扰动"的抵巇之策上。比方说，如果"扰动"对制造部门的人力资源计划造成了影响，抵巇之策就是制造部门常态化保留一个基本盘的人力资源配置，以确保常规交付和制造能力稳定，同时构建一种资源快速获取能力，以随时应对可能出现的业务峰值。这种资源快速获取能力，可以按优先级顺序由自主获取能力、校企合作能力和第三方资源能力三个部分组成，通过弹性的资源获取能力，来实现对客户订单计划的柔性响应。

一些企业确实是这么做的，并为此制定了分层分级的管理制度，制造部门负责资源基本盘建设，人力资源部门负责资源快速获取能力建设，并对招聘人员进行了网格化的责任分工。这样的安排本身没什么问题，可它们忽略了一个重要事实，制造部门员工流失率实在太高了，这边大量招人，那边人员却在大量流失。制造部门就像一个漏瓢，这边进水，那边出水，而人力资源部门简单地把招聘多少人作为自己的绩效目标，忙得不亦乐乎，却常常忙而无效、忙而无功。

员工流失率指标是招聘计划的关键输入，制造部门员工流失率高，人力资源部门难道看不到这种"信息差"吗？当然看到了，但它们想当然地认为这是很多企业的普遍现象，不是自己企业特有的现象，因此它们看到了却最终漠视了这一"信息差"。

正确的做法是，人力资源部门应该采取行动，分析员工流失率高的症结所在，找到信号源，进而找到办法。制造部门的员工为什么流失率高？大概率是因为工作重复枯燥且工资待遇不高，企业要根据这个信号源，去思考抵巇之策。

关于怎么让员工在工作中不仅不觉得枯燥，还能增加工作的获得感，企业不妨学习一下游戏产业。即便再怎么不努力的人，也容易对游戏上瘾，这启发我们，企业完全可以创造一个挑战自我的工作环境，让员工自己和自己比赛。员工如果通过努力和成长能得到一种精神上的满足，就容易进入"沉迷"状态，进而更加投入。当对工作过程更沉迷、工作形式更自主时，员工的内在动机就会更多地被激发出来。

　　制造部门完全可以设计出一套基于不同价值贡献的工作和薪酬激励分级规则，员工自己"打怪升级"，只要达到了相应的分级标准，就可以自动触发相应的薪酬激励。如果员工能像打游戏一样"上瘾"地工作，还能见证自己的努力成果，在这样的工作环境下，员工怎么会舍得离开？流失率自然会大大降低。员工流失率下降了，制造质量就会更加稳定，制造成本也会下降，招聘工作量、招聘人员配置等都会跟着下来，这就形成了一个良性的正反馈机制。

　　制造部门人力资源管理如此，其他方面的管理改善也是同理。从上面的案例不难发现，系统站位下的抵巇之策有三种思路（见图 4-1）。

图 4-1　系统站位下的抵巇之策的三种思路

1. 系统化思维，才能"找得准"

　　站在单点看问题，解决办法往往治标不治本，甚至"按下葫芦起了瓢"；从系统站位看问题，才能看清事物的全貌，从根本上解决问题。

就像前面的案例，从企业自身系统看，销售部门似乎应该对客户订单计划准确性负责，但当我们把问题放到企业与客户的大系统层面看时，就会发现，客户订单计划不准确其实是客户市场侧的不确定性导致的，是客观存在的，企业只能倒逼制造部门尽快构建一种快速应对市场不确定性的能力，快速响应市场的非线性挑战。

在构建快速应对市场不确定性的能力的过程中，企业要把类似人力资源管理这样的一个个小系统放到企业经营管理的大系统层面上看，确保每个能力要素不是止步于自身的局部改进，而是有利于促进企业整体经营管理水平的提升。

2. 集成化创新，才能"打得中"

竞争的最高境界，就是脱离竞争，而有核心竞争力，能够成为客户的"不二之选"，才能成功地脱离竞争。在前面的案例中，企业事实上已经构建了一种集成化的核心竞争力：销售部门可以灵活地对客户的需求做出承诺；制造部门可以快速地响应客户的交期要求，而且产品质量更稳定、制造成本更低；人力资源部门卓有成效，为核心竞争力提供了有效的平台支撑。

集成化的核心竞争力，往往具有某种高维视角下的重构特征，相互之间已经不是简单意义上的叠加态，而是彼此之间优势互补，且具有乘法效应。拥有集成化核心竞争力的企业还可以避开一些专利的约束，不容易被竞争对手模仿和赶超，从而摆脱与竞争对手在低水平上的竞争。

3. 局部差异化突破，才能"壁垒高"

正如《道德经》中所言："反也者，道之动也。"人的惯常思维，是寻找确定性，但如果凡事都是确定的，那还需要管理者干什么？凡事都确定了，市场机会也就没有了。从管理学角度讲，不确定性才是利润的来源。

当企业有能力应对客户订单计划的不确定性，竞争对手却无能为力时，企业就创造了稀缺，创造了更多的生存机会和溢价空间。由此可见，在激烈的市场竞争中，价值壁垒未必是产品本身创造的，也可以是企业的某个局部单元创造的，企业任何一个局部的差异化突破，都有可能筑起企业的价值壁垒。

系统化思维、集成化创新和局部差异化突破，这三方面最为经典的例子当属乐高（LEGO）。乐高是一个横跨电影、电视、游戏等行业的玩具帝国，除乐高品牌本身的强大创造力外，它还善于借助热门影视文化、游戏文化等进行跨行业营销，将品牌 IP 文化渗透到各类生活场景中。乐高可以自由拼搭的积木玩具，给人以自由发挥的空间，建筑、城市、各类生活场景和景观，都可以用乐高积木拼出来，拼搭的过程也是创意再创造的过程。乐高的精工匠造、对细节的关注以及对品质的极致追求，也令一般模仿者无法企及，可谓"一直被追赶，从未被超越"。

以终为始：动态更新目标的自组织

企业从"信息差"中识别出信号，剩下的就是死死地咬定目标不放。狮子在草原上追逐猎物，猎物是动态的，狮子的路线图也是动态的，但是动态更新目标以吃定猎物是确定性的。智慧型组织就要像狮子追逐猎物那样，成为动态更新目标的自组织。

要成为智慧型组织，企业首先要破除一些错误的观念：一是"如果"思维，类似"如果我们按照当初的设想做了，我们就不是现在的样子"这样的话，属于典型的马后炮，世界上没有后悔药，总是活在过去的企业不可能有未来；二是"因果"思维，一些企业总喜欢用各种数据和理由来证明现实的合理性，然后活出连它们自己都不喜欢的样子，这就是"因果"思维。"如果"思维和"因果"思维都是活在过去，但企业要的是活在当下和未来。企业要获得商业成功，就应该秉持"果因"思维，基于未来目标，倒推当下和未来的行动重点是什么，也就是以终为始。

换言之，从过去的原因推出现在的结果是没有意义的，因为这些我们已经无法改变；只有从未来的目标倒推当下和未来的"原因"才有意义，这些原因才是我们当下和未来可以改变的变量。管理就是调节原因变量，让时间的价值最大化，这里的时间指的是未来时，不是过去时。

综上，未来目标才是企业努力的方向。但是，未来并未到来，企业如何笃定未来目标一定正确？这里我们一定要搞清楚目的、目标和结果三者之间的关系。我们不妨先来看几个例子。

（1）狮子：狮子追逐猎物，目的是生存，目标是捕获足量的猎物，结果是狮群收获了饕餮大餐。

（2）**企业**：企业作为社会的器官，目的是创造人类价值，目标是为越来越多的客户提供有价值的产品和服务，结果是企业获得了利润。

（3）**组织**：企业组织建设，目的是确保企业经营战略落地，目标是形成能创造商业成功的战斗队列，结果是达成了企业经营业绩。

（4）**智造**：企业智能制造（简称智造），目的是提升企业的核心竞争力、增加企业的流量，目标是实现人、机、料、法、环的成本、质量、能效、人效等综合效益最优，结果是改善了企业经营业绩。

（5）**品牌**：企业品牌营销，目的是强化客户对企业的价值认同，目标是以"物超所值"的价值感知降低客户的选择成本，结果是收获品牌红利。

从上面的例子中，我们可以清楚地了解目的、目标和结果之间的关系。

指向不同：目的是事物发展的终点，目标是达成目的的阶段性课题，结果是事物发展到一定阶段后的状态或影响，是目标和行动的统一。

作用不同：目的在目标前方为目标导航，目标在行动前方为行动导航，结果给目标提供反馈。

追求目的才是不忘初心：目的是抽象的、定性的，目标和结果是具体的、可衡量的，根据目的设置目标，根据预期结果动态修正和调整目标，确保目标不偏离目的。

一石多鸟：目的要尽可能多，这样才能创造更多成功的条件；目标要尽可能少，这样才能聚焦资源和行动实现突破；结果（成果）要尽可能大，这样才能不断壮大自己（见图 4-2）。

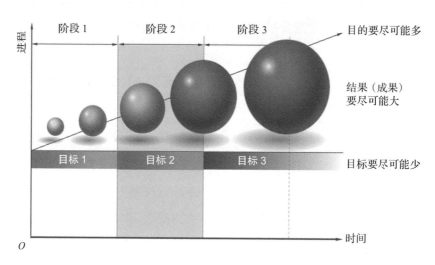

图 4-2　一石多鸟：向管理要效率

由目的、目标和结果之间的关系可知，达成目的和结果的有效途径是做好目标管理，目标连接资源和行动，目标达成了，目的和结果才能成为现实。目标为什么正确？因为它有目的来提供导航，有结果（即时结果与预期结果的差）来提供反馈，它是变量（一个变量或多个变量组合），不是常量。目的可以是相对稳定的，预期结果也可以是相对稳定的，但目标可以是动态更新的，目标倘若不可更改，就会迟滞行动对环境变化的响应能力，反而使行动偏离目的，偏离期望的结果。

目标既然是动态更新的，智慧型组织就需要有"动态更新目标"的自适应能力。很多企业在进行战略规划之后，就只顾埋头执行战略，这是有问题的。"贵人路上多风雨"，它们忘了还要做一件非常重要的事情，那就是形成一些对企业经营可能造成重大影响的战略专题，这些专题代表企业在某些方面可能暂时看不清或潜藏着巨大经营风险。在战略执行过程中，企业要对这些战略专题进行例行研讨和回顾，阶段性地输出一些应对策略和行动办法，甚至要对战略执行的相关目标进行动态更新。

企业的发展过程充满了不确定性，等完全看清了再行动，机会可能就没了，而没看清就行动，风险又不可控。企业经常面临类似的两难选择，怎么办？华为的灰度哲学可以为我们提供借鉴，在类似两难选择面前，华为的经验做法是"先开一枪，看有没有鸟出来；有鸟出来，就再轰一炮，看有没有一群鸟；有一群鸟出来，说明是一个战略机会，这时就可以上升为一个战略决策"。这其实是摸着石头过河在企业中的具体实践，其背后的真义是，企业要在发展中解决问题，不要停下来解决发展的问题，且行且摸索；只有在干的过程中，才能找到问题的答案，不干，永远没有答案。

企业在日常经营中需要动态更新目标的情况非常普遍，企业必须学会打移动靶，且在打移动靶过程中，设法不至于太过偏离靶心，甚至迷失。在不确定性中寻找相对的确定性，一个值得推荐的方法是抓"牛鼻子"。

例如新能源领域有多种技术路线，技术路线一旦选错了，可能就会导致企业投资损失巨大。到底哪一种技术路线可行？一些企业其实很难独立做出自己的判断，最保险的做法就是绑定行业Top（顶部）客户达成深度合作。Top客户市场占有率高，涉及的利益面广，他们必然会投入重兵对技术路线开展深入研究，因此他们的选择在某种程度上就代表了行业的方向，只要抓住他们，就近似于抓住了"牛鼻子"。围绕"牛鼻子"来选择技术路线和动态更新目标，可能比企业"自以为是"更靠谱。从企业实践来看，即便是那些Top客户的技术路线也可能会变化和调整，但总体来说，他们的变化和调整某种程度上代表了行业的主脉动。

动态更新目标的组织，要有自适应能力，需要内置强大算力，敏捷地响应外部变化，并形成指向清晰的策略和行动。具备自适应能力的企业，往往有以下共性。

（1）**成立分布式的决策委员会，使决策更加有效和高效**。如：战略发展委员会、投资决策委员会、计划委员会、专家委员会、项目决策委员会、跨部门委员会等，极大增强了单一组织和个体的算力。

（2）**建立严格的追责制度，确保"军令"畅通**。"军政"组织（如各功能部门）必须响应"军令"组织（如项目组织、流程型组织）的履责要求，防止组织山头林立，各自为政。

（3）**成立市场和预研组织，面向未来的"慢结构"与面向当下的"快结构"形成互补**。市场组织例行开展宏观政策、行业趋势、客户动态、竞争态势等情报收集与分析工作并从中洞察机会，预研组织前瞻性地布局产品技术创新，并将创新焦点导入产品开发。

（4）**开源组织运作，及时掌握市场脉动**。开展例行的客户高层拜访，倾听客户的声音，鼓励客户参与和反馈，建立客户问题解决高速公路。

（5）**数字化转型，从"统计率"中发现"业务律"**。通过数字化技术和大数据分析，动态发现市场机会窗和业务运作中的问题，为企业提供可靠的决策源。

以上几点中第（2）点需要特别予以说明。很多管理者反映公司"部门墙"太厚了，跨部门工作推进异常困难，经常被"部门墙"这种"互害"模式搞得身心疲惫，于是想尽办法来打通"部门墙"，包括梳理业务运作、明晰责任界面、召开工作沟通会、制定考核办法、拟定激励措施等，最后却收效甚微。什么原因？因为计划没有变化快！企业运作如同踢足球，情况瞬息万变，哪能什么情况都界定得那么清楚，互为支撑、相互补位才是攻势足球魅力之所在。

在业务运作中，部门之间的互动是非常频繁的，少有工作只需单一部门或单一岗位独立完成，且总会有各种新情况、新问题出现，总会有新的冲突产生。如果大量跨部门、跨岗位工作都要通过复杂的内部协调和博弈才能推进，那交易成本实在太高了，企业就成了作坊，因为只有作坊才需要频繁进行交易计价。如此，企业怎么可能做大？

解决"部门墙"最为直接有效的办法，就是把复杂的问题简单化，一旦形成组织决议，"军政"就必须服从"军令"。对不执行"军令"的任何"军政"组织，要进行严肃追责，不能姑息，要不断通过案例回溯和抓典型来推进"胜则举杯相庆，败则拼死相救"的文化。要意识到不执行"军令"在性质上是态度问题，而不是运作问题，不愿直面态度问题，穷尽其他任何办法都没有用。尤其要注意，不能滥用激励措施去解决"部门墙"问题，因为这样只会适得其反，有好处就合作，没好处就不合作，容易把正规军带成雇佣军。

赋能型组织

组成石墨和金刚石的元素都是碳，石墨质软，常用来做成铅笔的笔芯，而金刚石却是自然界中天然存在的最坚硬的物质，被广泛用作切割工具。什么原因？原因在于两者的结构力有霄壤之别！

1839年，清代思想家龚自珍在他的《己亥杂诗》中发出"我劝天公重抖擞，不拘一格降人才"的喟叹。有用吗？当组织机器出现结构性崩坏，即便是武力值再高的英雄，也无法扭转大清王朝衰败的颓势。所以，赋能型组织不是要把一个个员工打造成英雄，而是要让组织具有类似金刚石般的结构力，形成能创造商业成功的战斗队列。

在赋能业务的过程中赋能组织

没有业务成功，就谈不上组织能力，因为能力是用输出来衡量的。真正的赋能型组织，是在赋能业务过程中完成对组织的自我赋能。赋能型组织能不能为业务创造乘数效应乃至指数效应？这是赋能型组织应首要思考的问题，企业可以从以下情形中获得一些启发。

1. 成本导向还是效能导向

常见的企业大客户销售组织有两种模式：一种是传统的蝴蝶结模式，另一种是钻石模式。实际中，前者多，后者少。

蝴蝶结模式的特点是销售人员与客户采购部门进行点对点的接触。优点是可以大大节省人员配置，成本可控；缺点是企业与客户之间关系纽带太过单一，客户关系非常脆弱，且不容易影响客户的商务决策。一般来说，大客户采购合同金额较大，采购部门难以单独说了算，一旦客户决策链中某个环节出现了变数，就可能前功尽弃。

钻石模式则不同，它是多维立体、具有类似钻石一样结构力的客户关系网络：最高维是组织客户关系，即企业与企业之间建立的基于长远商业利益的合作共赢的战略伙伴关系；然后是关键客户关系，即企业与客户决策链中关键个人的客户关系，是以项目竞争和项目成功为目标的客户关系拓展；最后是普遍客户关系，即与客户非直接相关部门的客户关系，是以营造合作氛围、关系氛围，促进客户决策为目标的客户关系拓展。组织客户关系好比金钟罩，让双方的关系更稳定、更持久，不确定性风险更低；关键客户关系好比同盟军，能有效利用客户内部的矛盾运动，影响客户商务决策；普遍客户关系好比"神助攻"，平时可能是闲棋，关键时候可能就是决定胜负的一招。钻石模式的优点是客户关系牢不可破，且不容易受客户内部人员变动的影响，影响客户商务决策的触点多，商务成功率高；缺点是资源配置成本高。

总体算下来，钻石模式比蝴蝶结模式的费效比更优，原因如下。

（1）**大客户才有大机会和大需求**。大客户具有规模经济和范围经济的优势，需求大且具有持续性，一旦达成合作，切换成本就比较高，除非不得已，客户一般不轻易终止合作。也就是说，有利于形成规模和连续订单。

（2）**大客户主导战略选择**。大客户有清晰的商业战略，在战略选择上必然处于主导地位，多触点与客户"泡"在一起，有利于融入客户的商业计划，与客户同频共振，前置性地将解决方案作为客户商业战略的有机组成部分。

（3）**做厚做实客户界面才能催生客户选择**。大客户内部决策流程复杂，商务竞争激烈，往往涉及多方博弈和拉锯战，若资源配置太少，根本应付不过来，产生不了订单不说，甚至会沦为商务谈判中的陪衬角色。

（4）**没有足够的"弹药量"炸不开城堡**。开源才是王道，大客户拓展具有明显的乘数效应，值得配置足够的资源。一般而言，前期拓展成本较高，后期往往只需投入一定的关系维护成本，合作越久，乘数效应越明显。

大客户销售组织到底采用传统的蝴蝶结模式还是钻石模式，

要视企业的具体情况而定，不能一概而论。如果是卖方市场，产品供不应求，蝴蝶结模式当然就有优势，但如果是买方市场，钻石模式可能就是必然选择。如果大客户特征不明显，以上两种模式可能都未必合适，也许渠道模式更为有效。无论哪种模式，企业都应将业务效能最大化放在首位，在这个前提下考虑如何实现对组织的赋能。

2. 被服务还是自组织

建立在帮扶基础上的业务和组织运作难以持久：其一，帮扶对象有限，无法获得乘数效应；其二，帮扶对象如果是"扶不起的阿斗"，自己不具备自我进化能力，那么怎么帮扶都解决不了问题；其三，帮扶很难做到精准服务，事实上很多时候是盲打，会做很多无用功。

以电商卖家管理团队（Seller Management Team, SMT）为例，SMT 的传统工作方式，是帮扶卖家解决日常运营中的问题，以及为卖家提供市场信息、平台数据、业务参考、经验分享等。总体来说，SMT 更多是把自己放在专家位置，单方面为卖家提供服务。这像极了开"盲盒"的过程：批量发一些选好的品类信息给卖家，看哪些卖家能卖起来；推荐一些项目给卖家，看哪些卖家能做起来……这种方式试错成本高，且主要靠 SMT 推动，并非由卖家自我驱动。暂且不说 SMT 是否真正具有这方面的专业性，这种业务服务模式最大的问题是试图用普遍性的方案去满足所有卖家的个性化需求，从源头上忽视了什么是卖家的真实需要。

也就是说，SMT 一厢情愿地"我为卖家想"，其实只是他们想自己之所想，满足的其实是他们自己的需求，并不是卖家的需求。他们没有"想卖家之所想"，去找到卖家的需求。再就是如前文所述，卖家自己有没有自我进化能力？倘若没有，那 SMT 无论推送什么样的服务，都会在卖家那里形成"肠梗阻"，根本形不成业绩产出。所以，SMT 站在平台端服务卖家的模式，未必是一种有效的模式，卖家对这种"被服务"未必认可。

SMT 应将工作思路调整为以卖家为中心，激发卖家的自主运营，让卖家成为自组织。在这种工作思路指导下，SMT 需要从"卖家管理"向"卖家营销"模式转变，引导和赋能卖家在自主运营上"想得到"和"走得通"。卖家的习惯性思维是站在自己的角度想问题：自己有什么供应链，产品有什么优势，上架后是不是好卖……因此，SMT 的一个核心工作应是引导卖家往消费者端思考，如市场需要什么，买家想看到什么样的产品，等等。引导卖家"想得到"，目的是让卖家认识到不同的市场具有差异化的需求，不能千人一面。在此基础上，再引导卖家如何根据买家的消费心理，区分价值人群，确定差异化的定价策略，以及如何围绕买得到、买得值和买得放心，设计营销通路、营销策略等。

赋能卖家"走得通"，SMT 则需要为卖家提供一些有针对性的培训和案例分析，将卖家的成果可视化，用里程碑的方式让卖家感知到自己的成长路径。如：从市场角度发现细分领域的机会点，并定位与该机会点相匹配的买家；提供实践方法论，让卖家实实在在知道每一步要怎么走，而不是简单地告知卖家某个市场机会，然后让卖家自己去"扑腾"；定期对一些关键业务点进行复盘，让卖家真实地感知到自己按照 SMT 建议的方向逐步达成了业绩增长，让卖家看到自己的成长足迹。

面对市场的不确定性，卖家容易产生焦虑情绪，应对焦虑的方法就是具体。当脚踩着具体的路径和使用着具体的方法，一步一个脚印往前走的时候，卖家就不再焦虑了。卖家如果自己"想得到"也"走得通"了，就是从焦虑走到了具体，完成了从"被服务"到"自组织"的华丽转身，SMT 也由此完成了一个完整的赋能过程，不需要继续陷在该卖家身上。SMT 在获得自我解放的同时，还可以用该卖家的案例去激励其他卖家。

以卖家为中心的业务模式，促成了 SMT 从服务型组织向赋能型组织嬗变，也促成了卖家从被服务向自组织嬗变。

3. 封闭系统还是开源系统

遇到困难，很多人的惯常思维是凭一己之力解决问题，不懂得用开源的方式去借力。一些人根深蒂固地认为苹果公司是封闭的生态系统。事实上苹果只是为了构建一种商业壁垒，以实现"苹果税"，苹果的业务系统（代工厂、供应链、内容开发等）绝大部分是开源的。根据苹果公布的 2021 年度供应商名单，总共有来自全球的 191 家企业供应了苹果 98% 的原料、组装、制造等项目。也就是说，苹果面向消费者体验的部分基本是开源的，只有涉及其商业价值的部分是封闭的。

封闭系统和开源系统的核心区别是什么？封闭系统主要利

用内部知识，而开源系统可以充分利用内外部知识；封闭系统无法及时响应外部变化，而开源系统与外部的交互几乎是实时的。关于封闭系统和开源系统的典型例子，当数微软百科全书（Microsoft Encarta）和维基百科（Wikipedia）。

微软百科全书是微软公司在1993～2009年间发行的数字多媒体百科全书，当时微软的雄心是要建立全球性的信息帝国，以满足互联网冲浪者对知识的渴求。微软百科全书采用的是付费订阅模式，由公司员工负责维护，词条需要专业的人一条一条地创建，文章也需要专业的人审核发布。但微软百科全书最终却败给了比它发布时间更晚的开放式平台维基百科，并在2009年黯然下架。

维基百科堪称自由的百科全书，是互联网访问量最大的网站之一，名列全球十大最受欢迎的网站之中。与微软百科全书不同，维基百科由非营利组织运营，特点是自由内容、自由编辑。维基百科在制定了大致的内容规则后，就打开了创作系统，允许所有人创建词条、撰写文章，很快便吸引了数以万计的社区志愿者自愿花时间为平台做贡献。开放权限之后，很多热点新闻连记者都还没有报道出来，就出现在维基百科上了。尽管一开始维基百科在内容精准度上比不过微软百科全书，但最终信息准确度与微软百科全书相差无几。因为维基百科和用户之间达成的粗略共识是快速连接信息，那些不精准的内容会随着越来越多专业用户的参与，逐渐得到修正。维基百科的知识量越大，越能吸引读者，并让越来越多的读者成为内容贡献者。开源系统带来的网络效应，让维基百科获得了巨大的竞争优势。

开源系统带来的好处还体现在创意设计方面。一家以咨询设计能力为垂直行业客户提供产品创新价值的公司，曾经设计出一款装着摄像头的烤箱，可谓"出道即巅峰"。不过，把摄像头装到烤箱上这个点子可不是设计师的灵感，而是来自一位超级用户。

最开始，设计师接到的创意简报是这样的：烤箱是耐用品，很多消费者买完后五年甚至十年都不会想起你，我们要设计出一款能够增强用户黏性的烤箱，让用户和品牌产生互动，以拉动销售更多产品。怎么才能增加用户黏性呢？设计师想了很久都没有思路，于是他决定借助用户的力量。他潜伏到烘焙社区和一些聊天平台寻找灵感，并向群里的超级用户发起邀请，只要用户提供的创意足够好，他就会按照用户的想法设计产品，把产品的初次体验权交给用户。这时候就有一个用户说，自己在滑滑板的时候会装一个 GoPro（美国运动相机厂商，已成为极限运动专用相机的代名词），这样能尽可能清楚地记录运动的精彩瞬间，然后把视频传到社交平台，要是烤箱也能带 GoPro 就好了。这条思路一下子点醒了设计师：原来用户不只要美食，还想要美食社交！

根据用户的建议，设计师把耐高温摄像头装进烤箱，通过摄像头，用户可以直观地看到蛋液沸腾、蛋糕慢慢膨胀等细节。公司还做了一款 app，用户可以直接在 app 上获取自己制作的美食大片。烤箱做出来之后，没等大范围上线，就已经在社交平台上火了起来。

企业打造赋能型组织，同样要防止陷入封闭系统的误区。伟大的组织不是闭门造车设计出来的，而是必须面向业务开源，导入业务的压力和挑战，以创造业务成功来倒逼组织成长。一些企业失败，固然有误判市场机会和外部环境的原因，事实上很多情况下是组织僵化，无法做出调整以适应外部改变所导致。

以改造人为目标的组织是失败的组织

企业的目标不是改造人，而是创造佳绩，用好人。能创造佳绩的员工，一般具有利他的行为表现，具有发现新知识的能力和创造性地解决问题的能力，而这些不太可能通过改造人来获得。但凡改造人，都是试图用一致化的外部框架和标准，去达到让人"奴从"这些框架和标准的目的。用这样的模具"加工"出来的人，不过是一种工具人罢了，他们怎么可能有适应环境的生存能力？更别说创造力了。

孩子放学回家后，一些家长习惯性地问孩子："今天听老师话了没有？"这就是改造人的习惯在潜移默化地作祟，这样教育出来的孩子很容易输在起跑线上。犹太民族的孩子放学回家后，家长问的第一个问题往往是："今天问老师问题了吗？"问题是人"顿悟"的开始，正因为如此，犹太民族才能产生那么多伟大的思想家、科学家和创新性人才，以色列这个900多万人口的弹丸之国才能成为名副其实的创新大国。

企业如果以改造人为目标，就永远无法得到企业想要的那种善于作战、来之能战、战之能胜的人才。善于作战，意味着有及时发现战机、出其不意、攻其不备的能力，以及综合运用作战资源的能力；来之能战，意味着掌握了系统的作战方法论，并能根据敌情变化灵活运用这些方法论；战之能胜，意味着能在具体的作战情形下进行敌我分析、庙算和知胜。以上三样，每一样都只能实事求是，无法照本宣科。实事求是，才会懂得以利他行为来凝聚力量；实事求是，才能具体问题具体分析，发现新知识，应对变化；实事求是，才能不落窠臼，创造性地找到解决问题的办法。但以改造人为目标的组织系统，宣贯的往往是那些与实践脱节的、照本宣科的东西，容易使人丧失实事求是的能力。

不以改造人为目标，并不是说人不可改变。人的外在表现（知识、技能、行为等）是完全可以通过后天习得的，并在短期内就能有明显改变，但人的内在禀赋或者本性（动机／驱动力、个性／品质、自我认知等）往往与人的基因以及长期成长的环境有很大关系，一旦形成，就具有相对的稳定性，诚如民谚所言："江山易改，本性难移。"

人的禀赋各异，我们必须承认这一客观现实，企业大可不必在人的禀赋上"死磕"。企业变化快，禀赋变化慢，改造人的禀赋岂不是"急先锋遇上慢郎中"？显然药不对病。

既然禀赋是相对稳定的，那为什么人的外在表现却不像禀赋那样难以改变？这是因为人在适应环境的过程中必须进化出一种自我保护机制，可以使人"表里不一"，以更好地应对外部的变化，适者生存。在常态下，禀赋决定自我认知，自我认知决定态度，态度决定行为。例如：内在禀赋说"工作是为了生存"，自我认知就会说"报酬多我就多干，报酬少我就少干"；当报酬达不到自己的期望时，人的态度就会变得消极，态度消极就会导致行为消极，这就是人惯常的顺向逻辑。

但当外部出现某种强制力量时，人的态度和行为往往会出现异化。假如企业出现一种强制力量，要对员工的消极行为进行惩处，那么这时员工的态度虽然没有什么改变，但是员工的行为不得不做出改变，否则他受到的外部压力就一直得不到消解。态度和行为之所以能够异化，是因为这时人为自己的行为找到了一个合理性的理由。例如：如果暂时不表现出积极行为，将可能失去现在的工作机会，人有生存的需要，在找到更好的工作机会之前，还是积极一点为妙，以保住现在的工作机会，同时方便自己骑驴找马。这就是人们经常说的"假积极现象"。

当外部出现强制力量，却找不到说服自己的理由时，人就必须要从禀赋上自我觉悟，以调整自我认知，从而调整态度，以此来消解来自外部的压力。还是以前面的例子为例，有的人可能认为假积极是一种"作"，不愿意或不屑于为自己寻找一个假积极的理由，结果遭遇了挫折，不得不反过来检讨自己的底层假设。禀赋开始觉悟到，工作其实是为了自我成就，这时自我认知也跟着发生改变：既然自己在工作上投入了时间，工作就应要么能为自己付薪，要么能为自己赋能，总之不能让时间白白浪费了。在这样的认知指引下，人的态度就会发生根本性的改变，进而影响行为的改变，从禀赋到自我认知，从自我认知到态度，从态度到行为，形成新的逻辑自洽。

综上，我们可以得出，态度和理由好比是逻辑电路中的"或门"，其中任何一个都可以开启或终止人的行为。总体来说，寻找理由是一件相对容易的事儿，而且很快就可以让自己的压力得到消解，这就是为什么很多人在遇到挑战的时候喜欢自我解释，解释其实就是在给自己寻找理由。正是因为寻找理由能快速地消解外部压力，人才不容易自我觉悟，因为寻找理由是快捷路径，直接把自我觉悟的通路变成了旁路。为什么人的禀赋不容易改变？这就是原因所在。

寻找理由是临时性的恢复解，自我觉悟才是根本解。寻找根本解，往往需要外部的强制力量。但不管怎么说，只要理由能够导出积极的行为，假积极对组织也是有益的。至于积极行为的背后到底是真积极（态度积极）还是假积极（理由积极），组织往往无从识别，也没必要识别，因为只有外在的行为才可能带来佳绩，管他是真积极还是假积极呢？一个人如果一直假积极下去，也可以认为是一种真积极。

行为需要配套的知识和技能，知识是基本方法论，技能是已掌握的基本实践。行为、知识、技能是构成能力的"组件"，这些"组件"须放到典型的实践环境中进行集成，才能综合为能力。能力是对输出的衡量，因此要以业绩结果来度量能力。

综上，企业只能建立一个基于外在表现的人才选拔逻辑（见图 4-3 ），其基本构成要素包括以下方面。

（1）典型实践环境下的能力。

1）现岗位能力：衡量标准是现岗位的业绩结果。

2）向未来岗位过渡的能力：过渡到未来岗位需要有过渡经验，这是走向新岗位的能力门槛，衡量标准是过渡岗位的业绩结果。

3）新岗位（未来新岗位）能力：新岗位需要一个试用期，以检验员工能力是否与新岗位匹配，衡量标准是新岗位业绩结果的高低。

（2）设立行为"护栏"，防止出现造成业务和组织危害的极端行为。

1）品德底线行为，如侵占公司利益、弄虚作假。

2）价值观底线行为，如因推卸责任而贻误战机、因漠视客户而丢失合同。

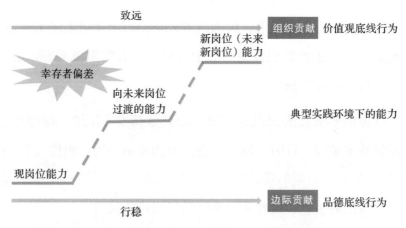

图 4-3 企业基于外在表现的人才选拔逻辑

基于外在表现的人才标准，说白了就是创造佳绩，用好人的标准，焦点不在改造人而在改造业绩，是一个相对客观的标准，去除了很多不必要的主观因素。这也是一个在实践中基于"幸存者"的人才标准，"实践是检验真理的唯一标准"，要不断用实践循环和实践结果筛选出那些善于作战、来之能战、战之能胜的人才，以快速满足业务发展的需要。为什么军队在战时容易筛选出人才？因为战时的标准，就是基于实践结果、基于"幸存者"的客观标准。

与之相反，一些企业总觉得招人不易，为了留住某些有专业特长的人，不敢对一些在禀赋上有重大缺陷的骨干人员施加外部强制力量，冀望通过言传身教和循循善诱，把这些人改造过来，结果改造得越久，失望越大，对组织的伤害也越深。因为没有人是被人叫醒的，都是自己痛醒的，而组织不能等待员工的成长。当然，在现实中我们也看到，一些人即使外部出现了强制力量，他们也还是"冥顽不化"，不会从禀赋上自我觉悟，总是一贯地寻找各种理由来推卸自己的责任。他们只关注是否缓解了自己的压力，不关注是否缓解了组织的压力，对于这样的人，企业只能通过组织的筛选机制，及时进行人员调整。

人才不是迁就得来的，企业大可不必为此纠结，有时候人是越换越优秀，不符合公司发展的人腾出了位置，优秀的人就有了可以实现个人成长的位置。

抓好关键少数，激活绝大多数

如果所有的企业管理理论浓缩为一个，那就是物理学的能量运动规律，只有符合能量运动规律的组织和组织运作，才能有效赋能。

前面我们讲到了结构力的重要性，具有结构力的组织应该如何打造？其实它是一种分布式管理，分布式管理的本质是"拆分＋连接"。

（1）把企业视为一个完整的系统（System）。

（2）把系统拆分成一个个履行一定功能的业务进程（Process）。

（3）将业务进程分级，并分配给不同的执行单元（Organization）。

（4）在进程和执行单元之间建立有效连接（Connection）。

其中，业务进程指业务流程，执行单元指组织机构，连接指组织的权力和沟通。通过"拆分＋连接"，把任何人都扛不动的"大石头"切成一个个的"小石头"，从而降低组织对人的要求，让人的可获得性、可替代性、可发展性以及组织对业务的响应速度都得到了极大提高。将人"泵"到一定高度是需要消耗大量组织能量的，而且能够"泵"上去的人必定是少数，所以组织建设要"反其道而行之"，通过降低组织对人的要求，减少不必要的能量消耗，使人能快速上岗。

换句话说，赋能型组织的重心在组织，不在人，要用结构力去弥补人的能力不足，而不是用人的能力去弥补结构力的不足。尤其要注意，不能把个别英雄人物的表现作为组织建设的标准，否则会导致天下无可用之人！须知，"天下无马"不是马的错，而是管理者根本不具有组织建设的意识和能力所导致。

分布式管理有利于将能力真正建在组织上，摆脱对单一执行单元的依赖。从均衡负荷的视角来看，分布式管理可有效防止带宽拥挤和局部执行单元过载，造成低水平的"能者多劳"，即用重复性的工作大量挤占能者的劳动时间。对企业来说，这实际上是一种莫大的浪费，能者应尽可能将时间投入到更具创造性、更高价值的工作中去。从系统容错的视角来看，分布式管理可以分散业务运行，提高业务和组织系统的可靠性，避免一损俱损的情况发生。从增强学习的视角来看，分布式管理可促进各执行单元的自学习，从而不断提高组织系统的能力。从最佳成本的视角来看，合适的进程匹配合适的资源，可以使资源效用最大化。

分布式管理的理想状态，是把一个个平凡的人"拼出"巨大的组织能力带宽，让组织能力带宽远大于个体能力带宽之和。要实现这样的组织构想，企业需要意识到，真正决定组织战力的其实不是组织的各个组成单元，而是它们的排列组合。要论组织的组成单元，早期华为的员工职业化程度比西方公司差远了。华为是这样形容自己的员工的："我们穿着草鞋，就从北冰洋打到了地球的最南端；我们还来不及取下头上包着的白毛巾，从青纱帐里出来，一下子就跨过了太平洋；腰间还挂着地雷，手里提着盒子炮……"华为就是靠这么一群"土八路"，最终成就了一个世界级的通信巨头。难怪华为创始人说，"组织建设不是为了好看，而是要打造一支能创造商业成功的战斗队列"，这个队列指的就是组织的排列组合。

怎么排列组合？不外乎两个方面：一个是"布阵"，另一个是

"点兵"。一些企业在"布阵"的时候，老是考虑一些特殊人物该如何安排的因素，这就等于敌人还没有破你的"阵"，你自己就先把"阵"给破了，"阵"一破，排列组合就变了，组织的结构力就遭到了破坏，战力就必然下降。企业"布阵"能不能尽量不考虑人的因素？好比一部车是不是好开，和谁是驾驶员完全没有关系，组织也一样。"布阵"一旦完成，关键岗位上的人原则上是可以互换的，如果不能互换，就说明能力建在人上，要通过人员轮换，逆向发现组织的问题，进而加以优化。这样打造出来的组织，才是不依赖人的、健康的组织。

"布阵"另一个容易出错的地方，是"布阵"的起点在哪里。一些企业"布阵"时习惯性地先考虑高层组织，然后是基层组织，"布阵"之后，仗怎么打，相互之间如何配合，最后还是不知道。也就是说，这个"布阵"只有"结构"而没有"力"。"布阵"是为了作战，自然应该先考虑市场前线或业务一线如何通过有效的组织运作实现业务成功，哪些业务活动是前线或一线通过队伍排列组合可以完成的，哪些业务活动前线和一线无法完成，需要设置中台或后台组织来补位。

一言以蔽之，"布阵"遵循的是作战的逻辑，而不是内部管理的逻辑，要根据前线或一线的业务需要来建设中台或后台组织，这样的"布阵"才堪称是一切为了胜利、前赴后继、攻击前进、互相支援的战斗队列。

"布阵"之后是"点兵"。"点兵"的时候才会重点考虑人的因素，以充分发掘个体优势，把合适的人放到合适的岗位，最大限度地"拼出"组织能力带宽。基层作战单元如何进行责任分工？正副职如何进行责任分工？高层、中层和基层如何进行责任分工？这些排列组合会直接或间接影响组织的战力。"点兵"最为关键的是"点将"，抓好关键少数才能激活绝大多数。"点将"要先搞清楚岗位要求，避免人和岗位不匹配的情况发生。

考虑岗位要求的维度一般有以下四个。

（1）岗位的业务特性与挑战。

（2）岗位的核心能力要求。

（3）岗位关键经验（向岗位过渡的能力，门槛条件）。

（4）岗位特殊要求。

举例来说，如果我们要给一个业务开发总监岗位"点将"，大致步骤就是：第一步，搞清楚业务开发总监岗位的业务特性与挑战，如创造新能源建设项目商机，整合相关利益方，促成项目立项、投资并获取项目开发机会；第二步，根据岗位的业务特性与挑战，导出岗位的核心能力要求，如高层关系运作能力、资源开拓与整合能力；第三步，明确岗位的关键经验要求，作为"点将"的门槛条件，如具有突破性取得项目开发权的经验；第四步，考虑是否有岗位特殊要求，如最好有政府部门任职背景，熟悉政府运作流程，可以提升项目运作效率。

"点将"就要按照前面所述的人才标准，制订管理者继任计划，考察管理者是否具有向未来岗位过渡的能力。倘若没有，企业就要有计划地安排一些管理者提前习得，以降低管理岗位的空缺风险、准备度风险、过渡风险和任用风险。

基层管理岗位数量众多，继任计划很难做到一一对应，企业可以面向所有基层管理岗位，建立统一的管理者梯队资源池。中层管理岗位数量次之，继任计划可以按照不同的岗位群，建立管理者梯队资源池。高层岗位数量较少，继任计划可以按照具体的岗位，一一对应，形成管理者梯队资源池。资源池对所有员工开放，好比一个"电子围栏"，企业定期依照人才标准，对管理者和资源池中的继任者进行考察、筛选和调整，能进能出，一视同仁。继任者如果完全具备了向未来岗位过渡的能力，可以作为第一梯队；如果只是部分具备，可以作为第二梯队；如果差距明显，可以作为第三梯队。

有了管理者梯队资源池作保证，关键少数的战力就能得到有效补充，企业就有条件组织"浪涌式"的进攻，提高企业成功的概率。

最后，我们来看一个发人深思的现象。2022 年可以说是中国人才的"丰收年"。教育部数据显示，2022 届高校毕业人数高达 1076 万，比 2021 年增长 167 万，创下了历史新高。因疫情等"黑天鹅"事件频发及全球经济衰退等影响，很多企业都在裁员，大量人才涌入市场，在这样的环境下，按常理企业可选择的人才范围应该变大了，引进人才的难度和用工成本也应该降低了，然而，我们依然听到一些企业在抱怨"招不到合适的人""无人可用"等。以上关于赋能型组织的阐述，也许能带给这些企业一些启发和思考。

Chapter 5

第 5 章

好战文化

　　企业好战与真实战场上的好战有本质的不同，不是指企业要与竞争对手厮杀或血拼，而是指企业如何脱离竞争，战胜困难，战胜自己，"做最好的自己"，通过为客户创造价值，创造性地赢取客户。

人在"场"中

按照物理学的观点，"场"是实体存在的空间。深究起来，"场"是比实体更基本的存在："场"和"场"相叠加形成基本粒子，基本粒子组成实体。可见，万物皆是"场"。"场"是有能量的，实体之间的相互作用要通过"场"来实现。以此推之，企业文化何尝不是企业的存在空间、企业的"场"？

人在"场"中，文化"场"与员工个人的"场"相叠加，形成了员工的思考和行为模式。文化"场"在很大程度上直接决定了员工的工作动能，当文化"场"出了问题时，员工将不太可能表现出与企业期望相一致的态度和行为。也因此，企业文化堪称企业最后的竞争力。

从"必然王国"到"自由王国"

企业文化虽然是企业的软件（Software），企业文化建设却不折不扣地是企业的硬件（Hardware）工程，原因是现代企业的企业文化说白了就是企业家的文化，企业家的创业基因和权力意志催生了企业家思想，企业家通过其思想来实现对企业管理的"信息编码"。企业家思想是企业家在实践中自然选择、积淀而成的，是经其本人实践检验的合理性和逻辑自洽结果，一旦形成，自然就难以改变。企业家和企业家实践是个性的，企业文化也必然是个性的，因此，任何企业的文化升华只能靠企业家自己心灵觉醒。企业家是孤独的，没有人可以代替他去思考。

企业家如何自我进化？答案是从"必然王国"走向"自由王国"。企业家与员工不同，员工遇到困难可以打"逗号"，企业家却只能打"句号"，不断通过决策创造新知识以指导企业实践。在未来的不确定性面前，企业家还要承担巨大的决策风险，必要时甚至为了机会不顾手中的资源。"战战兢兢、如临深渊、如履薄冰"，是对很多企业家的真实写照。总而言之，没有伤痕累累，哪来皮糙肉厚？

企业家和常人一样，面对未知，也需要一个不断实践、不断试错并最后习得的过程。这就如同新手练车，不付出一定的实践成本和代价，怎么能熟练掌握驾驶规律，最终尽享驾驶乐趣？有效性人人可学，但无人可教，没发生在自己身上的经验，都只有参考价值。

比如，水镜先生向刘备推荐卧龙、凤雏这样的人才时，刘备对帅才的认知是不足的，还自鸣得意地认为自己手下人才济济，水镜只好先推荐徐庶，让刘备见识一下什么叫帅才。刘备亲眼看到了徐庶如何大破曹仁的八门金锁阵，对帅才的认知才一下子提升了好几个数量级。正是因为有了体感作铺垫，才有了后面刘备的三顾茅庐。

所以，人只能通过发生在自己身上的事件，真正提升自己的认知。也正因为如此，在认识客观规律之前，企业家是不可能有自由的，他必然会遭受未遵从客观规律所酿成的现实苦果的毒打和奴役，这就是"必然王国"，也是迈向成功的必由之路。直至某一天，将客观规律变成了肌肉记忆，企业家才算走向了"自由王国"，才能释放出其巨大潜能。在这个过程中，企业家要为认知付费还是为认知买单？两者都要。为认知付费，就是有些"坑"可以避免掉进去；为认知买单，就是有些"坑"还是得掉进去，一些试错的成本在所难免。

从"必然王国"走向"自由王国"是一个实事求是的过程。很多人以为实事求是是一种认知力，实际上，实事求是是一种实践力。金庸的小说《倚天屠龙记》中，有下面这样一段对话。

张三丰："无忌，我教你的还记得多少？"

张无忌："回太师傅，我只记得一大半。"

张三丰："那，现在呢？"

张无忌："已经剩下一小半了。"

张三丰："那，现在呢？"

　　张无忌："我已经把所有的全忘记了！"

　　张三丰："好，你可以上了……"

　　张无忌学剑，不记招式，只看剑招之中"神在剑先，绵绵不绝"之意，招式全忘之时，就是学成之日。由记得转化为有如本能一般，终能不受招式所限，随意出招，自成章法，张无忌也因此从"必然王国"走向了"自由王国"。

　　张无忌学剑，间接地告诉了我们掌握客观规律的一般步骤：先从特定情形下的一招一式入手，掌握一个个独立的方法论，也就是每个局部的规律性（小道理）；再把招式自由组合不"卡顿"，掌握系统的方法论，也就是由各个局部组成的整体规律性（大道理），掌握了大道理才能管住小道理；最后，"神在剑先，绵绵不绝"。张无忌剑法出神入化，源于其掌握了用剑的精神，精神是驾驭规律的魂，用精神才能做到"稳、准、狠"，才能灵活掌控和运用其他的方法论。这就像庖丁解牛，三年之后，庖丁再也看不到整头的牛了，"看到"的只是牛的筋骨肌理，也就是用意念解牛。走到了这一步，才算走向了"自由王国"。

　　与张无忌学剑类似的例子，在企业里不遑枚举。譬如销售，销售人员可以想出很多个性化的办法来亲近客户，达成销售目标，这些是局部的规律性；企业建立客户关系管理（Customer Relationship Management，CRM）流程来管理企业与客户之间的互动，用系统性来保证企业的商机变现的连续性，这是整体规律性；但所有这些，都应以客户至上的精神基石为前提，少了客户至上的精神，这些方法论在客户看来就是"心机"，并会导致客户背离。

再譬如一些企业的"部门墙"，员工可以想出很多方法争取到周边支持，这些是局部的规律性；企业用流程来连接跨部门业务运作，这是整体规律性；但如果员工充满了协作精神，那么即使没有这些方法论和流程，企业是不是也可以高效运作？协作精神可以让员工无招胜有招、自动自发地相互补位和相互成就，缺失了协作精神，流程和方法论哪怕再完美，也无法"设计"出一支攻势足球队。

值得反思的是，一些企业家把大量精力放在了一些局部的规律性上，很少关注整体规律性，更甭提注重企业精神建设了，天天解剖"麻雀"，却只见"麻雀"。可想而知，这种战术上的努力，怎么也无法弥补战略上的缺位。

很多企业家创业时主要靠个人在某方面的不懈奋斗，他们或多或少都是某方面的专家能手。专家型企业家长期养成的思维习惯是问题导向，凡事追求细节，希望尽善尽美，这样就容易形成以己及人的思维定式，事事喜欢用自己的高标准来苛责于人，习惯性地比照自己的模样去找寻人才和评价人。在自己的经验模式的引领下，他们总是冀望通过一些牛人的人治而不是法治来搞定事情，殊不知，他们本人的专业性，实际上也是经历了一个从"必然王国"到"自由王国"的痛苦过程习得的，别人倘若没有类似的经历，当然也就难以企及其所要求的工作标准。

企业家如果意识不到这一点，那么真正符合他们内心期待的人才必将寥若晨星，企业将长期陷入无人可用的窘境。因为企业家的标准太高了，少有人能进入他们的视野，企业一旦遭遇重大挑战，企业家本人就不得不赤膊上阵，其他人只能旁观或者打下手，眼看着企业家独自在风中凌乱。

企业家应如何改变无人可用的境况？《韩非子·显学》中的这句话，给企业家提供了一个选项："故有术之君，不随适然之善，而行必然之道。"大意是说，掌握了管理法则的领导者，不是去刻意追求少数人基于偶然性的良好表现，而是要推行能够普遍生效的管理法则，创造必然性。必然性并不排斥偶然性，但如果只有偶然性，没有必然性，那么多数人将处在没有管理法则牵引的情况下，仅凭少数人的良好表现，怎么会产生理想的效果？

韩非子的思想，可谓切中肯綮，穿越时空点出了许多企业组织今天的症结。一个理想的组织，就应该是人治与法治相结合的组织，既能为少数能力突出者提供发挥才干的事业舞台，又能通过卓有成效的机制把多数人组织起来，使他们快速适应组织发展的需要，同时有机会参与分享组织发展的成果。

企业建立一套卓有成效的机制，不是一朝一夕之功，但至少要找准切入点，避免绕弯路。在找切入点之前，有必要先澄清两个重要的概念：效能管理和效率管理。企业很容易就把这两个概念搞混，甚至多数情况下使效率管理湮没了效能管理。

效能管理是指企业通过有效设计以降低达成某项工作所需的时间成本和试错成本，效率管理则是指企业满负荷地工作以达到设计效能。显然，企业应先着力于效能管理，然后着力于效率管理。企业设计的效能如果是"人拉肩扛"的低效能模式，就不可能有高的比较效率，必须重构效能，改用舟车模式，比较效率才会有质的提升。

综上，效能管理的本质是"单载负荷"，效率管理的本质是"负荷利用"，两者不能混为一谈。认清了这一点，就容易找准机制切入点，即如何尽可能降低员工在"必然王国"习得经验的时间成本和试错成本，让员工尽快达到岗位要求，快速走向驾轻就熟适应岗位的"自由王国"。

现实中一些管理者是"学而优则仕"，也许是管理意识不足的原因，往往只关注到了员工的工作效率，却忽略了自己在效能管理上的应尽之责，甚至不惜以员工"996"（早上9点上班，晚上9点下班，每周工作6天）的付出，来弥补自己在管理上的失责。其实，很多情况下正是管理者的失责，导致了员工工作上的失速。

办法是什么？日常工作中，管理者责无旁贷的一项工作，是进行业务分析，并最终形成工作分解结构（Work Breakdown Structure），即把一个个大的课题或项目按照一定的规则分解成任务，再把任务分解成一项项可执行的工作，尽可能细化工作的颗粒度，让工作易于执行。评价一项工作是否易于执行，关键要看员工是否有能力掌控该项工作进程，或者是否容易找到数量足够、有相应能力的员工，如果不能，说明这项工作还需要进一步细化。

管理的方向是尽量让工作适应人，而不是让人去适应工作。

在迫不得已的情况下，才需要对员工进行额外赋能，因为一旦要靠额外赋能员工才能上岗，企业就永久性地垫高了人力资源门槛，垫高了企业运营成本。对于能力强的员工，工作的颗粒度可以适当大一些；对于能力欠缺的员工，工作的颗粒度则要适当小一些。根据工作的特点和难易度，差异化地匹配员工，可让"事得其才，人得其事，人尽其才，事尽其功"。如果"事"得不到其"才"，管理者就应先反思自己是否进行了业务分析，是否形成了有效的工作分解结构，很多时候员工看似能力不足，其实与管理者对业务的理解和分解有关。

只有把工作难度降到一定水平，员工才变得可组织、可赋能，企业降低员工上岗的时间成本和试错成本，以及同步降低企业发展的机会成本，才真正成为现实。这正是韩非子倡导的法治，管理者就像掌握了法则的木匠一样，遇到高大笔直的圆木当然好，但这是可遇不可求的情况，是偶然性；木匠每天面对大量的"歪材""怪材"，一样能造出最好的舟车，这就是必然性，必然性建立在有效的法则之上。管理者虽未必能做到像鲁班那样"算无遗策、鬼斧神工、手无弃材、神奇化易"，但至少可以朝"人无弃才"的方向去思考和行动，使人力资本增值最大化。

先有精神，后有方法论

五祖弘忍是一代高僧，选择接班人时，神秀说："身是菩提树，心如明镜台。时时勤拂拭，勿使惹尘埃。"慧能却说："菩提本无树，明镜亦非台。本来无一物，何处惹尘埃！"慧能最后传承了五祖的衣钵，将禅宗发扬光大。神秀和慧能，一个是"事到极致"，一个是"舍形求意"，高下立判。

意，就是我们的精神。精神和实体都是"场"的泛在形式，本质上它们都是具有能量的物质。精神和实体相互作用，与软件和硬件相互作用的原理是一样的：软件好比是"信使"，"信使"通过逻辑电路发送开关能量信号，进而启动硬件规范执行软件下达的指令。所谓物质和精神相互转化，不外乎硬件版本升级了，需要适时升级软件版本，软件版本升级了，也需要适时升级硬件版本；软硬件版本错位升级，带动了电子信息行业蓬勃发展，精神和实体错位升级，推动了人类社会不断演进。

这也告诉我们，改变现状的"不二法门"，是先升级我们的精神，以更高频的精神发出更高频的开关能量信号，去启动现状执行我们的意志，这也解释了现实中为什么"偏执狂"更容易获得成功。所以，一切方法论的背后，是我们的精神，有精神然后有方法论，有精神才能"心能转物"和"出神入化"。

做事情如同跨门槛，跨过去了就是门，跨不过去就是槛，真想跨过去，总会有方法，想不出方法，多数情况下是因为我们没有死磕到底的精神。可能有人不服气，说："我是真想跨过去啊，确实是想不出方法。"归根结底，这还是没有精神的表现，人们往往误把思想当成了精神，思想只是我们的常规意识活动，而精神是意识活动的"核"，是思想的精华。一些人嘴里说出的"真想"，不过是他们的常规意识活动而已，意思是"只是想想"，其中根本就没有"核"，而没有"核"，推动事物进程的能量就肯定不足，当然也就想不出方法了。

以企业的产品创新为例。客户的忠诚度一般源自以下因素：其一，产品有专利保护或替代品少；其二，产品转换成本高；其三，企业有针对性地开展客户忠诚度计划。随着客户采购策略日趋成熟，产品转换成本高的情况越来越少，且越来越难实现，除非是苹果等公司，它们通过打造生态，将客户深度绑定。

企业有针对性地开展客户忠诚度计划，这方面最容易被竞争对手模仿甚至超越，尤其难以让客户保持忠诚度，因而产品有专利保护或替代品少，应该是一般企业最现实的、持续获得客户忠诚度的方向。但要做好这一点，企业必须持续创新驱动，因为再好的产品，只要利润足够高，都难以保持太久的优势。即便像茅台酒这样的产品，也需要不断推陈出新，因为客户的忠诚是暂时的，一旦有了新的选择，客户就会毫不犹豫地抛弃原来的产品。就像盲人一旦某一天重见光明，就会在第一时间扔掉伴随自己多年的拐杖一样，有了更好的未来，没有人会愿意继续活在过去。因此，企业持续进行产品创新是必然的，要不断通过产品创新，为客户创造新价值。

但这个新价值到底具体指什么？如果只是泛泛地说一说，我们还是找不到创新方向。每个企业都在为客户创造新价值，但客户为什么会有厚此薄彼的选择？我们必须搞清楚这一问题的源头。一般产品给客户提供的价值包括效用价值和虚拟价值，但如果我们仅仅停留在这一认识上，就未免太泛了，没有指向性不说，企业就是做到了，也未必分得出伯仲来。

通过对客户购买心理的分析，我们不难发现，但凡那些让企业脱离竞争、获得溢价的产品，都具有某种意义上的让客户尖叫的价值——就是说，它能恰到好处地弥补客户心灵深处的价值缺失感！弥补了客户的价值缺失感，客户才会感觉到企业让渡了价值，让渡价值引爆了客户的认知，一扫客户所有的成交抗拒点，引领客户直接过渡到产品成交环节。只有做到这样的企业，才能真正收获客户忠诚，才能在客户面前赚足尊严。

从这里我们可以顿悟到，企业经营的秘诀是什么？就是要围绕客户心灵深处的价值缺失感死磕到底！这是最直接，也是最短的成功路径。当然，这也是一条很难的路，但再难，也没有大家都走的路难。因为难，企业才需要去寻找突破性的方法论，越是朝难的方向发展，企业的路才越走越宽。同时，企业必须有心理准备，任何突破性的方法论，都是死磕精神下结出的丰硕成果。

产品创新的方法论，包括突破性的技术、突破性的工艺、突破性的组织方式和管理方式等。以华为的 Single RAN 产品为例，全球通信技术发展带来的结果是通信标准也越来越复杂。到了 3G 时代，主流的无线通信标准一下子从两个变成三个，分别是欧洲的标准 WCDMA、美国的标准 CDMA 1X 和中国的标准 TD-SCDMA。以中国联通为例，如果要连续为消费者提供业务，联通的网络至少要同时支持 GSM、CDMA、WCDMA 三套标准，建网成本将要翻三倍，这对增长乏力的联通来说无疑是雪上加霜。

为了深度关怀和弥补客户的价值缺失感，华为发扬死磕到底的精神，全球首创性地提出了 Single RAN 概念，就是用一套网络设备，同时提供三种、四种甚至五种以上通信标准的无线通信服务，这不但降低了运营商的建网成本 CAPEX（Capital Expenditure，资本性支出），而且降低了运营商的运营成本 OPEX（Operating Expense，企业的管理支出），运营商的 TCO（Total Cost of Ownership，总体拥有成本）也大大降低。Single RAN 一经推出，就在全球受到了广泛欢迎，移动运营商争相采用这种新型的共平台的网络产品。华为的 Single RAN 产品，就是华为在死磕精神下结出的成果。

　　企业找到创新的方法论是不是很难？未必。毛泽东主席在《反对本本主义》一文中，有过非常精辟的论述："许多做领导工作的人，遇到困难问题，只是叹气，不能解决。他恼火，请求调动工作，理由是'才力小，干不下'。这是懦夫讲的话。迈开你的两脚，到你的工作范围的各部分各地方去走走，学个孔夫子的'每事问'，任凭什么才力小也能解决问题，因为你未出门时脑子是空的，归来时脑子已经不是空的了，已经载来了解决问题的各种必要材料，问题就是这样子解决了。一定要出门吗？也不一定，可以召集那些明了情况的人来开个调查会，把你所谓困难问题的'来源'找到手，'现状'弄明白，你的这个困难问题也就容易解决了。"万物同根，万法同源，企业找方法，何尝不是如此！

　　如果不清楚客户的需求是什么，最直接的办法就是深入市场，深入客户甚至产业链，与价值客户"泡"在一起，深度利用客户的知识，与客户进行联合共创。任何创新，都是在边界上触发的，唯有开放业务边界和组织边界，才能开放我们的认知边界。企业高层若不走出去拜访客户，成天坐在办公室里，就算想破头，也想不出一击即中的方法来，因为方法论从来不是凭空而来，更不是从本本中来，而是从具体的实践中来的。一切问题，只有能被具体地感知和表达，才能被具体地解决。

随着时间的推移，客户一般会不断地产生新的价值缺失感，这也代表了客户不断有新的成长诉求。例如，假设企业想聘请一位资深的企业管理顾问，聘请之前，企业的价值缺失感可能是：怎样才能找到一位有丰富实战经验的企业管理顾问？它会通过各种渠道和方式去比较和甄别，因此企业管理顾问需要拿出让企业信服的见解和成功案例来进行自我证明。聘请之后，企业的价值缺失感随之发生变化，变成了：企业管理顾问如何在企业家亲手缔造起来的底层框架基础上帮助企业完成相关管理变革？

任何人对自己曾经倾注了大量心血、亲手缔造起来的东西，都难免会有很深的心理烙印和感情。谁也不情愿轻易地被人否定，更何况企业家精英人群呢？所以，企业管理顾问的工作切入角度最好是给企业家做"证明题"，而不是做"证伪题"。在这个大前提下开展管理变革，因为企业家亲手缔造起来的底层框架内含了这个企业的企业家精神，所以，原则上任何管理法则都应最大限度地顺应企业家精神。

精神是目的因，方法论是动力因，产品的存在方式是形式因，实现产品的要素是质料因。目的因决定动力因，动力因决定质料因和形式因的整合和重构方式，并最终形成满足客户需求的产品。

足见人类一切物质财富，都是精神物化的成果。

精神的本质是什么？是自由，是我们必须敬畏和遵循的宇宙能量的规律性，一旦违背了，就不可能到达自由。从"必然王国"到"自由王国"，同时还要有方法论来帮助我们渡"劫"，每渡过一个"劫"，意味着我们又实现了一次升华。可见，自律比放任自己，更接近我们想要的自由。

在"场"中实现对员工的精神赋能

电影《让子弹飞》中有一个张麻子发动民众铲除恶霸黄四郎的片段，张麻子看到了真正能撼动他和黄四郎之间对决天平的，正是那些看上去最不起眼的民众，"他们帮谁，谁赢"，同时，张麻子也看到了民众"谁赢，他们帮谁"的精神弱点。在这种情形下，张麻子能否赢得终局，就看他能否给民众进行精神赋能，能否点燃民众的愤怒。

张麻子首先给自己和团队明确了挑战性目标——"三天之后斩黄四郎人头"。在张麻子看来，"话不说出去，事就办不成"，要知道，目的因是团队领袖的精神之源。接下来，张麻子采取了一系列措施发动民众：第一步，进行除暴安良造势，结果无任何效果——民众真正关心的是他们自己的利益，除暴安良与己何干？果不其然，"除了鹅，没有活物敢过去"；第二步，给民众发钱，民众也照收不误，可当黄四郎安排车来收钱时，民众因害怕黄四郎而不得不乖乖地把钱全部交出来；第三步，给民众发枪，民众也照单全收，这时黄四郎来收枪，民众非但不给，还开枪以示愤怒，因为他们认为黄四郎抢了他们的钱，心里已播下了仇恨的种子，他们手中有了枪，多少给他们壮了一些胆，但即便如此，民众还是没把握，不敢冲击黄四郎的碉楼；第四步，在光天化日下处决了黄四郎（替身），这时候愤怒的民众才真正觉得力量平衡被打破，黄四郎家里那扇坚强的铁门，最后像纸糊的似的，被潮水般的民众轰然冲破。

这部电影想要告诉我们什么呢？很多时候我们活在自己编织的、假想的牢笼里，其实它不过是一张无形的薄纸，但恰恰是这张薄纸，成了桎梏我们的精神枷锁。一旦撕开了这张薄纸，我们就会发现，理想并不遥远。在正确的方法下，即便是思想落后、毫无组织的散民，也能形成无比磅礴的成功力量。

一切组织能量均来自员工的内在动机，企业完全可以像《让子弹飞》中的片段那样，营造出一种"场"效应来实现对员工的精神赋能。"场"通过情景的渲染作用，不断强化员工的心理暗示，唤醒员工的潜能。潜能一旦达到某个"阈值"，就能轻而易举地冲破那些如影随形、束缚员工的精神"枷锁"，让员工释放出巨大潜能，并将潜能转化为使企业成长的澎湃动能。

营造"场"效应，关键在于管理者如何卓有成效地营造和改变组织情景。组织情景潜移默化地影响员工的心理感知，心理感知直接决定员工对组织的心理契约。一味空泛地要求员工自我改变是没有用的，管理者自己先要去营造和改变组织情景，让员工看到组织的改变，员工才会因看见而相信，因相信而改变。

　　营造和改变组织情景，目的不是"改造人"，而是将员工引导到"如何有效地思考和行动"的轨道上来，实现员工与企业同频共振。企业要意识到，"改造人"这个活儿企业干不了，唯有员工思考和行动的方式才与企业休戚相关，是企业的可改变项。遗憾的是，现实中一些企业的组织情景并不尽如人意，甚至起到了抑制员工能动性的作用，不是让员工潜能苏醒，而是让员工潜能"速冻"，对此企业需要引起高度重视。

　　诸如下面列举的组织情景，在一些企业或多或少存在。

　　（1）开会时，管理者长篇累牍地发号施令，不是鼓励团队成员发展自己的想法和创意，而是一个劲儿地兜售个人想法，甚至漠视和打击不同想法。

　　（2）听汇报时，不是集思广益，一起讨论潜在的解决方案，而是挑毛病或为了批评而批评，却提不出有效建议。

　　（3）评价时，不是肯定员工的成绩、进步和优点，而是掘地三尺，找员工的差距、不足和短板。

　　（4）制定制度，不是思考如何服务业务，为快速变化的业务灵活建立护栏，而是琢磨如何僵化教条地穷尽各种管控措施。

　　（5）出了问题，不是群策群力，一起回溯问题的根因，尽快找到改进方法，而是动不动就祭出追责和惩罚的大棒。

　　…………

　　可想而知，类似上面的组织情景，怎么可能激发员工动能？因此，企业不能把营造和改变组织情景简单地当成一般性的企业文化建设任务，而要把它上升到企业长远发展的高度，定位其深远意义，并将它作为衡量管理者是否具备文化塑造力的关键测评指标。

营造和改变组织情景，目的是塑造好战文化，弘扬敢于胜利的精神。企业脱离竞争也好，战胜困难也罢，胜利其实包括两次：第一次是在内心里，第二次是在现实中。一般来说，只有内心里认为会赢，现实中才可能会赢，如果内心里认为会输，现实中则大概率会输。

所以，企业的战略规划，目标是"先胜而后战"，核心解决企业"赢在内心里"的问题；而企业的战略执行，目标是"以战取势"，核心解决企业"赢在现实中"的问题。可见，企业要商业成功，必须"心胜"在先。试想，一支精神上"不在线"的队伍，如何能获取胜利？即便将方法论武装到牙齿也没有用。

具体如何在"场"中实现对员工的精神赋能？不妨看一个具体的例子。华为在创业之初，由于管理不成熟，各种问题自然少不了。其中，最典型的是一些从事研发的员工因工作不细致、BOM 填写不清、产品测试不严以及盲目创新等，导致大量无法满足客户需求的呆死料和产品返修成本上升。如果不能尽快扭转这一被动局面，公司对客户需求的快速响应及市场拓展必将受到很大影响。关键问题是，在当时，上述问题未必引起了研发人员足够的重视，也许他们心中还在为某个来之不易的产品或技术创新自豪不已呢。要知道，在研发体系中，技术思维的人可不在少数。

面对理想与现实的认知鸿沟，华为急需给研发人员来一剂清醒剂。进一步说,这何尝不是一场从技术思维到客户思维和市场思维的变革?改变人的固有思维是非常难的,这意味着变革如果不能给人以足够的心灵震撼,其结果一定会收效甚微。

面对这种情况,一些企业的常规做法是先收集相关事实,再组织会议讨论,以引起大家的思考和重视,然后要求大家做出相应的改变;再就是公司出台严格的管理规定,摆事实,讲道理,强令大家按照公司的管理要求尽快做出改变;等等。从实际效果来看,无论是"分析—思考—改变",还是"命令—接受—改变",效果都不尽如人意,大家还是容易依然故我,原因是既往工作方式是他们自己选择的结果,其心理认同度和自我舒适感是比较高的。因此,任何太过理性和例行公事般的文化活动,都不足以真正打破这种惯性并触发改变。

文化活动和电影一样,都需要创作。2000 年 9 月,华为研发体系在深圳万人体育场召开研发体系发放"呆死料、机票"活动暨反思交流大会,会议现场研发相关人员获得了公司领导颁发的因工作失误而产生的呆死料,以及为现场"救火"而购买的往返机票,领"奖"代表面向在场全体研发人员和公司领导,对工作改进做出表态。会议最后,华为创始人任正非做了《为什么要自我批判》的主题演讲。

这绝对是一个别开生面的企业文化策划。按照常规理解,企业一般是给正向关键事件颁奖,而这次活动却是给反向关键事件"颁奖",因而大会一开始就颠覆了人们的惯常认知。相比于其他惩罚措施,这肯定算轻的,仅仅是伤及一些人的面子。这样操作背后的考虑是什么？

从企业成长的规律来看，公司高层其实很清楚，企业经营中出现某种程度的浪费，何尝不是组织进化所理应缴纳的学费？责罚过重显然不合适，但若听之任之，则会导致更严重的经营问题发生。因此，这次会议的精神应该是，责罚本身不是目的，提高大家的思想认识，尽快扭转不利局面才是重点；犯错并不可怕，关键是及时纠错，同时要注意恰到好处，不要因此挫伤了大家的积极性。

这次大会早已成为往事，但时至今日还让人记忆犹新和津津乐道，其中不乏一些亮点，值得总结。

1. 展现的力量不可替代

会上，数千名员工目睹一筐筐呆死料被抬上"颁奖"台，蔚为壮观，此情此景，自然会激发每个人心里对产品质量、客户抱怨、成本浪费等的联想。可以说，这种目睹的力量和"无言的诉说"，远比抽象的统计数字或者说教来得更真实、更生动、更触及心灵，无形中增强了大家的紧迫感和对问题的深切认同感，让大家在内心里情不自禁地产生"怎么会这样？"的自责和反思。由此可见，直观印象所激起的情感，比理论分析更能引导变革和新文化的发生。

2. 定位效应

如此重要的会议，规格必须高，当时以任正非为首的公司管理层几乎悉数参加了本次会议，给人传递的信号是，这是一个规格非常高的会议，会议内容对公司意义重大。

3. 群体效应

为了最大限度地达到教育效果，全体研发人员和公司其他部门代表，约数千人参加了会议，可谓规模空前。在这种大会氛围的烘托下，每个人感觉神经紧绷，从而一开始就在思想意识上提高了重视等级。

4. 表态所产生的心理暗示效应

获"奖"代表一个个面带愧色上台，面对数千名听众发表获"奖"感言，并对后续改进做出表态，这是压力，更是动力。可以想见，他们在未来相当长的时间内，都会不自觉地产生一种心理暗示——后续一定要把兑现诺言作为工作的重点，从而在时间的延长线上放大了这次文化活动的效果。

5. "缠"中说"禅"

任何文化活动不过是传导价值观和行为要求的形式，因此文化活动不能仅仅止步于活动本身，还要跳出活动，挖掘和传导文化活动背后的价值观和行为要求。会上任正非最后做了思想总结："……我们是为面子而走向失败，走向死亡，还是丢掉面子，丢掉错误，迎头赶上呢？要活下去，就只有超越。要超越，首先必须超越自我。超越自我的必要条件，是及时去除一切错误。要去除一切错误，首先就要敢于自我批判……"任正非的总结已经跳出了活动，上升到了倡导开放、自我批判的思想层面。

这次文化活动最大的成果，就是把"他觉"变成了广大研发人员的"自觉"，非但没有挫伤大家的工作积极性，反而把问题转化为一种矢志改变、绝不服输的战斗精神。可见，展现是一种事实胜于雄辩的力量。

狼群效应与羊群效应

狼群效应指头狼发现了目标，狼群在头狼的号令下，有序地向目标发起攻击。羊群效应指只要领头羊开始行动，其他羊便不假思索地群起响应和相互效仿。狼群效应和羊群效应的区别在于：狼群从外部提取信息，羊群从内部提取信息；狼群"从贤不从众"，羊群"从众不从贤"；狼群分工协作、组织有序，羊群行动趋同、规行矩步。企业需要强化狼群效应，抑制羊群效应，聚焦胜利，尽可能去除那些无效的工作。

民主决策，权威管理

一些企业成立专家评审委员会，来把关产品和技术方案，并用少数服从多数的民主表决机制，决定方案是否立项或通过。走马观花般一看，经过这么多不同领域专家把关的方案，应该最合理吧？其实未必。原因有以下三方面。

1. 群体思维现象

群体思维现象是指群体在进行决策时，寻求一致性的需要往往超过了寻找合理性的需要，因而群体成员不能对一些不寻常的、少数人的或不受欢迎的提议进行客观评价和高度注意。

群体思维现象在各类组织中普遍存在，通常是那些拥有职权、表达力强和喜欢发表意见的成员的提议更容易被群体采纳，但其实大多数人未必赞成这一提议，可想而知，群体在这种情形下做出的决策，极有可能是失败的决策。当一个组织过分注重整体性，而不能持一种批评的态度来评价其决策时，这种情况就会发生。

群体思维现象很容易导致灾难性的损失，如美国应对日本偷袭珍珠港事件、美国挑战者号航天飞机失事等，都是群体思维现象造成的苦果。群体思维现象是组织决策的大忌，越是强势的领导，越易形成群体思维现象。克服群体思维现象必须从领导做起，领导者有责任营造开放的组织氛围，鼓励和包容各种异见，必要时还需要引入组织外的第三方意见，等等。领导者尤其不能先入为主，急于发表自己的意见，要尽可能把自己的意见放到最后发表，这样既可避免抑制他人的意见，又可集众人之智，提高决策的有效性。

严格来说，任何理性的决策必须以相互冲突的意见为基础，而不是众口一词，只有领导者主导的决策涵盖了大家的主张，领导者才能赢得大家的信任，才有后续的执行力，因为共识是行动力的先导。为什么会有"士为知己者死"的现象？从人性的角度分析，当一个人的主张被组织采纳时，这个人一般会竭尽全力来证明自己的主张可行，因为每个人都有参与和自我实现的需要。

防止出现群体思维现象的有效办法，一是在群体决策时指定一位成员专门质疑其他人的论点，对其他人的逻辑提出挑战，并提供一系列建设性的批评意见；二是轮流引入新成员、邀请局外人（如外部顾问）参与，或在最终决定前给成员一个机会来表达自己的保留意见等。

2. 真理掌握在少数人手里

我们知道，行军打仗，一般是司令做战略决策，因为司令是军事长官，是整个战局的掌控者和最终责任人。军事斗争战况瞬息万变，战机转瞬即逝，如果战略决策意见不统一，司令必须做最终的决策，以免贻误战机。

为什么真理掌握在少数人手里？因为多数人习惯于将自己的认知水平建立在经验和教条基础上，把过往经验和书本上的东西当成了真理，但它们与实践往往是脱节的；只有少数人能够摆脱经验和教条的束缚，成功实现个人认知上的"越狱"。他们成功的方法是什么？其实就是遇到具体问题时，不是先从自己的主观认知出发，而是从客观实践出发，不断从实践中"抽象"出新知识，再把新知识"还原"到实践中，在这个不断反复的过程中，实现自己的认知升级，发现解决问题的新知识。

当然，做到这一点需要有足够的知识储备，否则很难发现新知识，"触类"才能"旁通"。但人的时间和精力是有限的，拥有足够的知识储备，需要花费大量的时间和精力，现实可行的办法就是聚焦，不断在自己擅长的领域进行知识积累，太过离散的知识，除了可以增加我们的谈资，对大幅提升我们的认知作用有限。加拿大作家格拉德威尔为此总结了一个"1 万小时定律"，即要想变成某一领域的专家，需要 1 万小时持续不断地付出和努力。根据神经学实验结论，人类脑部确实需要这么长的时间去理解和吸收一种知识或者技能，然后才能达到专家级水平。所以，专业和业余的区别往往只是时间和心力上的投入程度不同而已。总想把事情做得更好，且舍得在自己擅长的领域持续投入的人，大概率会成为专业人士。当然，认知不升级，只是日复一日地简单重复，再怎么努力也白搭。

所以，掌握真理的人未必一定智慧高于常人，多数情况下其实是"术业有专攻"，是持续积累后的量变到质变。一个人在自己擅长的领域掌握了真理，就成了这个领域的"少数"，但不等于在其他领域也是"少数"，他在其他领域的认知水平可能和大众毫无分别甚至更低，在不擅长的领域，他就是不折不扣的"大多数"。

行军打仗为什么是司令做战略决策？因为专业的事需要专业的人来做判断，才能提高成功的概率，越俎代庖，会大概率吃败仗。

3. 民主表决一般解决的是权力分配问题，不解决科学技术问题

相信很多人都亲历过这样的情景：参会的人带着自己的"屁股"来到会议室，彼此站在局部立场提出自己的意见和诉求，会议开成了"马拉松"，议而不决，难有共识，最后不得不通过民主

表决，确定行动方案。一些企业甚至在一些重大业务和技术决策上举棋不定时，也采用民主表决的方式。

民主表决用在业务和技术决策上是有很大问题的，因为民主表决一般解决的是权力分配问题。不解决科学技术问题。不可能用民主决策回归出业务规律和真理，否则全世界科学家就失业了。为什么民主决策一般解决的是权力分配问题？因为民主的产生源于竞争，竞争产生马太效应，造成社会财富一次分配上的两极分化，民主表决就是对马太效应实行负反馈，实现社会财富的二次分配。民主表决也不是在任何权力中都适用，只有公共权力才需要民主表决，私人权力不存在民主表决。清楚了这些，我们就不致张冠李戴，从而在工作中做到让民主的归民主，科学的归科学。

即便是权力分配问题，由于责任分工不一样，民主表决的权重也是不一样的，不能等量齐观。但在实际业务和技术决策过程中，经常见到大家的话语权却是一样的，这样就会导致表决时大家意见太过分散，耗时耗力，决策难产，决策结果偏离方向，甚至错失很多机会。例如：表决一个商务合同，一些企业的法律事务部门以存在风险为由，否决了该合同。事实上，法律事务部门承担的是揭示风险的责任，没有否决商务合同的权力，放大法律事务部门的表决权，极有可能对企业业绩造成大的影响。类似这样的情况，最好的决策方式就是广泛征求相关环节的意见，然后由真正负责该业务的业务部门负责人从经营全局出发，做出最终决策。

企业决策要允许有不同意见存在和发表，但如果只有"民主"，没有"集中"，缺乏正确的领导和引导，决策过程就可能变成各行其是了。民主表决是程序"集中"，不是专业"集中"，无法保证业务和技术决策的有效性。"民主决策，权威管理"，是讲决策过程需要民主，但决策结论需要由权威人士来做出，"从贤不从众"。一旦形成了决策结论，就应坚决执行，在执行过程中若发现问题，则进行动态调整。

让常规人变得"非常规"

任何人在自己的专业领域都要经过较长时间的积淀，才能称得上专业精深。时间用在哪里，产出就在哪里，冀望浅尝辄止就可以有专业建树是不太现实的，多数人终其一生，也无法达到那种高山仰止的专业性。因此，真正的专业人士（或人们所称道的"专业大拿"）必然是少数，多数人注定成不了专业人士。企业冀望把多数员工发展成为专业人士，这个假设本身就不成立。

理论上，组织中员工真实的业绩表现往往符合 80/20 法则，即 80% 的业绩是由少数 20% 的人直接贡献的，剩下 80% 的人只能产出 20% 的业绩。但在实际工作中，组织其实可以通过各种管理性行为，来增加多数人的业绩产出，让多数人和少数人之间的业绩差距没有那么明显，具体的办法有以下三条。

1. 在多数人与少数人之间实现价值让渡

一个人无论如何专业，他的时间总是没法复制的，如何让他们的时间价值最大化？可行的办法是通过与多数人分工合作，让多数人把常规劳动承担起来，少数人因此可以尽可能地把时间用在高附加值的劳动上。多数人将少数人从常规劳动中解放出来，让他们聚焦更有价值的工作。在这个过程中，多数人和少数人之间成功实现了某种价值让渡：多数人向少数人让渡了自己的时间价值，少数人向多数人让渡了自己的专业价值，彼此通过价值让渡，既实现了各自的价值最大化，又实现了组织的总体价值最大化。

试想，倘若没有多数人让渡时间价值，少数人必须把大量时间"平摊"在一些低附加值的常规劳动上，他们的总价值就会小很多。以外科医生为例，如果外科医生既要承担手术任务，又要承担护士团队所从事的工作，那他们一周能做几台手术？更甭提再拿出相应的时间去做专业研究了。正是护士团队卓有成效的工作，最大限度地放大了外科医生的价值。从个体绩效看，外科医生的确贡献了80%的价值，但从关系绩效看，其中有相当一部分价值是护士团队间接贡献的，理应将相当一部分价值让渡给护士团队才是。当然，如果没有外科医生，护士团队的价值也就无从谈起，外科医生和护士团队是相辅相成的关系。

企业里互相之间让渡价值的情况往往比较复杂，一个事情可能需要不同的专业性介入。例如，在LTC（Lead To Cash，从线索到现金）流程的各个不同阶段，就需要不同的专业性分时介入，以完成订单的闭环管理。在生成和管理线索阶段，专业性体现在如何发现市场；在管理机会点阶段，前期的专业性体现在如何开拓客户，后期的专业性体现在如何准确理解客户需求和为客户提供有效的解决方案；在管理合同执行阶段，专业性体现在如何正确地履行合同。

我们知道，把所有的专业性集成到某个个体或团体身上是小概率事件。管理的假设是，某个个体或团体在某个领域具有专业性，在其他领域未必具有专业性，管理的价值是整合不同的专业性，彼此之间通过优势互补来实现各自的价值最大化。在这个过程中，一个个体或团体为其他个体或团体让渡了专业价值，其他个体或团体同时也为其让渡了时间价值，从而大大节省该个体或团体在其他领域探索所需的时间成本，当然，最重要的是大大减少了过程中可能造成的机会成本。

这给企业的启示是，企业要想缩短专业积累和专业突破的时间，企业在一些特别需要专业精深的领域，可能需要进行范围更窄的专业细分；只有在更小的业务截面上投入足够多的时间和精力，企业的研究才能比别人更深层，企业才能增加突破的可能性。

这也就不难理解为什么华为在 20 世纪 90 年代就提出"人才密度"的概念，其中至关重要的原因是通信行业是一个技术密集型行业，如果技术密集但人才不密集，华为怎么能在通信领域有所建树并行稳致远？正如华为创始人任正非强调的那样，"华为只能在针尖大的领域里领先美国公司，如果扩展到火柴头或小木棒这么大，就绝不可能实现这种超越"。这就是华为著名的针尖战略指导思想。

2. 少数人的专业意见为多数人的行动提供先验概率

先验概率是人们根据以往经验和分析得到的概率。例如，投掷一枚硬币之前，我们就知道硬币正反面出现的概率都是50%，这就是先验概率。现实中我们经常遇到需要用先验概率来预测某一事物的情况：我们往往会先根据已有的经验来推断一个事件发生的先验概率，然后在新证据不断积累的情况下进一步修正这个概率。这个过程称为贝叶斯分析。贝叶斯分析的重要意义在于，当人们对一些新生事物感到迷茫、缺乏初始判断的时候，某些人的专业意见就可以为人们采取必要的行动提供先验概率，确保人们在方向大致正确的前提下推进工作，以增加成功的概率。

必须澄清，不假思索地盲从先验概率是有问题的，如一些人机械地把"高人指路"作为一种生存智慧加以执守，为此付出了不小的代价。典型例子是一些企业组团去听一些"大咖"分享，以及去学习一些成功企业的优秀案例，回来后想当然地"抄作业"，结果搞得一地鸡毛。为什么会出现这种情况？

原因之一是成功经验没办法复制，因为时空环境不一样，自己的实践和别人的实践是两回事，不能有效驾驭自己的系统，光学一些招式回来是没有用的；原因之二是取得成功的限制性条件可能是多个，有显性条件，也有隐性条件，忽略了任何一个限制性条件，都会导致成功不可复制；原因之三是成功需要练习和积累，需要经历一系列的失败过程，以形成肌肉和组织记忆，但一些人由于对这个过程不够确信而中途放弃。

与僵化地导入先验概率相反，一些有价值的专业意见经常容易被人拒之门外，原因是组织惯性以及人们固有的经验惯性太过强大，让人不容易听进专业意见，或让人对做出改变产生畏难情绪。再就是"夏虫不可以语冰"，人在没有相关经验的时候，很难对自己没有体感的专业意见产生共鸣和共振，从而事实上丧失了对专业意见的判断和识别能力。要知道，认为"有道理"和认为"有必要"是两种完全不同的认知反应。

如何发挥专业意见的效用价值？最好的办法是将专业意见产生和转化的机制固化到企业的流程中去。例如：建立预研流程，收集一些人的创新想法，并将其转化为预研成果和形成专利布局。"实践是检验真理的唯一标准"，这些创新想法经过严格的实践闭环检验，就容易被大家采信，自然也就容易被大家在产品开发阶段应用推广。再就是成立一些专业决策委员会，或将一些专家任命到企业的决策机构中，将专业意见纳入公司决策管理流程。每个人发表专业意见是个人行为，但执行公司决策是组织行为，企业对组织行为一般配有相应的闭环管理措施和动态调整机制，这就保证了专业意见的可落地性。

将专业意见产生和转化的机制固化到流程中，可以让专业意见变得可管理、可持续。日常工作中，那些看似很深奥的诸如诀窍之类的东西，其实并没有我们想象的那么神秘和难以掌握，其被发现的过程可能不容易，但一旦发现了，将其授之于人未必是什么难事。人与人之间的差距，往往是由于人们在某些方面的无知造成的，并不是由于谁比谁更聪明或愚蠢。一旦那层"窗户纸"被捅破了，常规人都可以变得"非常规"，做出超预期的业绩。关键是企业要营造一种组织文化，鼓励不同专业领域不断有人像《皇帝的新装》里那个小男孩一样，愿意跳出来捅破那层"窗户纸"。

3. 发掘平凡中的"不平凡"

电影《阿甘正传》讲述的是主人公阿甘"傻人有傻福"的故事。从一个智商只有 75 的人身上，我们看到了离成功最短的距离：无比真实地爱身边的一切，使自己的"天赋异禀"最大化，做最好的自己，直到有一天，"天赋异禀"终于"井喷"出巨大能量，开启"开挂"的人生。当然，阿甘只是电影中虚构的人物，我们这里要探讨现实可行性。

老子在《道德经》中说道："故善人者，不善人之师；不善人者，善人之资。不贵其师，不爱其资，虽智大迷，是谓要妙。"翻译过来的意思是，"所以，能干的人可以成为不能干的人的老师，不能干的人也可以作为启迪能干的人的重要资源（我们生命中遇见的每一个人，都是来帮我们提升认知的）。不尊重自己的老师，不珍惜自己的资源，自以为聪明，其实是糊涂，这是精深微妙的道理"。原来古圣先贤早就洞悉"天生我材必有用"的道理，看到了每个人身上都有有待挖掘的宝藏。

个人优势和长处是怎么炼成的呢？关键在于兴趣和投入。兴趣连接内在动机，内在动机产生于人有低成本选择生存机会的需要。借由内在动机的驱动，人容易进入一种"痴迷"状态，表现为自我管理下的投入，而不是外在管理下的服从。所以，个人优势和长处最接近个体的最佳实践，并为个体构建起差异化的生存壁垒。从这个意义上说，企业如果能够尊重和欣赏个体差异，充分发掘和用好每个人的优势和长处，那么这将是成本最低、离成功距离最短的路径。

很多时候所谓创造性地解决问题，其实就是以最直接和最简单的方式解决问题，恰恰是那些平时在基层工作的人，反而更容易找到最有效的解决问题的办法。

例如：某企业 IT 部门总监要求员工调整自己的工作定位，主动去业务现场发现 IT 需求，更好地服务业务。一位工作时间不长的员工平时痴迷于 AI 技术，他来到车间，发现生产线上有些工人用目检的方式查找电路板上是否有虚焊这样的制造缺陷，他认为用这种方式很容易出现漏检，不合格品如果大量流向后面的工序，必然会推高公司的质量成本。于是，他赶紧回到部门，花了几个月时间，制订了一个 AI 解决方案，先是找个别生产线试点，通过检出数据的对比分析，不断优化方案，最终 AI 解决方案在公司其他生产线大面积推广应用，既节省了质量成本，提高了产品质量，又节省了很多人工成本。

试想，如果这个员工平时没有 AI 方面的积累优势，即使他去了车间，估计也很难想出解决问题的办法。

"易化神奇不足提"，工作中需要的是神奇化易，而离生活和工作实践最近的人，往往更容易获得神奇化易的灵感。

例如：南非曾经有数以万计的人为解除种族隔离政策而抗争，南非前总统曼德拉为此坐了 27 年牢，最后都无济于事，直到 1984 年一个叫利奥·鲁滨逊的码头工人出现，才推动了南非种族主义的灭亡。鲁滨逊没有和政府正面对抗，而是做了一件"小事"：当载满货物的船靠岸后，他带领工友们拒绝搬运南非的货物。其他港口的工友看到他这么做，也纷纷效仿。货物不搬下船，生意就没法做。没过多久，美国和欧洲的资本开始撤出南非，那些原来准备在南非建厂的资本也不敢贸然行动了，南非当地经济陷入停滞状态，最终政府扛不住经济压力，只能取消种族隔离政策。

可见平凡人解决问题的方式，与一些"专业"人士"体系化""系统化"和面面俱到的手法不同，他们不拖泥带水，常常是直击要害，直奔解决问题的关键支撑点。在一次演说中，曼德拉专门向利奥·鲁滨逊致敬，他说："如果没有利奥·鲁滨逊的努力，南非的种族隔离政策就不会被取消。"

保护创造力就是保护生产力

所有伟大企业都会被时间改变，没有企业可以永远保持其竞争优势。20 世纪 80 年代末，华为还是一家名不见经传的初创企业，但经过几十年的打拼，已坐上了全球通信行业的头把交椅。华为的最大优势是什么？其实恰恰是它没有优势！正是这种没有优势的优势，逼着华为生长出在极限商业环境下以生存为底线的自我进化能力。

"消灭优势，留下文明"，这句话完美地诠释了华为的底层生存法则：当业已取得的优势不再是一种优势的时候，华为不会恋旧地刻舟求剑，而是敢于消灭自己的优势，并与时俱进地进化出新的优势。曾经有人向任正非建议，华为应该建一个博物馆，把公司成立以来的每一款产品都放到博物馆里展览。这个提议遭到了任正非的拒绝，他说一家高科技企业如果总是怀旧，总躺在过去的功劳簿上，是没有前途的。为了让华为人都着眼于未来，任正非宁愿放弃很多东西，包括华为的历史。华为在全国都没有专门展示企业发展历程的博物馆，只有关于最新产品和服务的陈列馆。作为一家不断追求创新的企业，华为一直提醒自己要向前看。

创造力是一个企业的生命，只有创造力才能推动企业不断进化。话虽这么说，但残酷的现实是，表面上重视创造力的企业多，实质上具有创造力的企业少，原因是创造力与企业传统工业化的目标在很多情况下其实是相悖的。传统工业化追求的是差异最小化，防范的最大风险是犯错误或失去一致性；而创造力追求的是引爆客户认知，以及致力于建立解决问题的新方法。创造力在给企业带来竞争力和利润的同时，也会给工业化带来很多的不确定性甚至破坏性，这不可避免地会给员工带来职业上的不安全感，以及造成无形的心理压力和顾虑。如果企业没有一种有效机制去消解员工的这种心理压力和顾虑，创造力就只能沦为一种口惠而实不至的空洞表述。

"破山中贼易，破心中贼难"，在创造力方面，员工到底有哪些"心中贼"要破？

"心中贼"之一：损失厌恶。 人性的特点是趋利避害，且人在决策时考虑避害因素往往远多于考虑趋利因素。对员工来说，创造力是一种不确定性的工作投入：成功了，个人收益未必大；

失败了，个人则可能需要承担较高的职业风险，乃至要背负很重的心理枷锁。一些人权衡利害之后，觉得还是"走老路"来得保险。

"心中贼"之二：**系统破坏**。任何创造都不是孤立的，而是发生在一个或多个大大小小的系统中。创造意味着打破，打破意味着系统规则的重构。"牵一发而动全身"，员工如果不能确信系统破坏影响的范围和边界，或者不能驾驭创造的进程，创造失败的概率将比较大。这里不仅涉及创造力的问题，还涉及领导力的问题，经过风险评估，一些人多半会选择知难而退。

"心中贼"之三：**双曲贴现**。创造力需要相对自由的时间，时间压力难以激发人的灵感、创意和高效的想法，匆忙的脚步只会杀死员工的创造力。但在企业传统的思维里，效率意味着用更少的时间做更多的事情，很多人为当下的事务都忙得不可开交，哪来时间去探索新思路、新方法和新工具？在当期业绩压力面前，很多人抱定短视的想法是必然的，他们想得更多的是如何高效地完成工作任务，而不是如何谋取更好的未来。

"心中贼"之四：**免疫排斥**。企业很难在自己的主流价值观之外去创新业务。这就好比免疫排斥，当受体与供体不配型时，"互害"是必然的。创造力也一样，当员工的创造力与企业主流价值观"不配型"时，这时员工最好的选择就是"躺平"，假装与主流价值观保持一致，否则就像免疫排斥一样，容易导致"互害"。

要破"心中贼"不是没有办法，否则世界上也就不存在成功的创造力企业了，关键是企业要意识到，员工的"心中贼"，根子恰恰在企业这座山上的"山中贼"身上。不破"山中贼"，就破不了员工的"心中贼"。

鼓励试错，包容犯错。针对损失厌恶，成功企业的经验是，建立鼓励试错、包容犯错和机制容错的组织文化。任何组织的成长，都是通过耗散来完成的，犯错是组织或个人面对新事物时所必经的耗散过程，员工只要不犯工作态度上的错误，学习过程中所犯的错误一律可以予以免责。这样员工就可以放下心理包袱，敢于大胆尝试，毕竟多数人的人性本能，是希望把事情做得更好。激发员工创造力的最好方法，就是顺应人性的这种本能，不断强化员工心中向善的力量。

鼓励创意，机制保证。针对系统破坏，常见企业这么处理员工的创意和建议：谁提出来的，就由谁去牵头解决，渐渐地大家都不愿意提创意和建议了，因为谁也不愿意"庸人自扰"，自己给自己找麻烦。提出创意和建议的人，未必有相应的资源、能力和权力去实现它，企业不能将本应是专业部门负起的责任，随意地落到提出创意和建议的人头上。一家企业如果最后只剩下听话的员工，没有人提问题，这家企业的创造力就彻底湮灭了。企业应多渠道收集员工的创意和建议，甚至鼓励员工有各种听上去离经叛道的"怪诞"想法，但这些创意和建议应通过例行的管理和决策流程，确定相应的责任主体来具体落实。用组织运作机制和团队来保证创意和建议得到系统性的推进和落地，而不是依赖个人行为，这就大大降低了出现系统性风险的可能性。

战略专项，资源驱动。针对双曲贴现，企业最好成立专门的组织并设置专项预算，来确保企业有人专门负责"仰望星空"的工作，例如华为的2012实验室、华为的蓝军组织。企业不宜将短期目标和长期发展目标混在一起来管理。负责短期目标的团队侧重于"机会牵引"和"有效成长"，资源要用在找目标、找机会，并将机会转化为成果上；负责长期发展目标的团队侧重于"资源驱动"和"创造新的可能性"，为战略目标服务和确保公司长治久安。

文化变革，适时而变。针对免疫排斥，企业需要通过企业文化变革来实现对创造力的支持，但企业文化是企业家的文化，企业文化变革必须与企业家的心灵觉醒同步，而企业家的心灵觉醒，有赖于企业家从"必然王国"到"自由王国"过程中饱尝现实苦果后的痛定思痛。所以，企业文化变革只能适时而变，选择在企业战略做出重大调整、企业出现重大危机、企业管理层出现重大变动、企业生存环境出现恶化等重大转折的时点进行。企业生存发展的迫切性，有助于激发企业自上而下的自省，有助于激活企业的动力"核苷酸"和能力"核苷酸"。任何孤立的、不与企业生存发展相适配的企业文化变革，最后都会无疾而终。

创造力需要信心来提供养分。破"山中贼"，员工才有信心；有信心，员工才能破"心中贼"；破"心中贼"，员工才能点燃创造力；点燃创造力，企业才能发展生产力（见图5-1）。

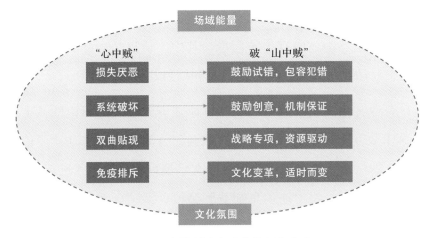

图 5-1 点燃创造力才能发展生产力

共建"场域能量"

企业文化建设本质上是对员工进行精神赋能，而精神赋能离不开"场域能量"的加持，员工在"场域能量"的激励下会形成共振，场域的指向越清晰，场域中每个人的能量越大。"场域能量"是一种信息能量，它通过"消除不确定性"来增强员工的信心，从而使员工的心理能量倍增。

因相信而看见

提到信息能量，绕不开通信系统工作原理。通信系统先在发送端将信息（Information）表示成具体的消息（Message），再把消息加载到信号（Signal）中，然后在信宿中对含有噪声的信号进行处理和变换，将其转变成文字、语言或图像等形式的消息，最后人们从消息中还原有用的信息。其中，信息是消息的内涵，消息是信息的物理封装，信号是消息和信息的传输载体。

企业文化建设与通信系统工作原理有着极大的相似性：企业倡导什么，反对什么，这些价值标准和行为范式正是企业要传递给员工的信息；将意识层的信息以文字等可视化的形式进行封装，就构成了消息；将上述消息加载到会议、活动、邮箱等信道发出的信号（会议纪要、活动成果、电子邮件等）中，最后信号所蕴含的信息为广大员工接收和内化。

与通信系统有所不同的是，由于每个人的价值观和生活阅历存在差异，员工在接收信号时可能会做出与组织期望不符的信息解读。因此，在企业文化建设过程中，员工的信心最好要有管理层的决心来背书。管理层的决心大小决定了信息能量的强弱，信息能量的强弱决定了员工"消除不确定性"程度的高低，进而决定了员工的信心大小，这就是因相信而看见的道理。

一般来说，理性人的行为方式都是个人在特定情形下审时度势的结果，人往往只会改变他认为能够改变的方面。管理层的决心为员工的信心背书，无疑会增强"场域能量"指向的清晰度，增加员工对企业未来的预期值，让员工愿意自觉抑制思想上的各种干扰，并同步扩大自我改变的行为面。

以下是一家企业在干部能上能下方面开展企业文化建设的案例，特别能说明问题。干部作为企业的关键少数，必须跟上企业发展的步伐，企业不可能停下来等待干部成长。跟不上企业发展的干部，该下车时就应该下车。但在企业实践中，干部能上能下确实遇到了很多现实困难。比如一些参与过创业的元老和功臣，有的虽然跟不上企业发展了，但无论从历史贡献还是感情上来说，企业一般都难以抹开情面，让他们从重要岗位退下，结果就是组织活力和战斗力上不去，企业发展受影响。

如何体面而有效地解决这个问题？这家企业策划制定了一个别开生面的退出机制。该企业此前面临的问题是，干部对公司发展没信心，思想不统一，没有斗志，人浮于事，业务效率上不来，成本却往上走。为此，该企业为中高层干部量身打造了一场为期3 天 2 夜的敦煌 88 公里戈壁徒步拉练，把干部分成若干组进行小组 PK（Player Killing，对决），最后按小组一起到达终点的人数进行积分，计算比赛成绩。拉练过程中，坚持不了的人可以自愿选择退出，当然每组也可以主动淘汰拖后腿的人。

明眼人一下就能看出来，这次徒步拉练何尝不是企业组织管理的一次场外实战模拟？每个人都要接受沙漠行走和高温等恶劣环境的考验，有的人实在坚持不了，不得不选择放弃；有的小组为了继续前进，不得不淘汰跟不上的人，否则整个小组都没法前进。中途有些人自觉坚持不了，建议修改规则，比如第 3 天是不是别继续这么狠等，这些建议最后都被公司坚决地否决了。回来后公司趁热打铁，组织了为期 2 天的讨论，让每个人分享这次活动下来的思想体会。

经过这次徒步拉练，大家在关于公司发展的思想认识上可以说上了一个台阶。会上，一些在重要岗位上、年龄大的人主动提出退居二线，让位给年轻人；会后，各部门负责人主动开展了不称职干部的清理工作，并提拔了大量有干劲的年轻人。经过这一轮调整，企业的组织活力得到明显提升。

这次活动带来的另一个可喜的变化是，日后干部在事关公司长远发展的理念和政策决策上，比以前更容易达成共识和一致行动。事实上，该公司从此进入了业务发展的快车道，和这次文化活动不无关系。

这一活动之所以有效，是因为它暗合了成人的一般学习特点：由体验而内省，由内省而理解，由理解而扩展。体验是一种创造难忘经验的活动，体验过程结束后，体验的记忆仍恒久存在，从而自动帮助我们实现思想和行为转型。成人的学习兴趣，往往嵌入在他们的个人体验中，在关于他们是谁的想象中，在他们能做什么和他们想做什么中。可以说，体验是一切认知的起点，思想则是长成的树。没有戈壁徒步那种"多么痛的领悟"，就不会有干部的思想升华，他们从徒步的极限体验中得到了某种有用的思想认知，并将其自然映射到了企业的管理实践中，从而实现人的自觉改变。

但这次体验活动的"魂"，是公司管理层在干部能上能下问题上的意志力和决心，这才是不可或缺的关键变量，否则思想自觉不容易触发行为自觉。敦煌88公里戈壁徒步拉练既是干部的体验式学习过程，更是管理层意志力和决心的一种宣示，基于这种宣示，干部的自觉才成为现实。像干部能上能下这样的理念，不是因为它多么难以理解，而是因为触碰到了一些人的利益，大家不愿意轻易自我割舍罢了。在徒步拉练的体验以及管理层意志力和决心宣示的双重作用下，一些人找不到下来的理由，最后权衡利弊，主动退居二线，不失为一种自我保全的、体面的方式。

企业管理层的决心就是信息能量，是一种相信的力量。在一些原则性立场问题上，企业管理层尤其不能首鼠两端、似是而非，一定要向员工传递清晰的信息，不能因为怕产生争议而不敢面对冲突，乃至影响到管理层的决心。任何新事物出现，都可能带来争议，争议的过程就是妥协和达成共识的过程，管理层传递的信息能量越大，就越能抑制员工犹疑于心的思想噪声，提高信噪比。

华为2009年整体效益较好，员工奖金水平较以前有大幅提升，但可能带来的负面影响是，奖金有增长的员工在高兴的同时自然而然憧憬着明年奖金比今年更多；奖金没什么增幅甚至减少的员工，难免有抱怨，而干部未必都能对员工的情绪进行正确的引导。为了不致出现奖金分配以后员工期望值被抬高，或者出现牢骚、抱怨、不再聚焦工作的情况，华为在奖金发放之前面向全体员工发表了《樱桃好吃树难栽，大旱来了怎么办？》的文章，以警示和教育各级组织，督促干部做好团队成员的期望值管理，帮助团队成员树立正确的回报观，让团队成员认识到奖金是与公司业绩和个人贡献挂钩的弹性回报。公司有丰年也有灾年，丰年多得，灾年少得或不得；员工有贡献差异，贡献大者多得，贡献小或没有贡献者少得或不得。文章发表后，公司责成各部门组织员工学习和讨论，确保将精神传达到位。

　　这次活动如果到此为止，则谈不上其中有什么特别之处，顶多体现了管理层能够未雨绸缪、前瞻性地实施组织管理。这次活动令人感觉特别的地方在于，各部门完成学习后，公司又要求全体 10 多万员工，每人在 IT 系统里逐字逐句抄写文章中的核心要点，而且连标点符号都不能错，否则须重新抄写。不少员工因为抄写中出现一些小错误没注意，导致线上提交失败，内容清零，不得不重新抄写，于是在公司网站"心声社区"吐槽和发泄不满。但不满归不满，每个人还得继续抄写，只有抄写正确了，才可以在线上提交成功。人力资源部根据线上提交成功的记录发放奖金。这就有意思了，公司为什么要如此大费周章，故意在员工中制造争议话题？这里面其实有两个看点。

　　其一，沟通是一个漏斗。如果沟通者心里想的是 100%，那么他嘴上准确表达出来的可能只有 80%，别人听到的可能只有 60%，别人听懂的可能只有 40%，别人付诸行动的可能只有 20%。既然奖金沟通如此重要，那么公司肯定不希望这件事情只是简单发篇文章学习一下就了事。要让政策宣导到位，单靠由上而下的政策沟通是不够的，逼着大家抄写，其中就有由下而上让大家对公司政策导向加深理解的意思；不惜让大家多抄写几遍，意味着公司希望每个员工对此留下深刻的印象，并转化为后续加倍的工作努力。如此，政策沟通的有效性才会增强。

　　其二，争议话题有利于拓展认识的广度和深度。社会学习是一个 S 形曲线，任何一种新思想在刚开始投放的时候，总是会有各种各样质疑的声音，不管你愿意还是不愿意，它们都是真实存在的。与其让它们埋没在每个角落里，不如让它们浮现出来，在各种观点的碰撞中促进共识，释放负能量。这就好比一块石头，投入水中，泛起一波又一波涟漪。员工通过社区，对争议话题进行开放式讨论，争议话题就像酵母，通过发挥发酵作用，终将酿出一坛好酒来。

创造争议话题，是文化建设非常重要的方法。没有争议的东西，往往让人印象不深，或者觉得僵化和没有活力；有生命力的东西，往往是在质疑、好奇、思辨、体验甚至发泄中得到的。当每个人开始怀疑、反思和介入讨论时，说明他们已经在思考这个问题了，只有触发思考才能内化，只有内化才能形成文化自觉。

华为工作满 8 年的员工离职再入职事件，一度在社会上引起了很大的争议。2007 年 11 月之前，华为员工的工号是按照员工入职的时间先后进行排序的，这带来的问题是，工号靠后的员工与工号靠前的员工在进行工作沟通时，心里难免有"代差"，担心一不小心就得罪了某位"大佬"，影响自己的职业发展；而"大佬"似乎也可以根据工号排名的先后，轻易判断对方的分量，进而采取不同的应对方式。这种沟通上的"看客下菜"，不可避免地会滋生出一些"特权阶层"，不利于形成对等、简单、高效的组织文化。

2007 年 11 月，华为倡议工作满 8 年的员工主动提交辞职申请，自愿离职，公司再根据岗位需要，欢迎他们竞聘上岗；再入职后，每个人将获得一个全新的工号。公司领导带头响应倡议，加之有丰厚的"N+1"补偿加持，老员工主动辞职得以顺利实施。

从此，华为再无工号文化。

争议，是一种思想的反刍，企业要善用争议，达到强化文化信息能量的目的。华为就是一个特别善于创造争议的公司，自我批判是华为的核心价值观。华为不怕人批判，因为批判了一万年，华为就活了一万年，企业要的是活下去，而不是无人批判。开放接受社会和员工的批判，是一家企业文化自信的体现。

因看见而相信

信息传输需要借助信道，例如加载在电磁波上的信息的传输信道是自由空间。选择什么样的信道，需要从传输成本、传输效率、传输损耗等方面进行综合衡量。企业文化建设也是一种信息传输，选择什么样的信道传输企业文化信息最为有效呢？企业文化信息传输可以有各种信道，但最好的信道应该能够暗合大多数人的认知习惯。毫无疑问，易被员工"照单全收"是衡量企业文化信息传输有效性的一个重要标尺。

大多数人在认知过程中，习惯于将"眼见为实"作为隐含假设去推导身边的事物，也就是习惯于根据自己的过往经验，去寻找和建立事物之间的某种联系。举例来说，21 世纪初，中国房地产市场异常火爆，大部分人会根据自己的过往经验（如收入不高、租房的租金比购房还款利息更低等），推导出房价太高的结论，从而错失买房的最佳时机。但房子未来的价值是由房地产市场的发展趋势决定的，与一个人的过往经验没有任何必然联系，单凭过往经验去判断事物走势，跟着感觉走，就会犯理性逻辑上的错误。但这就是多数人认识世界的主要方式，也可以说是人性的一般规律。

企业文化建设，为什么不能充分利用人性的这一规律，营造出一种眼见为实的"看见的力量"呢？既然用事实本身的逻辑比用枯燥的理性逻辑说话更容易取信于人，那么企业将它作为一种更快捷的企业文化传输信道又有何妨？企业管理应建立在大概率的基本假设上，因看见而相信，这暗合大多数人的认知习惯，理应成为企业文化信息传输最为有效的信道，没有之一。

因看见而相信，以此来有效传输文化信息，华为在这方面可以说是驾轻就熟。任何企业，基层总是占绝大多数，正是这些企业的"末梢"，让公司的愿景、使命和战略成为现实。理所当然的是，企业要获得商业成功，就必须激发广大基层的成长冲动，因为是他们实现了公司颗粒归仓，是他们构成了公司未来的中坚。因此，刚入职华为的新员工，都要学习华为的企业文化。

有一个小故事，至今让我印象深刻。故事讲的是华为创始人任正非出差回来，走到办公大楼的一楼，看见一位清洁工把地板擦得锃亮，于是，任正非把刚买的一块手表拿出来当场奖励给了那位清洁工。新员工听到这个故事时，感动得不行，心中不由自主地浮现出一个画面：哪天我在努力工作的时候，任总也从我身边经过，也奖励一块手表给我！新员工为什么会产生这样的联想？因为这就是真实的人性——每个人都渴望被看见！

　　新员工初来乍到，每个人的心里都揣着梦想和憧憬，很自然会把这个故事推而广之：公司既然能看见一个清洁工的贡献，今后肯定也能看见我的贡献！这就无形中增强了大家对"有奉献就会有回报"的心理期待。

　　华为每年都要从基层员工中间评选出一批金牌员工，并隆重地为他们颁发金牌奖章，他们还有机会和任正非等公司领导同框合影。这一文化活动的目的显而易见，文化需要具体的榜样作为载体，通过对成功鲜活的描绘，带动员工效仿。事实上，这一文化活动也确实产生了相应的效果。那些分布在全球各条战线上的优秀基层员工，当听到他们有机会参加这样盛大的典礼时，很多人都感动得哭了。可见，被看见是每个人内心深层的渴望。谁看见了你，谁就走进了你的内心世界！站在均衡管理的视角看，越是在人际距离上离公司管理层较远的人，越需要被看见，所以，华为的很多奖项几乎都是颁给基层员工和基层团队的。

　　战场在哪里，公司的关怀就在哪里，这也是一种充满力量感的看见。华为员工野外作业是常态，吃饭是个大问题，华为便用卡车建立了机动野战食堂，这样工程在哪里，食堂就可以开到哪里，既方便了员工，又提高了工程作业效率；华为推行目标责任制，不单纯以出工时间来衡量员工的业绩，员工为了获取订单，可能需要连续作战，甚至通宵达旦地做方案，一旦订单成功获取，公司规定可以安排项目成员找上好的酒店进行休整，以逸待劳；员工因工作需要，晚上加班了，错过了班车，可以免费叫公司的小车服务；研发人员工作时间相对灵活，晚上加班晚了，白天可以晚来……这些在一些企业高层看来不起眼的"小事",恰恰是企业文化中最能撩拨员工心弦的地方。

优秀的领导者,都懂得用心去感受员工的感受,他们未必要用眼睛去观察,只需要用他们的同理心,因为在他们的脑海里,永远有广大基层员工奋斗的场景和画面。当然,所有的看见都应该以商业成果产出为前提。

被看见和被评判,是两种截然不同的感知。为人父母,我们看到自己的孩子摇摇晃晃地学步,总是满心欢喜,欣赏孩子可以开始独立行走了,我们绝不会嫌弃孩子学步太慢。同理,我们是看见员工的进步还是不足?如果我们看见了员工的进步,我们就懂得欣赏;看见了不足,我们可能就习惯性地去评判他。员工如果得到的是欣赏,他就会自觉把自己放置到对方的价值评价体系里;反之,他就会继续活在自己的价值评价体系里。显然,我们期望前者能够发生。

当然,每个人渴望被看见的一定是好人好事,坏人坏事是不想被看见的。看见坏人坏事,是组织的需要,不是个人的需要。"榜样的力量是无穷的",貌似有理,其实存疑:好的榜样力量从来不是无穷的,因为这时人需要做功;坏的榜样力量才可能是无穷的,因为这顺着熵增的方向。基于此,对坏人坏事,组织不仅要看见,还要敢于拿出来"晾晒",借着阳光,才能消毒。

举例来说,华为倡导以客户为中心的文化,方向肯定是对的,但关键是如何让这种倡导真正变成企业的实践?员工都是很现实

的，在他们的认知里，决定其职业发展和待遇的，是他们的上级
而不是客户，要让他们以客户为中心，不以领导为中心，似乎是
在给自己出难题。突破思想障碍的办法，就是坚决打击以领导为
中心的行为，不让其有任何生长的土壤。在华为，只要出现这样
的苗头，就予以打击，关键是在防微杜渐上下功夫，"日拱一卒，
功不唐捐"。例如，领导到代表处出差，对打横幅欢迎领导莅临
指导工作的，予以撤职；领导去机场，对亲自开车相送的，予以
降职降级；等等。类似一个个鲜活的故事，犹如春雨般滋润着以
客户为中心的文化土壤。

看见的力量在于感动，在感动中，人与价值观自动进行"桥
接"和融合。

泛在的文化觅母

消息是信息的物理封装。信息之所以需要消息来进行物理封
装，是因为信息是一种意识，需要某种形式的物理表达才能被识
别和传输。经过物理封装的信息，也因此获得了表达上的相对一
致性和完整性，不致在传输过程中衰耗。处理消息的过程就是处
理一个相对完整的"信息团"的过程，因此传输效率得到了极大
提升。

生物学上典型的信息封装是 DNA，通过 DNA 来携带稳定的
遗传密码和基本的生存功能；人类社会典型的信息封装是文化觅
母，通过文化觅母，携带文化信息，让文化生生不息。生命力越

强的文化觅母，越具有非同一般的人文价值，它们在文化传承的自然选择中不断被强化和展现张力，进而延续其生命力。

当然，信息封装未必封装的全是有用的信息，就像 DNA 中也会封装遗传缺陷一样，人类社会也会将一些过时的甚至误导性的信息封装到文化觅母中，这些文化觅母会随着人类社会的发展而不断扬弃，有些乃至会随着时间自然消亡。

企业文化信息林林总总，这些信息越离散，传输效率就越低，传输成本也就越高，因此企业文化离不开信息封装。把一个个完整的"信息团"封装到一个个可简单传输的文化觅母（消息）中，可以提高传输效率，降低传输成本。我们以华为为例，看华为是如何通过文化觅母，封装文化信息，提高文化信息的传输效率的。

1. "少将连长"

"少将连长"在华为有其丰富的含义。

含义之一，"少将连长"是华为"以奋斗者为本"价值观的实践应用。

华为强调以奋斗和贡献来分配价值，而不是囿于科层组织级别，按级别享有价值，即不是说谁官大就可以分配得更多。华为的经营业绩一般由很多项目业绩汇聚而成，项目中做出最大贡献的未必是"少将"，可能只是某个参与具体项目的"连长"。"连长"是岗位属性，从贡献角度看，"连长"完全可以突破其岗位属性，分配到与其贡献相适配的价值，也就是说"连长"有机会获得"少将"级别的待遇。反之，"少将"如果没有什么贡献或贡献不大，其分配到的价值也可以下调到"连长"级别。当然，这里"少将"和"连长"都是泛指，不是特指，仅仅是为了方便说明问题。

所以，华为的能上能下不仅指岗位的能上能下，还指待遇的能上能下。华为基层经营单元在组织层级上虽然属于企业的"末梢"，但华为每年都会根据其业绩贡献来进行"称重"，贡献大的，待遇级别可以很高。"少将连长"的产生，可有效避免组织层级的限制，人为地给基层经营单元设定成长天花板，阻碍事业发展。

企业为什么会出现固化的思维和固化的人？皆因利益被固化了，"少将连长"就是要通过创造利益上的各种可能性和不确定性，让组织和人一直处于激活态。

含义之二，在事关企业发展的关键制胜领域，华为要求"少将"必须亲自下到"连队"去当"连长"，快速实现业绩突破。

在华为，经常可以看到一些总裁级的领导下去当基层代表，非因他们被贬，而是现实业务需要。他们下到一线，可亲自协调指挥重大项目，建立高层客户关系，建设商业生态环境，充分发挥"少将"的优势。一般来说，在公司业务发展的扇形攻击面上，不同区域和领域所遇到的困难和障碍是不一样的，队伍的成熟度也不尽相同，这就要求"少将"在指挥作战的过程中，在资源分配上不能搞平均主义，更不能作壁上观，坐享其成，而要以责任结果为导向，亲自主导攻坚克难。

这与华为的针尖战略一脉相承。针尖战略利用的就是物理学上的压强原理，在作用力相同的情况下，面积越小，压强越大。针尖战略应用在市场开拓方面，就是集中力量打歼灭战，利用压强原理，先形成局部突破，将人力、物力、资金集中在一个点上，快速超越其他公司。撕开口子以后，就有了市场；有了市场，就可以继续加大投入，形成更大的突破；有了更大的突破，就可以占领更大的市场。所以，"少将"下去当"连长"，快速实现业绩突破，绝对不是从战术层面考虑，而是事关企业战略的宏观指导原则。

含义之三，为有效拉动公司资源，确保战略机会和关键业务成功，华为有目的地把一些实际在"连长"岗位上的人任命为"少将"，以实现权责对等，或方便与客户对等交流。

"连长"被封为"少将"后，"连长"的心理状态、心智模式也在潜移默化地发生变化，自我要求和话语权也随之提高。华为员工平均年龄在 27～28 岁之间，很多人年纪轻轻就走上了重要岗位，这与很多企业形成了鲜明的对比。给"连长"配"少将"衔，提高一线人员的级别和待遇，就会引导优秀人才到一线长期艰苦奋斗，从而大大提升一线服务客户的能力和水平。"少将连长"这种组织安排，为华为的组织增添了活力，源源不断地为华为锻造了一批又一批后备人才。

2. "林志玲的美"

华为以"林志玲的美"来比喻强大起来的华为，源于美国部分媒体长期对华为的丑化。华为认为，林志玲的美不是歪曲就能否定的，同样，华为也不是美国说怎样就是怎样的，华为一定会自强不息，尽管它现在并不美丽。林志玲非常美丽，但永远美丽的是她的影像；华为也美丽，美丽的是它曾经激情燃烧的岁月；华为也会变老、变丑，甚至一定会消亡，不过那是很多年以后的事，而不是美国部分媒体希望的马上。华为尽管可以勉强称得上"美"了，但要想更美、更久地美下去，就必须多批判自己。华为只要坚持以客户为中心，持续给客户带来价值，帮助客户成功，华为美丽的光芒就是挡不住的。

"林志玲的美"承载的文化信息深邃而发人深省。

（1）妖魔化"喷粪"只会让鲜花更有营养，更加灿烂夺目。华为从创立之初，就在自己的家门口与西方公司同台竞技，逐步变成了今天的华为，华为深谙"狭路相逢勇者胜"的道理。几十年来，华为正是靠强大的对手，成就了自己的强大，所以即使再来一个什么对手，华为也是有足够的战略准备和心理准备的。

（2）华为要不断通过后天的努力，变得像林志玲一样美。反映在追求卓越的问题上，华为的理解就不同于一般企业。有些企业喜欢把追求卓越挂在墙上，却从来没有卓越过。华为认为卓越是个伪命题，看似有目标，其实没目标，"追求卓越"如果仅仅停留在一个口号上，是无法转化为企业的努力方向的。华为不提倡追求卓越，而是倡导持续改进、无限逼近合理。企业只有找到不断自我更新的目标，才有可能最终变得像林志玲一样美，总梦想着一夜"煮沸大海"，反而会让自己无所适从，最后只能"望美兴叹"。

（3）美丽不是永恒的，要有危机意识。华为是一家危机意识极强的公司，华为的最低纲领和最高纲领都是"活下去"，《华为的冬天》《华为的红旗到底能打多久》《从泥坑里爬起来的人就是圣人》等对华为文化影响深远的文章，均是华为危机教育的经典之作。

人为什么恐惧？因为害怕未来，所以华为的危机意识，实际上是一种管理未来的能力，管理未来才能拥有未来。一些企业在经营状况不好时才想起变革，其出发点往往只是为了"挽狂澜于既倒"，在现有业务和能力基础上进行重塑。这种重塑或者周期性重塑固然可以解决一部分问题，但寄希望于旧地图，怎么能找到新大陆？

华为则往往是在经营状况良好时就未雨绸缪，因为华为瞄准的是未来的不确定性和变化，用未来引领现在，前置性地塑造企业的优势。对于这一点，华为用"消灭优势，留下文明"这句话浓缩了它对企业生命的本质洞察与思考，意思是当企业的优势不再成为优势的时候，企业不能刻舟求剑，要敢于放弃当前的优势，努力重构新的优势，主动适应社会环境和市场环境的变化；企业虽然失去了已有的优势，却获得了得以活下去的新优势，企业只有活下去，企业的文明才可以延续。

3. "不拉马的士兵"

在管理界，有这样一个故事流传已久。一位年轻有为的炮兵军官上任伊始，到下属部队视察其操练情况，他发现几个部队存在相同的情况：在操练中，总有一名士兵自始至终站在大炮的炮管下面，纹丝不动。军官不解，问其原因，得到的答案是：操练条例就是这样要求的。军官回去反复查阅军事文献，终于发现，长期以来，炮兵的操练条例仍然遵从非机械化时代的规则。

过去，站在炮管下的士兵的任务是负责拉住马的缰绳（在那个时代，大炮是由马车运载到前线的），以便在大炮发射后调整由于后坐力产生的距离偏差，减少再次瞄准所需要的时间。现在，大炮的自动化和机械化水平很高了，已经不再需要这样一个角色了，但操练条例一直没有及时调整，因此才出现了"不拉马的士兵"。军官的发现使他获得了国防部的嘉奖。

华为引入"不拉马的士兵"一词，意指那些身处业务流程之外、不创造价值的多余的人。组织中多余的人多了，就会有各种主意、各种折腾、各种浪费、各种斗争。从管理的有效性来看，减少"不拉马的士兵"是必要的，可以提高业务的投入产出水平，将节省出来的人力再投入到其他工作岗位上，还可以增加额外价值。从组织运作的角度来看，减少"不拉马的士兵"实际上是一个组织系统的优化过程，"人得其事，事得其才，人尽其才，事尽其功"。在每一个企业组织中，完善的组织设计和合理的运作目标就是这十六字方针。反观目前许多企业的组织结构，"不拉马的士兵"随处可见，企业又如何能高效运作呢？

在上述故事中，"不拉马的士兵"是由操练条例造成的，但为什么站在炮管下面的士兵不主动反馈，要求修改操练条例呢？问这样的问题，如同我们问企业组织中那些出工不出力的人"为什么你可以过得比别人滋润？"一样，是在为错误的问题寻找正确的答案。这个故事给我们的启示就是，一成不变、因循守旧的制度，容易给人提供钻空子的机会，引导人变坏；与时俱进、管理有效的制度，可以让人自觉克服人性的弱点，发扬人性的光辉。所以，一项好的制度设计，往往要把人往坏处想，把事往好处做。

解析了以上文化觅母，不难得出，一家企业如果没有文化觅母，企业文化就难有生长力，因为文化信息无从结晶。企业的文化觅母，一般表现为经过抽象后的概念，富有哲理性、故事性和鲜活性，易于理解；往往以形象而生动的方式呈现，因而说服力强，容易促成共识；能够把冗长的思想表达浓缩在极为精简的表述里，让人印象深刻，且更易于记忆，极大地提高传输和传播效率。

华为一般通过如下方式，来创造文化觅母。

源于自然现象。如："静水潜流"。静，是一种没有摇旗呐喊的张扬，是一种不显山露水、不虚张声势的收敛，看似漫不经心，其实目标明确，精心策划，含而不露，心机深藏，一切尽在不言中。静，并不是真的平静，也不是真的什么都没做，而是表面看起来风平浪静，其实是春雨润物，水滴石穿，蕴藏着巨大的能量，是"于无声处听惊雷"。表面上看没有多大的水声，也不能溅出水花，其实那水深不可测，蕴藏着巨大的力量，这就叫作"静水潜流"。华为要求广大干部员工以"静水潜流"为自己为人为事的风格。

源于军事领域。如："范弗里特弹药量"。"范弗里特弹药量"是朝鲜战争的历史名词，意指不计成本地投入庞大的弹药量进行密集轰炸和炮击，对敌实施压制和毁灭性打击，迅速高效歼灭敌方有生力量，使其难以组织有效的防御，最大限度地减少己方人员的伤亡。华为每年拿出营收的 10% 以上投入研发，不惜使用"范弗里特弹药量"，对准同一个城墙口，数十年持之以恒地饱和式攻击，这是华为不同于其他公司的最重要特质之一。华为从 2B 转向 2C 业务，只要挣到钱，就改善服务，也是华为"范弗里特弹药量"的成功实践。

源于社会生活。如："挤奶工"和"养牛人"。华为用"挤奶工"和"养牛人"来形象地比喻华为与客户间的长期合作关系。与客户做生意好比养牛，和客户保持良好的合作关系，互信互利，才能盈利，如同把牛养好才有牛奶喝一样。华为认为，繁荣并不产生危机，但繁荣背后却隐藏着危机。在高歌猛进中，一些新人没有"养牛"的经历，一上来就想"挤奶"，还有一些"老"人，被胜利冲昏了头脑，也少了以客户为中心的服务意识，这是非常危险的。华为以此告诫干部员工，永远保持"客户第一"，在客户面前始终要有战战兢兢、如履薄冰的心态。

源于网络热词。如："自干五"。网络上被雇来发帖或回帖、赞颂或攻击别人的网络水军，被人称作"五毛党"，而自发地在网络上对一些谣言进行辟谣的部分网友，也常常被攻击为"五毛"，实际上这些人并没有拿钱，他们自嘲为"自带干粮的五毛"，简称"自干五"。华为借此号召一些部门不能有"等、靠、要"的思想。

经验的浪费看不见、摸不着，却严重影响公司效率，一些部门要突破，却苦于没有经验，与此同时其他部门已有较为成熟的经验，没有经验的部门为什么不能自带干粮去有经验的部门学习呢？华为形象地把这种模式比喻成"自干五"。

源于成语故事。如：田忌赛马。华为在科学家人才领域不搞田忌赛马。华为要靠自己的整体优势，持续取胜，而不是像田忌赛马那样整体实力不足，仅靠调整部署取得一两次胜利。因此，华为要加大前瞻性、战略性投入，要容得下世界级人才，要建立全面超越的专家队伍，把握先机，在理论构建能力、科学家数量、产品质量等诸方面达到业界领先水平。只有这样，华为才能避免衰落，不断发展壮大，持续地活下去并且活得很好。

源于社会传承。如："洛阳铲"。洛阳铲是老祖宗发明的非常实用而又经济的考古工具，可现如今科技如此发达，高科技工具和产品层出不穷，我们还要如此因循守旧，死命抓着它不放吗？任正非在"关于内部网络安全工作方向的决议"的讲话中提到了"洛阳铲"，用它来比喻封闭、不开放。他说，未来3～5年，是我们争夺世界市场的关键历史时期，网络环境肯定越来越不安全，因此在保密、防护方面要投入很大力量，该花钱就花，多使用美国、欧洲的先进武器。攻下了"上甘岭"，下面的钻石矿就全是你的。所以，为什么非要用"洛阳铲"，才有自主创新的光荣呢？

从华为文化实践来看，华为创造文化觅母，多半是从大家耳熟能详的事物入手，找到它们与华为文化之间在意义上的相似性，在特定的情景下，予人以很强的代入感。可见，创造文化觅母，需要有联想思维，需要有由此及彼的概念能力，同时创造文化觅母，是企业高层的责任，企业高层责无旁贷。

Chapter 6

第 6 章

信息负熵

　　人类的工作和生活实践总体上可归纳为：探索增加有序化能量的方法，积累、组织和调动有序化能量，推动事物有序化运动。积累、组织和调动有序化能量的方法是信息负熵，有序化能量的总和就是价值，增加有序化能量就是创造新价值。信息通过积累、组织和调动有序化能量，创造新价值，增加价值总量。其中，信息的作用是熵减，因此信息又可被称为信息负熵。

信息是新价值的唯一源泉

"头顶一块布，天下我最富"是很多人对中东富豪的固有印象，但是在获得石油开采的信息之前，阿拉伯酋长要靠放牧和喂骆驼来维持生活。可见，信息是一种创造新价值的价值，世界上并不缺少能量，缺少的是对撬动有序化能量的信息的掌握。企业也一样，客户是企业能量之源，可有多少企业掌握了将客户能量转化为企业有序化能量的信息？可以说，信息是新价值的唯一源泉，信息是财富的密码，不生产信息的企业，注定生产不出价值。

有财富的地方必然有信息

一封求职申请卖出了天价，你信吗？

2021 年 7 月 29 日，一场关于乔布斯在 1973 年 18 岁时填写

的求职申请的拍卖终于在持续了近一个星期后落下帷幕，以 34.3
万美元的价格售出。这份求职申请之前曾多次被拍卖，第一次拍
卖是在 2017 年以 18 750 美元成交，2018 年以 174 757 美元成
交，在 2021 年 3 月以 222 400 美元成交。当然求职申请本身无
足轻重，之所以弥足珍贵，是因为它是一个里程碑，是苹果公司
CEO、世界工业设计大师乔布斯开始其事业生涯的故事起点。在
一些人看来，乔布斯戛然而止的传奇人生，是一段尘封的、蕴含
着乔布斯精神的记忆，它像年份酒一样值得珍藏。

与乔布斯相关的另一件事是，2020 年 3 月，乔布斯的遗孀
劳伦·鲍威尔·乔布斯接受《纽约时报》专访，在专访中她做出
了一个惊人的决定，未来将裸捐 250 亿美元身家，不留给子女。
她在专访中说，"我没有兴趣积累财富，如果我活得够久，这笔钱
将在我这里结束""个人累积大量财富并不对，那相当于是数百万
人的财富，这样累积财富对社会很危险"。

乔布斯求职申请的多次拍卖，让我们看到了财富不断增值的
事实；乔布斯的遗孀将自己的身家裸捐，又让我们看到了一种难
能可贵的担当精神。以上看似不相关的两件事，不禁引发了我们
对财富的思考：到底什么是财富？我们为什么要追求财富？我们
该如何正确看待和利用财富？

毫无疑问，每个人对财富的认知是不同的，我们很难给出一
个可普遍接受的答案，我们只能回归事物的本源，去寻找大家在
财富认识上的某些共性。诚如我们所知，宇宙是一个能量场，生
命只是能量的一种存在形态，生命需要运动，运动需要能量，所

以，财富的本质应该是指那些可以用来交换能量的资源，或者说是人们所拥有的有序化能量。从这个视角来看财富，只有具备了以下特点，才称得上"财富"。

（1）**财富必须具有社会价值，否则它没法进行能量交换。**也就是说，地大物博不是财富，具有社会价值的"地"和"物"才是财富。

（2）**财富要以创造社会价值来实现增值。**就像乔布斯的求职申请，拍卖的过程，就是营销乔布斯精神、创造出社会价值的过程。

（3）**闲置的财富是一种能量的凝固态，没有释放出其应有的社会价值。**乔布斯的遗孀选择裸捐，应该是希望财富不要像闲置的工厂一样，非但不能尽其所能地释放出社会价值，反而可能会贬值甚至增加负债。

《道德经》中说："故有之以为利，无之以为用。"意思是一切有形的东西，只是为我们提供生活的便利，真正发挥作用的其实是那个"无"，是潜藏在具体事物背后的规律性。那财富的规律性是什么呢？

我们以通信系统中的消息和信息来进一步还原财富的本质：乔布斯的求职申请好比是通信系统中的消息，而那段尘封的、蕴含着乔布斯精神的记忆好比是通信系统中的信息。我们看到，乔布斯的求职申请卖出了天价，其真相是——并非消息值钱，而是消息所封装的、有特定价值的信息值钱。信息为什么值钱？因为信息的本质，是为主体消除或减少不确定性，能够给人增加有序化能量，创造新价值。

信息价值最典型的例子是古人的"摔杯为号"，"摔杯"只是封装信息的消息，"摔杯"所蕴含的信息包括形成共识的"集结号"、相机行事的弹性、不容易被察觉、有明显识别特征等，正是这些信息为主体消除或减少了不确定性，信息自然就值钱了。乔布斯的求职申请所携带的信息——一段尘封的、蕴含着乔布斯精神的记忆，可以给创业者带来事业上的启迪，可以给工业设计者带来创新的灵感，可以给失败者带来精神能量……所有这一切，都是社会价值的具体体现，都是在为主体消除或减少不确定性。

我们日常使用的钞票也是一样，钞票值钱，是因为钞票所传递的购买范围和购买力信息值钱。由此我们可以将财富的规律性总结为：有形财富的价值取决于财富所蕴含的无形信息的价值，而信息的价值取决于信息能够为主体消除或减少不确定性的价值。不难推导出，凡是有财富的地方就有信息。所有企业，本质上都属于信息产业。

认识到了财富的规律性，我们就不难理出财富增值的一般规律和步骤，这里不妨用一个"极简框架"来帮助叙事。

（1）财富就是"有"。拥有乔布斯的求职申请，就是拥有一种财富。求职申请是财富的形式，也是封装了某种信息的消息的形式。

（2）信息就是"无"。携带信息的财富被投放到市场，就成了资本，资本以契约的形式固化下来，就成了资产。所有资本和资产，本质上都是信息资本和信息资产。

（3）信息通过参与具体的价值创造活动，兑现其社会价值，放大其资产权益，从而实现资本和财富增值。

财富的具体形式有很多，难以一一枚举。这里以员工的劳动为例，具备某方面劳动能力是员工的财富，劳动时间下的有效产出是员工封装在劳动时间这一消息中的信息；员工把劳动能力以投资要素的形式投放到市场进行流通，劳动能力就成了劳动资本；应聘成功后，员工与企业签订契约，劳动能力就成了劳动资产；员工在具体的劳动实践中，参与价值创造，共享价值分配，放大资产权益，实现自我赋能，循环过程中同步实现了资本和财富的保值增值。

再以实体财富为例，假设把实体财富封装为厂房这一消息，那么厂房在约定成本、约定质量和约定交期下的有效产出，就是消息中的信息；实体财富以投资要素的形式进入市场流通，实体财富就成了有形资本；有形资本通过契约的形式，成为企业的有形资产；同理，有形资产在参与企业价值创造的活动中，放大资产权益，实现资本和财富的增值。

财富成为资本，一般有六种形式：劳动资本、货币资本、有形资本、知识资本、精神资本和组织资本。这些资本本质上都是信息资本，它们所携带的信息，在消除或减少企业的不确定性方面各有千秋。劳动资本旨在消除或减少企业在业务运作上的不确定性，货币资本旨在消除或减少企业在事业连续性上的不确定性，有形资本旨在消除或减少企业在生产资料上的不确定性，知识资本旨在消除或减少企业在竞争优势上的不确定性，精神资本旨在消除或减少企业在发展活力上的不确定性，组织资本旨在消除或减少企业在平台能力上的不确定性。各类资本成为企业的资产后，要依据这些资产在具体价值创造活动中的角色和价值表现，来确定其价值和价值分配。

综上，财富、资本、资产和事业的关系可用图 6-1 来表示。

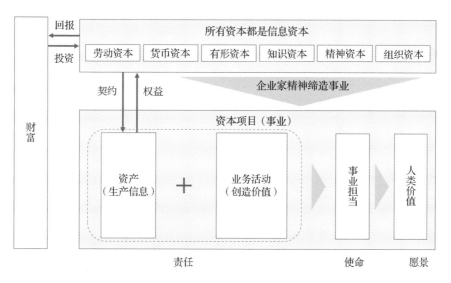

图 6-1　财富、资本、资产和事业的关系

信息的价值空间决定财富的增值空间

1971 年，乔布斯、沃兹尼亚克和韦恩创建了苹果公司，由于视界不同，三个人的成就差异甚大。乔布斯的视界是把计算机卖到全世界，沃兹尼亚克的视界是设计计算机，韦恩的视界是以

800 美元的价格卖掉自己的股份。在乔布斯特立独行、我行我素和令人捉摸不定的人格特征与行事风格背后，我们隐隐约约看到了乔布斯的思想主脉——发现价值。

唯有发现价值，才能完美解释乔布斯各种反世俗、反传统的表现，因为他只有打破那些坛坛罐罐，给自己创造一个无拘无束的自由空间，才能"去掉生活中的一切冗余"，才能在破坏旧秩序中重构新秩序。他的这种发现价值的意识和能力，甚至可以追溯到从小生活环境对他的塑造。有一次，老师问班上同学："你最不了解的问题是什么？"乔布斯举手答道："我搞不懂为什么我们家一下子就变得穷了！"可见，发现价值的意识和能力早就根植在乔布斯身上，并在现实生活的长期冲刷和打磨下，被铸成了肌肉记忆。

可以说，发现一个事物的价值（或者说识货）是最重要的价值。乔布斯从沃兹尼亚克设计的计算机上嗅到了个人计算机的市场潜力，这一信息消除或减少了他创业的不确定性；从在施乐公司的考察中，他嗅到了施乐公司自己都没有意识到的未来个人计算机的雏形和革命性变化，这一信息消除或减少了他在产业方向上的不确定性；从《玩具总动员》的横空出世中，他嗅到了动画电影的巨大利润空间，这一信息消除或减少了他大规模投资动画电影的不确定性。再看巴菲特，2008 年入股比亚迪，他嗅到了什么？个人认为，在金融危机的大环境下，巴菲特嗅到了便宜，抄底是他做出选择的最主要原因，这一信息消除或减少了巴菲特在投资回报上的不确定性。

由以上可知，发现一个事物的价值，并不是发现事物本身的价值，而是发现事物中的信息所投射出来的价值空间的价值，只有存在大的价值空间，人们才愿意将凝固的财富拿出来作为资本，从而有机会放大自己的财富。财富虽说是可以交换能量的资源，但财富本身不能自动交换能量，财富必须通过信息（积累、组织和调动有序化能量的方法）来完成能量交换，并在交换中放大财富，信息的价值空间决定了财富的增值空间。

华为创始人任正非说，"一杯咖啡吸收宇宙能量"，大意是说，要通过类似"喝咖啡"等的形式，主动走出去与客户、周边和相关价值资源进行连接，要让信息跨边界流动起来，流动的信息才能更广泛地参与价值创造，通过积累、组织和调动有序化能量撬动更大的价值空间，从而最大范围消除或减少企业在业务经营上的不确定性。

组织赋能较之信息赋价，哪一个更重要？当然是信息赋价。发现一个事物的价值，不一定非得自己有能力亲自去干，只需通过积累、组织和调动有序化能量就可以做到。沃兹尼亚克说，乔布斯从来没有写过代码，也没有参与过任何产品的原始设计。乔布斯只是擅长对员工的工作成果进行再加工，但这一点也不妨碍乔布斯成为著名的商业领袖，因为发现价值是他的本能，从事物中嗅到他所需要的信息并对信息中的价值空间进行赋价，是他最重要的能力。也就是说，他已熟谙了积累、组织和调动能量的法则，可以"心之所向，行之所往"。

那么，如何判定信息的价值空间呢？从苹果和特斯拉等公司的成功，我们大致可以归纳出一些共性的判断方法。

1. 起：大需求还是小需求

一切商业活动的起点都是客户需求，所以判定一个信息的价值空间，应从需求分析开始，看这个需求是大需求还是小需求。一般来说，人类的本质需求不会有太大变化，但是满足需求的方式可以层出不穷。

以通信为例，自从有了人类，就有了沟通的需求。早期的人类"通信基本靠吼"；发展到后来，设立了驿站，相当于现在的邮局，最快能做到骑马一天八百里加急；但人们还是觉得太慢，于是有了飞鸽传书；再后来，逐渐发展出电报、电话、电子邮箱、短信息服务以及现在的即时通信服务等。所以，通信是本质需求，是大需求。

但大需求好比是一个生态，没有哪家企业能做到对一个生态赢家通吃，现实做法是企业在这个生态下进行需求细分，找到适合自己的生态位，因为企业真正意义上的客户需求都是生态位下的细分需求。细分需求的价值空间有多大，要看所处生态位的价值空间有多大，生态位越往上，意味着圈层也越往上，价值空间自然就越大。

2. 承：延续还是颠覆

承接需求的方式一般有两种：一种是延续性创新（或者叫传承），另一种是颠覆性创新（或者叫变异）。延续性创新意味着解决问题，不断用差异化来更好地服务现有市场；颠覆性创新意味着提出问题，常常是用不具优势的优势，来满足未曾满足的需求和开辟新市场。关于延续性创新和颠覆性创新的典型例子是马车和汽车。19 世纪末期，马车是人们身份和地位的象征，而冒着黑烟、龟速前进的汽车是人们嘲笑的对象，后来，汽车从一个小众市场逐渐发展成为世界级的大众市场。所以在当时，生产更好的马车就是延续性创新，制造汽车就是颠覆性创新。

延续性创新的挑战在于，如果没有具有威慑性的价值壁垒作为战略控制点，企业的价值空间就会越来越窄；颠覆性创新的挑战在于，企业的试错成本、市场教育成本在事业初期比较高，出错和失败的概率比较大。企业对待延续性创新和颠覆性创新的态度应该是什么？

以华为公司为例，华为大多数的业务是延续性创新，同时允许有一小部分新生力量去做颠覆性创新，在边界里想怎么颠覆都可以。华为一贯坚持针尖战略，但在争夺高端市场的时候也会注意不要把低端市场丢了，因为华为就是从低端聚集了能量后闯入高端市场的，要防止竞争对手走华为的老路，颠覆了华为自己。

3. 转：为大还是为细

时来运转，时过境迁。企业在什么时点容易"转运"？老子在《道德经》里说，"天下大事必作于细"，意思是事业都会经历一个由小到大的发展过程，所以切入事业的最佳时点是在"风起于青萍之末"的初期。事业处在"细"的时候市场还不拥挤，可以先于他人进行战略布局，占据先发优势。起步太早，一是看不准，二是等不起，领先三步可能成"先烈"；起步太晚，错过了机会窗，容易成为"接盘侠"。

机会是什么？机会是需求在时间和空间上的分布，机会的价值空间取决于企业在窗口期的存续时间和存续范围。但悖论是，未来只能预测，不能预见，因此，"细"中看"大"与其说是一种"未来视"能力，不如说是一种面向未来的行动力。把握未来机会窗是一件很困难的事，多数情况下其实是幸存者偏差，在方向大致正确的情况下，关键是坚持和行动。

过程中，信念非常重要，越是能找到大的依托，信念就越坚定。像个人计算机、智能手机和新能源汽车，都是在传统大市场的基础之上，按照第一性原理把传统业务解构到本质层次，然后再进行重构创新的，新能源汽车还有产业政策的加持，这些都是增强信念的重要因素。

4. 合：沙粒还是珍珠贝

沙粒的价值微不足道，只有进入珍珠贝的沙粒，才能成为名贵的珍珠。一个完全独立的终端产品被投放到市场中，如果没有价值壁垒，就很难在市场竞争中延续生命。即使是智能手机和智能汽车，到了市场后期，也会陷入创新困境，能够创造新价值的空间会越来越小。

苹果手机能维持昂贵的价格，除了手机本身的质感、友好的界面和品牌价值外，核心有两点：一是应用商店可以优先发布最好的应用，不断为消费者创造新价值，一般手机终端企业很难模仿；二是苹果手机与苹果其他产品完美兼容且可以切换操作，这就形成了一个网络壁垒，多维度定义和培养消费者习惯，加大了消费者的切换成本。所以，苹果手机看上去是一个智能终端，实际上是一个价值壁垒很厚的"珍珠贝"。

光刻机这样的产品，技术壁垒足够厚，不容易被模仿，但市场上绝大多数产品没法做到这一点，因此采用珍珠贝模式，不失为一种增强价值壁垒的尝试。

一家从事沥青改性的企业，原来只卖沥青添加剂，相当于给酒厂卖酵母，所以价值一直很难做起来。后来，企业尝试把添加剂做成一个类平台产品，即添加剂不再作为商品出售，而是作为连接传统沥青业务的媒介，企业给最终客户卖的是用添加剂改性后的沥青，这样一下子就有了乘数效应。由于添加剂配方是保密的，其他企业没法模仿，因此这家企业就有了很厚的价值壁垒，可以借此不断提高产品的市场占有率和保持溢价能力。

以共创模式寻找原创信息

大系统由一个个小系统构成。信息所蕴含的价值空间，既需要各个小系统的实践，也需要大系统的综合实践来完成，既需要小系统的新知识，也需要大系统的新知识，它们在各自不同的领域，共同发挥作用，共同形成积累、组织和调动能量的方法论集合（信息集合）。企业正是这样一个系统，前台、中台、后台等各个组织单元是自成一体的自组织和小系统，这些小系统互相渗透，形成一个协同运作的大系统。

每个企业在系统配置上差不多，为什么战力却相差很大？原因是在价值创造过程中，真正决定企业战力的其实并非它们的组成单元，而是它们的排列组合（信息），是"信息差"造成了"战力差"。君不见，无论是古代的田忌赛马和曹刿论战，还是解放战争的三大战役，它们在本质上何尝不是一种"信息战"？

人是信息的携带者、创造者、传播者和处理者，但由于所处的时空差异以及认知局限，人往往很难全面掌握信息和周密处理信息，难免出现认知盲区。面对认知盲区以及由此可能造成的现实困境，穷人和富人的思维是完全不一样的：穷人习惯于独自面对，不喜欢求助于人；而富人则习惯于共同应对，把获得他人帮助看作是一种能力。

企业作为社会的创富组织，当然应该选择共同应对，搭建优势互补的团队，通过团队学习，让团队成员一起参与识别和解决问题，一起运用自己的知识和经验建构新知识以指导实践。团队学习不仅有助于我们消除或减少前行路上的不确定性，还有助于我们与每个人的认知盲区和谐共处。

从投资回报率的角度来看，通过投资个体以消除个体在不同领域的认知盲区，让个体获得更全面的成长，以此来保证业务正常运作，这是一笔极不划算的投资。任何个体要熟悉一个全新的领域，都需要花费足够的时间，可问题是业务不能等待个体的成长！所以，企业管理者考虑问题，既要有空间思维，又要有时间思维。团队学习则不同，它通过促进团队成员之间优势互补，来保证企业在业务响应上的及时性和有效性。毫无疑问，以组合方式达到目的，往往是最高效的方式。因此，企业创造新价值，必然是一种时效性很高的团队共创模式，是一项团队运动，这也是学习型组织的精髓和本质所在。

从信息的角度，也可以解释企业为什么"内卷"。一般来说，信息越透明，生意就越难做，价值空间也就越有限，因为透明的信息没有了"信息差"。现实中有太多一哄而上的例子可以佐证，这里不再赘述。尤其是当代社会，信息传播速度如此之快，导致一些机会窗转瞬即逝。

团队共创模式是一种特定范围下的信息交互，除了具有前面所讲的好处，还有一个更重要的好处，就是在信息交互中会不断产生原创信息。原创信息才有更大的价值空间，原创信息才能形成新的信息不对称，原创信息才能重新创造拉开竞争距离的机会。

可见，信息具有两重性，它既可以是造成"内卷"的原因，也可以是摆脱"内卷"的"灵丹"。信息的价值是用时空来度量的，"过了这个村，就没这个店"。企业要获得更多原创信息，就要开放边界，让包括客户和合作伙伴在内的更多人参与到团队学习中来，让更多的信息流入企业，在信息交互中，撞击出更多的原创信息，从而为企业创造更多的成长机会。

小灵通在中国的发展就是很好的例子。1996 年，浙江余杭市邮局局长去日本考察时发现了 PHS（Personal Handy-phone System，个人手持式电话系统）技术可以广泛应用（后来的小灵通），觉得这是一个不错的商机，回到国内便和当时通信行业包括吴鹰在内的一些企业家谈及研发。当时很多人觉得这个技术有点落后，没什么研发价值，可是一旁的吴鹰却想到，当时中国的生活水平普遍不高，如果能以低成本制造小灵通出售，必然会有所成就，于是他站起来说要投资企业从事小灵通业务。不出所料，小灵通一经发售立刻就得到了人们的喜爱，不仅价格便宜，话费还比固定电话便宜很多。到 2006 年，小灵通用户数在全球就达到了 1 亿，小灵通的机会窗持续了十多年，吴鹰个人也因此获得了巨大的成功。

原创信息不太可能向壁虚构，需要不断接受外部信息的触发。苏格拉底说，知识每个人都有，只需要唤醒；佛陀说，生命中出现的任何人和事，都是来帮助我们提升认知的。但悖论是，人在没有刻骨铭心的经验的时候，是很难被唤醒的；人只有在遭遇生存困境，处在就具体问题寻找出路的焦虑中时，才容易被唤醒。换言之，与其说人是被唤醒的，还不如说是自己痛醒的。所以，团队共创模式就是把团队成员放到就具体问题寻找出路的焦虑中，"逼迫"团队成员开放边界，多渠道接受外部信息的触发，直至找到有效解决问题的办法和路径，从而实现从认知模糊到认知清晰，从行动模糊到行动清晰，从焦虑到具体的转化。这方面最好的企业例证是腾讯。

腾讯自 1998 年成立，多次身处危局之中，甚至有两次差点"卖身"。从弱小到强大，腾讯几乎一直在与强大对手激烈碰撞的环境中倔强生长，典型事件如下。

　　1998 年以色列即时通信软件 ICQ 已垄断中国即时通信市场，1999 年腾讯推出 QQ，凭借一系列创新，最终杀出重围。其中的原创信息是，以云服务等互联网思维打败软件思维。

　　QQ 崛起之后，腾讯又遭遇聊天室的挑战，2002 年腾讯推出 Q 群功能，将 QQ 转型为真实的社交网络平台，满足用户潜在的社交需求。其中的原创信息是，以真实的社交关系圈创新服务，打败陌生的社交关系圈。

　　2003 年，世界最大的即时通信平台 MSN 依托微软雄厚的资本和与 Windows 操作系统的绑定，大举进攻中国，腾讯推出企业版 QQ 迎战，通过一系列基于使用者场景的技术创新，给高端用户创造极致体验，成功逼退了 MSN。其中的原创信息是，以视频会议、网络硬盘等用户思维，打败产品思维。

　　2010 年 12 月，小米接连发布 Android 版与 iOS 版的米聊，上市近半年就获得了 200 万注册用户。仅隔一个月，腾讯就强势推出微信，到 2012 年 3 月，微信用户数已突破 1 亿大关，其中，第一批用户很多都是从 QQ 的"一键注册"转过来的。牺牲 QQ，与 QQ 打通，让微信获得了巨大的流量。其中的原创信息是，聚焦未来长远利益，压强投入迭代创新，敢于放弃眼前利益，进行自我革命。

　　腾讯的成长历程给当下企业什么启示？很多行业"内卷"得看似密不透风，但越是"内卷"，越不能停下脚步，积极想办法找到未来的爆破点才是关键。事物只有在运动中才会创造新的"信息差"和机会窗，前提是我们不能倒在通往未来的路上。

创造价值就是"炒波段"

2008 年，中国新能源汽车销售量占比几乎为零；2008 年 9 月 29 日，巴菲特以每股 8 港元的价格认购了比亚迪 2.25 亿股；2008 年底，比亚迪首款新能源汽车 F3DM 上市；2022 年 11 月 16 日，比亚迪第 300 万辆新能源汽车正式下线。从 2008 年到 2022 年的 14 年时间里，比亚迪的营业收入增长了近 16 倍，净利润增长了超 16 倍，市值增长了 40 多倍，巴菲特重仓持股比亚迪，获得了丰厚的回报。可见，任何有价值的信息，必定是指向未来的。

所有"当下事"，都是"未来事"

从比亚迪笃定的梦想和巴菲特极具眼光的投资选择中，我们读到了同一样东西——未来，每个人只有瞄准未来，才有更好的未来。澳大利亚未来学家彼得·伊利亚德说："如果今天我们不生活在未来，那么明天我们将生活在过去。"这句话听起来拗口，直白地说，其实就是中国俚语"春种秋收"的意思，春种是冲着秋收去的，没有秋收，那春种有什么意义？秋收就是未来，春种就是服从和服务于未来的。

春种秋收看似浅显，实际上蕴藏了一个引人深思的人生智慧，那就是所有"当下事"，都是"未来事"。这里的"未来事"，是指具有明确目标的、具有一定时间周期和系列过程的事，而不是指仅仅发生在未来某个时点上的具体的事。

拿秋收来说，五谷丰登是秋收的目标，而冬藏（留种）、春种、夏耘，一直到具体的秋天收割环节，则是秋收这一"未来事"的周期和过程，在这个周期和过程中已发生和应发生的具体的事就是"当下事"。当下不只是现在，还包括走到未来某个时点时的当下。由此我们清楚了，工作和生活中其实有两类事：一类是"未来事"，另一类是"当下事"。做正确的事，就是指"未来事"；正确地做事，就是指"当下事"。对"未来事"要有选择力，对"当下事"要有行动力，选择力加上行动力，决定了价值。

我们不妨再打个比方：买房也好，炒股也好，关键是炒波段；"未来事"好比是波段，也就是事物发展的窗口期；"当下事"好比是炒波段，"当下事"在"未来事"存续的波段下，才能创造非凡价值。也就是说，未来是一个周期性的波段，一切人和事都不是孤立的人和事，它们都活在周期性的波段里，因此，搞清楚所处波段很重要。

波段是会变化的，一个秋收的波段过去了，紧接着又进入下一个秋收的波段，每个秋收的波段下人们的收益不尽相同，取决于人们认识波段和炒波段的能力。

"未来事"和"当下事"的互动关系，恰似物理学上的共振关系。物理学上的共振，是当一个物体接收到接近其自然频率的外力时，会产生一种振动，并且振动的幅度会随外力的强度增加而增加；这种振动会持续一段时间，直到外力强度减弱或者物体振动的能量耗尽为止。"未来事"何尝不是"当下事"的外力？"当下事"与"未来事"同频时，就会呈现出更大的振幅；"当下事"与"未来事"如果发生了频率偏离，振幅就会大幅衰减。

两种同频共振有所不同的是，物理学上的同频共振，是外力的频率恰好适配了物体的自然频率；工作上的同频共振，则需要用高维频率带动低维频率，让低维频率升维成高维频率，然后才能共振。

为什么要用高维频率带动低维频率？以养殖业为例，养殖业饲料加工的毛利率是很低的，但很多饲料加工企业的利润并不比一些专精特新企业低，原因是饲料市场需求量大，而且饲料是刚需，饲料加工企业的资金周转率非常快，资产回报率高。也就是说，饲料加工企业的宏观商业模式具有高维频率，高维频率的商业模式带动了低维频率的业务运作，从而促进了企业有价值地成长。从这个案例中，我们可以获得以下几个有价值的知识点。

（1）高维频率携带的能量高，企业只有用高维频率打破低维频率的成长局限，才能实现高质量的成长。

（2）企业要优先确保高维频率的事件发生，在此基础上让低维频率的事件伴随高维频率的事件发生，如此才能提高企业成功的概率。

（3）共生的前提是伴生，员工要主动把脉企业的事业频率，并让自己的频率升维成事业频率，实现共振。

可见，任何"当下事"都不是孤立的存在，"当下事"须服从和服务于"未来事"。为什么有些人做事不到位，甚至顾此失彼、表现很差？一个很重要的原因，是他们对自己所从事的"当下事"到底服从和服务于什么"未来事"没有概念，"只见树木，不见森林"，他们不能对自己所从事的"当下事"进行准确定位。

以人力资源管理工作为例，一些企业家对人力资源总监（Human Resource Director，HRD）的工作不是很满意，原因是企业家习惯于从战略和经营视角去审视业务对组织的诉求，希望干部有担当，组织有活力，员工有激情。可一些 HRD 习惯于埋头干一些基础的人事服务工作，他们不是去主动发掘业务和组织的痛点，有针对性地制订人力资源解决方案，助力业务成功，而是与业务脱节，机械地被业务"拖着"走，这就与企业家的期望存在明显的差距。HRD 其实没有看到一个基本事实："未来事"已然发生了变化，人力资源的"当下事"却还静态地停留在过去。

一般来说，初创企业或小微企业实行的是企业家代偿的、极其简单的"台式机"管理模式，在这个波段内，人力资源的"未来事"就是人事服务，HRD 带领人力资源团队，完成各项基础人事服务工作没有问题。随着企业复杂度不断增加，企业家一个人再也管不过来了，企业家就要"裂变"为一个企业家团队，采用"局域网"管理模式，在这个波段内，人力资源的"未来事"就变成了专业人力资源管理，HRD 需要走专业化道路，把选、用、留、育等相关工作深入化、工具化、职业化，如果 HRD 还将自己的工作定位为人事服务，就会拖业务的后腿。当企业不断发展，达到了一定规模，企业就需要体系化的管理，要从"局域网"跃迁到"云计算"，从人治跃迁到制度治理，在这个波段内，人力资源的"未来事"就要上升为战略人力资源管理，HRD 要去承接战略，确保战略落地。所以，HRD 要清楚地知道企业的事业处在什么波段，围绕"未来事"，做好"当下事"。企业的事业频率在不断升维，而自己的工作频率却还在原地兜兜转转，这样怎么能形成共振？其振幅必然会快速衰减。

为什么一些 HRD 意识不到"未来事"的存在，意识不到波段？因为他们很多人是在企业"台式机"管理模式下成长起来的，长期陷在日复一日的"当下事"里，自然容易迷失在那些碎片化的事务当中，再加上在当时的企业环境下，他们干得都还不错，正是这些因素叠加在一起，导致他们不容易建立起"未来事"的意识。于是，当下一个波段的"未来事"到来时，他们本应敏捷地捕捉到新波段并快速顺应变化，却选择了继续留在过去的波段里，依惯性工作。这也说明了，体验本身不是成长，体验之后的思想所得和"越狱"才是。就一般做事而言，除非出于掌握某项特殊技能的目的，否则机械地重复同样的事情，却期望有不一样的结果，是不可能的。

《阿米：星星的孩子》是一部近似童话的幻想小说，书中写道："上面"的世界和"下面"的世界并不一模一样。当一个社会进化到接近"上面"的程度之后，就不会再发生可怕的事了。但现实中一些人习惯于从上级那里接收指令，以此作为自己"当下事"的主要输入，成天为了工作而工作，而不是尝试去理解业务规律，主动接近"上面"的世界和养成思考"未来事"的习惯。任何有价值的选择和行动，都是自我成长的结果，也是自我成长的原因。上级给予再多，永远也不能代替自己的思考和再思考，代替不了自己的行动。

未来是拥挤出来的

世界不能太拥挤了，一旦拥挤，进入存量博弈，这时搏命就开始了，人们就会用战争或抗争来决定利益再分配；增量博弈就好很多，大不了有人吃肉，有人喝汤，至少总体上大家都有机会做加法。

企业和企业之间的竞争，与国家和国家之间的竞争不同，不是发生在战场上，而是发生在市场上，不能搏命，只能拼赢取客户的能力，也正因为这一点，才有了当今世界绚烂的商业文明。

企业存量博弈下的竞争叫"内卷"，增量博弈下的竞争叫"竞合"，企业理想的发展之路，当然是"竞合"——沿着时间轴，不断做大蛋糕，还不会踩到别人的脚。但现实的发展之路，有时却不得不"内卷"，这时就看谁比谁更有"卷"的实力，而输得起才"卷"得动。一些企业"卷"过之后，获得了喘息的机会，就会想到，这样拥挤下去终归不是办法，还是要回到"竞合"的长远发展之路上来，通过创造新价值，来赢取客户，脱离拥挤，同时也让自己过得滋润一些。于是，新市场出现了，拥挤不仅改写了行业未来，而且催生了人类未来。

特斯拉在 2022 年上半年连续涨价 4 次,进入下半年后,却在行业一片涨价声中连续降价,什么逻辑?以上就是分析和结论。

2022 年 12 月下旬,特斯拉上海超级工厂宣布停产一周。根据媒体发布的数据,截至 2022 年 12 月 8 日,特斯拉在中国的积压订单仅剩 5879 辆,远低于 7 月的 17.4 万辆;特斯拉的全球订单也仅剩下 16.3 万辆,与 7 月的 47.6 万辆相比减少近 2/3,说明特斯拉市场后劲明显不足。特斯拉上海超级工厂承载了特斯拉全球约一半以上的出货量,其压力可见一斑。果不其然,2023 年 1 月 6 日,特斯拉中国宣布,Model 3 的起售价降至 22.99 万元,Model Y 的起售价降至 25.99 万元,降价幅度在 2 万~4.8 万元,创下历史最低,这已是特斯拉近两个月内的第二次大幅降价。不光在中国,2023 年伊始,特斯拉在全球范围内开启新一轮大降价,美国当地时间 1 月 12 日晚,特斯拉网站突然公布消息,旗下所有车型大幅降价,降幅在 6%~20%,折扣金额在 3000~13 000 美元。

特斯拉频出优惠购车政策的背后,纵然有诸多方面的原因,但市场原因"需求疲软,订单放缓"才是真正的主因。尤其是比亚迪 2022 年销量超过 186.8 万辆,以同比增长 152.5% 的成绩反超特斯拉,夺走了特斯拉稳坐多年的全球新能源汽车销量冠军的宝座,对特斯拉刺激很大,也给特斯拉未来抢占手机以外的第二流量入口构成了严峻挑战。现实情况下,特斯拉如果产品价格不降,就只好调低订单增长目标;要保证订单增长目标,就只好降低产品价格。

　　2022 年 12 月 22 日，特斯拉 CEO 埃隆·马斯克曾在推特上提到，要在不让公司面临风险的情况下实现最快的增长，即使不盈利，特斯拉也会在必要时降价以推动交付。从埃隆·马斯克的表态可知，特斯拉选择了降价这条路。从市场反馈来看，特斯拉的"价格屠刀"的确激活了市场需求，让特斯拉在短期内斩获了大量订单。据统计，2023 年 1 月 6 日特斯拉宣布降价后，特斯拉中国 3 天内已经获得了 3 万辆汽车的订单。

　　特斯拉上述一系列操作，让我们对新能源汽车市场当下所处的波段越来越清晰了：在一个相对长的周期内，新能源汽车的宏观商业模式仍然建立在以售卖汽车来满足人们出行需要的基本假设上，离自动驾驶下的数据服务和软件生态所创造的流量时代还有不小的时间距离，至少在当下它们还只是"噱头"。当下新能源汽车企业应锚定的"未来事"，就是最大限度地达成企业基本生存目标下的市场占有率，为未来流量时代的到来赢得发展空间。

　　市场的反馈就是最好的证明。特斯拉价格上行，说明其品牌溢价能力犹在，与竞争对手之间就会"竞合"；价格下行，说明其品牌溢价能力消退，与竞争对手之间就会"内卷"。在越来越多新能源汽车品牌进场的情况下，行业竞争日趋激烈，中国企业不仅避开了特斯拉产品上的很多不足，还经过各种改良、堆料和市场细分措施，创出了各自的品牌和特色，在用户体验上更是对标高档燃油汽车做足了文章。而特斯拉呢？一方面产品更迭速度较慢，另一方面入市时的"炫感"也在不断被后来者追上，说明其创新速度开始滞后于行业发展速度。上述因素交织在一起，不可避免地导致中国企业分食了很多特斯拉的市场蛋糕，特斯拉祭出"价格屠刀"也是无奈之举，因为活下去才是硬道理。

特斯拉赖以发展的两个"轮子"，一个是创新，另一个是数据。数据流量时代是未来波段，且要靠足够的市场规模才能实现，而拥有规模的前提是市场下沉，这也是特斯拉看重订单增长的重要原因。在当前波段下，特斯拉事实上只有创新这一个"轮子"。一言以蔽之，特斯拉创新就是重构燃油汽车"复杂汽车＋简单软件"模式，开创新能源汽车"简单汽车＋复杂软件"模式。这是埃隆·马斯克的梦想，也是从0到1的"系统化思维＋集成式创新"，必须颠覆燃油汽车时代积累下来的很多根深蒂固的思维。这必然是一个快不起来的过程，只能一个个"局部差异化突破"。其中，任何一个突破都是对汽车行业的巨大贡献，同时也是拉开竞争距离、摆脱拥挤的核心手段。

既然要拉开竞争距离，那怎么解释埃隆·马斯克在2014年宣布"将免费公开特斯拉所有专利，并且将不会对那些善意使用技术专利的人提起专利诉讼"这件事？这不是自废武功吗？这要回到特斯拉当时的处境看问题。

2013年，全球燃油汽车销售量首次突破了8000万辆，而特斯拉Model S纯电动汽车的全球销量仅为2.23万辆，如此天差地别的数据，怎么能让埃隆·马斯克坐得住？免费公开专利，说白了就是特斯拉"双拳难敌四手"时，不得不借力别的玩家，一起来把新能源汽车行业生态做起来。凭一己之力，做不出行业生态；一枝独秀，也不是什么生态。事实证明，埃隆·马斯克这一招的确是大棋局、大格局，没有这一招，新能源汽车市场不可能发展得这么快。

很多人其实不知道，使用特斯拉的专利是有隐含条件的，虽然的确不用支付相关费用，但是也要付出一些其他的代价，那就是从此以后，永久失去了对特斯拉进行诉讼的权利。用一家之专利换百家之专利，这笔账，马斯克算得比谁都精。

可见，真正有格局的人，永远是那些把自己的利益看大的人！正因为看大，才会想到去擘画"未来事"，才会开足马力干好"当下事"。有人说特斯拉降价会削弱特斯拉的品牌价值，这个担忧其实没有意义，因为品牌从来都是"打"出来的，不是"守"出来的。品牌，永远只能根植于人类价值。

企业只有感受到了市场的拥挤，才会迫不得已放弃眼前利益，为客户创造和让渡新价值。特斯拉中国区总裁在回复降价问题时说："我们不是降价，我们是推出了中国产的车型，只要我们能够获得供应链上的优化以及效率上的提升带来的成本减少，我们都会转移给消费者。"特斯拉不断挖掘价值链潜力，通过让渡新价值来拓展未来市场空间，夯实竞争优势，客观上为消费者带来了更具价值的产品和服务，这种无依赖的市场压力传递，将倒逼其他企业不得不向市场投放更多的新价值，这绝对是人类的福音。

特斯拉降价的底气从何而来？源于其远超各路对手的盈利能力。数据显示，2022 年第三季度特斯拉售出每辆车平均获得毛利润 15 653 美元，是大众汽车的 2 倍多，是丰田汽车的 4 倍，是福特汽车的 5 倍。2022 年全球新能源汽车销量冠军比亚迪每辆车的毛利润也才 5456 美元（特斯拉同期为 10 458 美元），更别提那些尚处于大幅亏损阶段的其他新能源汽车厂家了。所以，特斯拉在价格大战中拥有更大的回旋余地。

但特斯拉更大的底气是创新，特斯拉在创新上的投入远高于行业水平。据 StockApps.com 在 2022 年 3 月 25 日发布的报告，特斯拉平均每辆汽车的研发成本为 2984 美元，是第二名福特 1186 美元的 2.5 倍还多，更是汽车行业平均研发成本 1000 美元的近 3 倍。特斯拉创新涉及产品、技术、关键零部件、制造、营销、服务等各个领域。因为创新，特斯拉才有充沛的盈利能力；有充沛的盈利能力，才有条件在必要的时候"该出手时就出手"，捍卫自己的行业地位。

从特斯拉身上，我们至少可以得到以下启示。

（1）市场从来就不是天然存在的，只有拼力开发市场，才能最终拥有市场。

（2）拥挤产生竞争，竞争就是为拥挤寻找出路，高质量的竞争是一种不断创造人类价值的增量博弈。

（3）创新是一个企业最大的底气，也是企业走出"内卷"的唯一可行路径。拥挤之下走出的创新路径，是最为高效且最短的成功路径。

（4）类似市场重构性质的创新，必须颠覆大家认为正确的认知，因为正确的认知才是造成拥挤的根源。纠正错误的认知，只会产生延续性创新。

冲突是未来发出的信号

一些人本能地害怕冲突，在他们的惯常认知里，冲突等于麻烦或者不好的影响。出于自我保护的需要，他们会下意识地自证清白、灭火自救，美其名曰"危机公关"，目的是将情形恢复到过去的状态。这正好应了澳大利亚未来学家彼得·伊利亚德的话："如果今天我们不生活在未来，那么明天我们将生活在过去。"有道是"青山遮不住，毕竟东流去"，人怎么可以对抗事物发展的宏观规律？可以想见，选择活在过去的人，他们的未来一定不是"有点"烦，而将是"很烦"。

诚如下面这个自证清白、灭火自救的例子。一家企业面向国内和国际市场销售的食品，一种含有食品添加剂，一种不含食品添加剂，因此遭到网友和自媒体的爆料和质疑，被认为在执行"双标"。冲突产生后，该企业连续多次做出了官方回应，称食品严格按照食品安全法规生产，符合国家标准及法规要求；食品添加剂广泛应用于世界各国食品制造中，简单地认为面向国际的食品中添加剂少，或者有添加剂的食品不好，都是误解；无论是国内市场还是国际市场，公司均有高中低不同档次的产品，均销售含食品添加剂的产品及不含食品添加剂的产品……总之，千错万错，自己没错，都是网友、自媒体和消费者在给自己找碴儿。经过这一番操作，该企业把自己恢复到过去的状态了吗？当然没有！网友、自媒体和消费者不买账，带来的结果是品牌受损、市值大量蒸发……企业"蒙冤"造成难以估量的巨大损失。

　　该企业在食品安全上有没有犯错？应该没有。企业的官方回应有没有明显犯错？客观上说有些瑕疵，但瑕不掩瑜。但不犯错不等于对！人恰恰容易在不犯错的时候铸成错！作为稳居行业第一很多年的知名企业，珍惜和捍卫其来之不易的品牌地位，这完全可以理解，但一个基本常识是，品牌的本质不是价值维权，而是价值承诺，品牌是连接客户、与客户建立共鸣力和共情力的图腾！价值维权是短期的，是战术视角；价值承诺是长期的，是战略视角；再正确的战术，也弥补不了战略上的缺位和缺失。如果说该企业有什么错，那就是一开始它把自己放在了战术视角上，所以起步即输。

　　面对冲突时化解冲突，这是人的潜意识，无可厚非，但是冲突是一回事，问题又是一回事，两者不能混淆。冲突好比是《阿里巴巴和四十大盗》中阿里巴巴在山上遇到了一伙强盗，阿里巴巴的潜意识反应也是自我保护，所以他赶紧爬到了一棵大树上躲了起来。而正是由于这场冲突，阿里巴巴才知道了树旁边的大石头前，原来有一扇通往秘密宝藏之门。这时候问题就自然呈现出来了：如何开启这扇宝藏之门？

　　可见，冲突本身虽然不是问题，但冲突是问题呈现的机会。没有这场冲突，阿里巴巴压根儿就意识不到原来还有这么个问题。当亲眼所见强盗如何通过"芝麻开门"和"芝麻关门"的咒语打开和关闭洞门时，阿里巴巴已完全找到了解决问题的办法，也就是未来获取洞内宝藏的解决方案。阿里巴巴的问题加上他想拥有和已拥有的解决方案，就是阿里巴巴的需求。可见，冲突是未来发出的信号，冲突的背后潜藏着有待满足的需求。满足了需求，就相当于开发了宝藏，也就是我们说的创造了价值。

冲突是未来发出的信号，但这个信号经常容易被人忽略甚至漠视，原因是同时还有一个发生在我们自己身上的冲突，它就是意识与潜意识的冲突。潜意识是感性的、本能的，具有自然性；意识是理性的、后天的，具有社会性。潜意识类似自动驾驶，意识类似目标导航。

一段惬意的旅程，源于意识和潜意识取得了高度统一：一种情况是意识没有明确的目标，处在放松状态，这时人完全按照潜意识去行为；另一种情况是意识在社会性和自然性之间找到了一个妥协统一的目标，能够让利他行为与自利之心相互依存、同时满足。一段不惬意的旅程，源于意识和潜意识之间出现了分离：一种情况是意识出现了认知不完整，导致自动驾驶"翻车"了，这种情况需要自学习来扩大认知边界；另一种情况是意识锁定了"诗和远方"，但这是盲区，自动驾驶识别不了，这种情况意识需要向潜意识做出妥协。

阿里巴巴的潜意识是自我保护，他的下意识就会告诉意识要逃，于是意识决定赶紧爬到树上躲起来，再找机会逃跑；强盗走了以后，安全警报得以解除，这时阿里巴巴的潜意识是实现自己的发财梦，他的下意识又告诉意识最好顺走一些宝藏，于是意识又决定用刚学到的咒语开关洞门、拿走宝藏，反正强盗是非法所得，自己不拿白不拿，拿了还可以用来造福社会。整个过程中，阿里巴巴的意识和潜意识一直是高度统一的，因而是"一段惬意的旅程"。

但前述企业走了"一段不惬意的旅程",原因出在认知不完整上,导致自动驾驶"翻车"了。一般来说,不管是企业还是个人,在一个又一个鲜花簇拥和喝彩仰望的情景刺激下,都容易对自己的认知水平表现得过度自信,因而"翻车"的概率也就越来越大,这就是善骑者堕的道理。没能耐的人,只是产生一些沉没成本;而有能耐的人,往往容易产生巨大的机会成本。该企业如果再走这段旅程,就应努力尝试在社会性和自然性之间找到一个妥协统一的目标,顺着这个去建立导航,就能发掘出对企业真正有价值的问题。

企业"树欲静而风不止",说明冲突发出的信号很强烈,它在不断提示企业,冲突的背后潜藏着一个通往未来市场机会的引领性问题:食品安全管理的标准只是大众可接受水平的基准线,随着人们健康意识的觉醒,越来越多消费者会对食品健康和安全提出更高的期待和要求。在这一问题的引领下,企业最需要做的事情是,面向未来,细分市场,针对不同消费人群,生产符合标准且高于标准的放心食品。品牌企业符合标准是本分和"下限",品牌必须给消费者带来有溢价的价值承诺,企业的品牌营销应侧重把有溢价的价值承诺根植到广大消费者的心里,而不是动辄教训消费者。

企业拓展一份事业,一般分为三个阶段:创新驱动阶段、市场驱动阶段和领导力驱动阶段。三个阶段好比三个波段,波段不一样,炒波段的重心也不一样:创新驱动阶段炒"新价值",市场驱动阶段炒"市场占有率",领导力驱动阶段炒"品牌溢价"。前述企业长期稳居行业第一,说明该企业的"未来事"早已不再是市场驱动,而是领导力驱动了,如果该企业还停留在市场驱动阶段进行周期性重塑,将必然会丧失下一个阶段的机会。机会是什么?机会是需求在时间和空间上的分布。冲突越强,代表需求(问题加上解决方案)越旺盛,机会越大(见图 6-2)。机会重要还是品牌价值维权重要?高下立现。

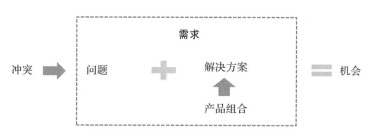

图 6-2 冲突是未来发出的信号

冲突是营销的"魂"。就本次冲突而言,有了前面的认知基础,该企业对网友和自媒体的回应就不会是官样文章了,而是会把应对冲突当成一次成功的品牌营销来策划,吸引更多消费者了解和认同企业的价值承诺和价值增值,进一步巩固消费者的品牌忠诚。真正的品牌价值维权,是牢牢地掌握消费者的自主选择权。

大家知道,华为刚进入手机领域的时候是从白牌开始的,华为虽然不想一直做运营商的 ODM(Original Design Manufacturer,原始设计制造商),但华为知道,对消费者业务,自己必须有一个学习过程,再加上华为长期从事 B2B 业务,因此华为根深蒂固地认为运营商就是华为的客户,华为手机满足的是运营商的需求。

直到有一次，华为给一家国外运营商定制的手机出现了严重滞销的情况，运营商认为是手机问题，向华为要求全部退货。面对冲突，华为一开始也是不理解，明明是客户（运营商）提出来的需求，卖不动是运营商自己的事，我们哪里错了？相关部门专门为此召开了长时间的闭门会议，反思原因。

最后华为找的是自己的原因，华为把手机业务的客户搞错了，手机业务的客户不是运营商，而是消费者，手机要围绕消费者的需求来开发，运营商只不过是手机业务的渠道，渠道的反馈未必代表消费者的需求。华为痛定思痛，"往往口号叫起来简单，谁不知道以客户为中心？但我们首先就把客户搞错了；谁不知道产品发展的路标是以客户需求为导向？但往往把客户搞错了！我们手机以前就是紧紧围绕运营商，以运营商的需求为导向，最终全都卖不出去。"

华为没有撇清自己的干系，而是坦然面对冲突，虽然因此蒙受了一些损失，但华为以冲突为信号，及时开展自我批判，从中找到了真正的问题所在，为华为手机后来从白牌到品牌的自我进化纠正了一个至关重要的方向性错误，规避了华为手机业务后续发展中可能因此发生的更大的机会成本。这次学费，华为其实赚了！

人是企业的核心资产

企业所有的资产，本质上都是信息资产，离开了信息，资产就变成了负资产，只有附着在信息上的资产才能保值增值；人是信息的携带者、创造者、传播者和处理者，离开了人，信息就失去了源头。由此可以肯定，人是企业的核心资产，企业经营业务的本质就是经营人。

企业家的核心工作是缔造事业

企业家的时间不值钱，企业不可能值钱，企业家多忙，员工必多闲。企业堪比企业家的鸿篇巨制，企业家扮演的是"出品人"和"制片人"角色，不是监制，不是导演，更不是演员，不能集各种角色于一身、事必躬亲。可事实上，中国的企业家普遍很辛苦，很多企业家堪称工作狂人，大小决策都落在头上，各种应酬更是应接不暇。企业家像一个陀螺，不能停下来，员工习惯于从他那里接收工作指令，一旦企业家停下来，很多工作就会陷入停滞。

一些企业家其实是习得性忙碌，只有这样，他们才感觉充实和有掌控感。姑且不论企业家未必在各个领域都专业，仅在时间分配上，企业家就成了企业发展事实上的瓶颈。根据观察，企业家很少思考和计算企业会因自己太忙而造成如下损失。

（1）**带宽损失**：企业家的时间被大量琐碎挤占，宏观思考就少了。

（2）**时效损失**：信息具有时效性，决策不及时容易错过窗口期。

（3）**等待损失**：决策事项需要排队，增加了各组织单元的等待成本。

（4）**速度损失**：企业家的学习速度，制约了企业的发展速度。

（5）**代偿损失**：企业家思考代偿了员工思考，员工容易患上工作依赖症。

（6）**代学损失**：企业家学习代替了员工学习，导致员工得不到锻炼。

（7）**信任损失**：企业家不放心，员工感觉不被信任，工作越来越"不在线"。

（8）**投资损失**：企业家不断给答案，是在员工身上追加不必要的投资，越给予，员工越不能自动驾驶，因为从焦虑到具体不可能通过别人来完成。

如果把企业家的时间和精力当成投资的话，显然这笔投资的回报率是很差的，这就好比打牌，人家不管出什么牌，我们都甩出大王。人是企业的核心资产，企业家更是企业最宝贵、最稀缺的资产，无论如何，企业家都不应将自己的时间和精力投放到一些价值不高的事务上，更不能长期以一种员工能力不足的代偿模式存在，而要尽可能把自己的工作分出去，因为企业家的时间是企业所有人当中最值钱的。企业家资产和员工资产都要"绑定"到那些高价值的资本项目上去，让资本项目的价值最大化，这些资本项目就是我们说的事业。企业家的主业，是缔造事业。

在一些人眼里，缔造事业似乎是一件遥不可及的事，但当我们近距离观察一些成功的企业家时，我们发现缔造事业并非想象中的那么难。成功企业家有一个共通的特质：他们喜欢分析和读取身边正在发生的事情的意义，并从中获得灵感，找到放大这些事情价值的规律和模式，当他们认为一件事情可以让更多人从中受益时，这件事情就不再是一件孤立的事情了，它就完全可以上升为一项事业。打个未必恰当的比喻，企业家精神更像是一个能成功把事情放大成事业的运算放大器，只要放大的倍率足够，事情就成了事业。

事实上，很多企业都是从一些企业家有体感的、看上去不起眼的事情起步的，然后一步一步地创造商机，逐步放大为事业。福耀玻璃的创始人，开始时在一家异形玻璃厂当采购员，1983 年他承包了这家连年亏损的乡镇小厂，将主业迅速转向汽车玻璃，彻底改写了中国汽车玻璃 100% 依赖进口的历史，成为名副其实的汽车玻璃大王。京东的创始人，早期从卖光盘到卖刻录机，2003 年在 SARS 疫情的冲击下，从线下发展到了线上，绝处逢生，最后发展成了现在的京东商城。

很多人苦于找不到创业项目，天天冥思苦想，殊不知事业并不缘起于人的逻辑思考，事业往往潜藏在人们的烦恼之中，烦恼的背后是刚性需求，刚性需求的背后是客户选择。凡是能解决人们烦恼的，都可成为一项事业。人类的烦恼可以说无处不在，因此创业项目也必然无处不在，就看你有没有代入感和利他之心。

举例来说，一些企业每年招聘大量的应届生，这些应届生没有相关工作经验，起薪还不低，今后谁能快速适应岗位要求都是个未知数。少了实践检验环节，企业仅靠短暂的面试，很难识别谁是企业真正需要的人才，企业为此付出了很多沉没成本，数量上人招了不少，却未必找到了对的人。如何精准招聘是一些企业的长期痛点。

但有的企业却从中获得灵感，把应届生招聘作为一项人才发展服务事业来做，与学校洽谈合作，把企业当作应届生毕业前的实践基地，有计划地分批组织应届生到企业实习，在实习过程中既能考察应届生真实的能力，精准识别和保留人才，又能增进企业和学生之间的相互了解，降低应届生入职后的离职率，还节省了应届生上岗前的成本开销。

企业与学校建立长期的业务合作关系，同时还带来了额外惊喜：借由学校的推荐，企业在一些对口专业上可以有针对性地事先锁定一些急需的人才，企业从被动招聘人才，变成了主动发现人才，把应届生招聘这件孤立的事情变成了服务应届生实习的一项事业，应届生招聘则成了其中附带的一个成果，一石多鸟，实现了企业、学校、应届生的共赢。

一位企业家感染新冠病毒后住院，意外体验了高端医疗资源与高消费人群之间存在巨大的信息不对称：一方面高消费人群不掌握高端医疗资源信息，导致急时求助无门；另一方面高端医疗资源很多时候对接不到目标消费人群，资源价值远未最大化。于是，该企业家马上想到，完全可以打造一项高端医疗资源服务事业，为企业高管这样的高消费人群提供高价值的服务，既可以保证高管健康，间接为企业增加价值，又可以让高端医疗资源得到最大化利用，增加医院营收。

看！企业家即便躺在病榻之上，也能从自己所经历的烦心事中创造出商机！这种利他之心，已融入这些企业家的血液之中，足见哪里有企业家精神，哪里就有人类的福音！对一位将军来说，周边一切都可能是战机；对企业家来说，周边一切都可能是商机。

从投资的角度看，缔造事业就是发现社会供需失衡的信息，以此形成红利事业和资本项目，并通过战略投入，尽快构筑利润护城河，以最大限度地保护投资价值，避免市场过快进入饱和状态。

企业家最该花时间的地方是组织人事安排

事业因人才而兴，人才因事业而聚。企业留人不外乎三种方式：第一种是事业留人，第二种是利益留人，第三种是感情留人。三种留人方式中，感情留人永远只能是开胃菜，不能当正餐；利益留人是根本，因为利益决定着每个人的生存机会；事业留人是企业的目标，没有事业，共利和共情都无法持久。事业留人不等于企业是全体员工共同的事业，至少员工的感知并非如此。员工普遍的心理默契是，一项有前途的事业值得员工持续跟进，员工会认为这是他们最可靠的利益保障，所以事业留人说到底还是利益留人，优秀的企业就应该做到谈利益不会伤感情。

事业是企业家的事业，也是员工的利益所系，事业更容易成为企业家和员工之间建立共识的桥梁。事业发展就是企业家"集众人之私，成一己之公"的一个过程，这里的"公"是指事业所蕴含的人类价值。

企业家缔造事业，不是要把自己变成"十项全能"，企业家是使能者，不是能者，重点在出想法和概念设计，然后找到对的人来出办法，让专业的人做专业的事，否则有想法没办法还是白搭。换言之，企业家是发明思想、提出原创信息的人，企业家要消除或减少事业上的不确定性，就应该找人辅佐他，帮助他消除或减少事业执行中的不确定性。

事业有序化运动，需要有序化能量，而积累、组织和调动有序化能量，需要信息负熵。信息负熵大致可以分为三个层次：系统整合层面的信息负熵，拥有这方面信息负熵的是帅才；领域管理层面的信息负熵，拥有这方面信息负熵的是将才；角色作业层面的信息负熵，拥有这方面信息负熵的是专才。

对企业来说，事业单元的总经理好比是帅才，事业单元的各部门长好比是将才，部门内的岗位或角色承担者好比是专才。企业家最该花时间的地方是组织人事安排，确保帅才、将才和专才各得其位，既不要放错了人，也不要把人放错了位置。通用汽车公司杰出的首席执行官斯隆就十分注重人事安排这一环节，他所领导的管理层把较多时间用在人事讨论上，他说："如果我们不用4个小时好好安排一个职位，让最合适的人来担任，以后就得花几百个小时的时间来收拾这个烂摊子。"

很多企业家都有收拾烂摊子的惨痛教训，斯隆可谓一语道破，直指烂摊子产生的根源。放错了人或把人放错了位置，这个位置就失去了信息负熵，不能产生有序化能量，进而影响事业进程。烂摊子多了，企业家就不得不频繁跳进去当救火队长，可见，知人善任对企业有多重要。

企业要给帅才以舞台，给将才以战场，给专才以空间。诸葛亮为什么会选择刘备阵营？诸葛亮志存高远，"每自比管仲、乐毅"，像这样的人物，怎么可能因为刘备的"三顾茅庐"而成为刘备感情留人的俘获对象？我个人认为其核心原因是，选择刘备阵营在战略上是可行的，刘备急于扭转危局，对帅才有迫切需求，诸葛亮可以因此有机会施展自己的才干，实现其一鸣惊人的个人抱负，所以，三顾茅庐不过是诸葛亮设的局，为了让刘备在自己身上追加筹码罢了。庞统也是刘备阵营的帅才，卧龙、凤雏，得一可安天下。庞统起初被任命到耒阳县令位置上，却因不理县务而被撤职，庞统当时就是被放错了位置的帅才。可见，帅才需要舞台，没有舞台，再好的事业也吸引不了帅才，更发挥不了帅才的作用。

企业里的帅才不需要去经天纬地，他们只需要对事业的商业成功负责，是企业不可或缺的战略性人才。不排斥企业急需时从外部找帅才，但更现实的方式是企业在内部建立自下而上的帅才发展机制，方法是尽可能划小事业单元，让每个小事业单元直接承担盈亏责任，让更多的人参与到企业经营活动中来，通过经营拉通，发挥各专业的整合效益。

例如：项目可以是企业最小的事业单元，华为公司就把项目作为经营管理的基本单元和细胞，大的项目都有项目财务（Project

Finance Controller，PFC）；负责区域、产品或大客户的销售团队，可以是按虚拟销售公司模式来管理的小事业单元；研发按产品线运作，形成按产品经营的小事业单元；供应链、行政服务部门等，可以按服务型事业单元来管理。"麻雀虽小，五脏俱全"，这些小事业单元都是相对独立的经营主体，具有完整的计划、预算、核算机制，可以大幅提升企业的运作效率和经营效益，提升管理者的经营意识和经营才干，增添组织活力，并为小事业发展成大事业创造了可能。

以新能源企业产品测试部门为例。一些新能源企业都有专门的产品测试部门，测试设备是企业一笔不小的资产。如果把产品测试部门作为功能部门来定位，产品测试部门压根儿就不会去想如何让资产保值增值，只想如何完成测试任务；如果产品部门提交过来的测试任务多了，他们还有意见，认为人手不够，要求进行任务排队，产品部门和产品测试部门经常因此闹矛盾。

现在换一种思维，企业定位产品测试部门是承担盈亏责任的服务事业单元，情况马上就不一样了：产品部门成了产品测试部门的客户，提交的测试任务越多，意味着产品测试部门创收越多；产品测试部门从被动接受任务变成了主动承接任务，业务响应更加快捷，内部矛盾也少了；产品测试任务多了，产品测试部门就会去想如何改善测试方法、提高测试效率；遇到忙闲不均的情况，产品测试部门还会主动走出去，承接外部客户的测试任务。这就是划小事业单元带来的好处。所以，经营性人才是牵引出来的，没有适合人才生长的土壤，长不出企业期望的人才。

划小事业单元为专业人员提供了目标导航，让专业人员有了更多想象和发挥的空间，有助于他们实现有价值的成长。在基数庞大的专业人员中，为什么有不可胜数的专业人员职业生涯一直在原地打转？原因是他们走入了一个认知误区，简单地把"知道什么"和"会做什么"当成了专业性，无数次地重复一些事务性工作而没有质的突变，因而很难进入企业的价值发现系统。

"知道什么"代表拥有某方面的知识，"会做什么"代表拥有某方面的技能，毫无疑问，这些要素是专业性的基础，但它们远不等于专业性。专业性不是以专业的自然属性"擅长什么"来衡量的，而是要以专业的社会属性"带来什么"来衡量的。没有目标引领的专业学习，如同没有罗盘的人生航行，知识和技能如一盘散沙，无法做到集成化应用。

在企业看来，构成专业性的要素至少有以下四点。

（1）**能有效解决问题**。关键是知道"问题在哪儿"和"从哪儿下手解决问题"。

（2）**具有稀缺性**。如果大家都能做到，或者不能创造缺失感，专业性就失去了评估意义。

（3）**可复制性**。专业上的运气对组织毫无价值，要能形成可复制的框架设计。

（4）**适应性**。专业性不是简单重复，要具有动态应对场景和变化的能力。

下面的例子，可以说明什么是真正的专业性。20 世纪初，美国福特公司正处在高速发展时期，一个个车间、一片片厂房迅速建成并投入使用。客户订单快把福特公司销售处的办公室塞满了。每一辆刚刚下线的福特汽车都有许多人等着购买。突然，福特公司一台电机出了毛病，几乎整个车间都不能运转了，相关的生产工作也被迫停了下来。公司调来大批检修工人反复检修，又请了许多专家来查看，可怎么也找不到问题出在哪儿，更谈不上维修了。福特公司为此头疼不已，别说停1天，就是停1分钟，对福特来讲也是巨大的经济损失。这时有人提议去请著名的物理学家、电机专家斯坦门茨帮助，大家一听有理，急忙派专人把斯坦门茨请来了。

斯坦门茨要了一张席子铺在电机旁，聚精会神地听了3天，然后又要了梯子，爬上爬下忙了多时，最后用粉笔在电机的一个部位画了一条线，并告诉工作人员："这里的线圈减少16圈。"人们照办了，令人惊异的是，故障竟然排除了！生产立刻恢复了！福特公司经理问斯坦门茨要多少酬金，斯坦门茨说："不多，只需要1万美元。"1万美元？就只简简单单画了一条线！

当时福特公司最著名的薪酬口号是"月薪5美元"，这在当时是很高的工资待遇，以至于全美国许许多多经验丰富的技术工人和优秀的工程师为了这5美元月薪从各地纷纷涌来。画一条线，要1万美元，这是一个普通职员100多年的收入总和！斯坦门茨看大家迷惑不解，转身开了个账单：画一条线，1美元；知道在哪儿画线，9999美元。福特公司经理看了之后，不仅照价付酬，还重金聘用了斯坦门茨。

斯坦门茨就是专业性方面的典型代表，不仅能有效解决问题，还具有不可替代的稀缺性，提出的解决方案可复制，且具备新场景下的适应性。

为什么企业划小事业单元有助于专业人员有价值地成长？以行政服务部门为例，如果将行政服务部门按照服务事业单元来定位，行政服务部门就会主动去找工作中的问题并加以解决；就会重视与员工的每一次互动，让员工感受到价值增值，从而认可其价值；就会制定 SLA（Service Level Agreement，服务水平协议）确保服务质量，防止服务时好时坏；就会关注业务和员工的需求变化，与时俱进地对服务进行量身定制和推陈出新。行政服务人员只有在创造性地开展他们手上的工作时，才称得上是行政服务方面的专业人才。

企业有了一批划小的事业单元，就好比是有了一个个战场，在这些战场上厮杀成功的就是将才；将才经过不同战场的考验和洗礼，可以晋升为帅才；战场给了专才发挥的空间，战斗中表现出商业意识和能力的专才，可以晋升到将才行列。如此，企业就建立了一个良性且内生的人才发展机制。

让金钱找到它的主人

信息资产共同参与价值创造，实践企业使命，趋向企业愿景，并以实际贡献差异化地参与价值分配，让金钱找到它的主人。企业常用的价值分配工具一般有薪酬、奖金、长期贡献奖、股权激励等，企业要做好价值分配，必须清楚这些工具的意义和作用。

1. 薪酬是价格分配系统

劳动携带的信息，消除或减少了企业在业务运作上的不确定性，企业为此支付薪酬。岗位薪酬本质上是员工的机会成本，即员工牺牲了其他岗位机会，企业为此支付的成本。不同岗位有不同的薪酬标准，这个标准是根据行业水平来拟定的，是一套价格分配系统，价格是围绕市场行情波动的。

企业一般用薪酬分位值来表示企业的薪酬竞争力水平，如：50 分位代表企业薪酬处在行业平均水平，75 分位代表企业薪酬跑赢了行业中 75% 的企业。岗位薪酬定在什么水平比较合适，取决于企业能不能以合适的价格雇用到合适的人。不愁人才供给的岗位，薪酬水平可以适当降低，反之就应提高；业绩影响小的岗位，薪酬水平可以适当降低，反之就应提高；效率不高的岗位，薪酬水平可以适当降低，反之就应提高；人员流动小的岗位，薪酬水平可以适当降低，反之就应提高；员工基数大的岗位，薪酬水平可以适当降低，反之就应提高；行业稳定的岗位，薪酬水平可以适当降低，反之就应提高。

一项事业处在市场进入期，不确定因素比较多，可以适当提高薪酬水平以吸引人才；到了事业稳健期，则可以将薪酬水平调整到合适的水平。对于企业急需的特殊性人才，企业不能受薪酬框架的约束，行业顶级人才的薪酬必定不会在企业薪酬框架之内，贵的就是便宜的。

总体而言，薪酬总额不能太高也不能太低：太高了，可能削弱企业的成本竞争力；太低了，可能削弱企业的人才竞争力。企业须以 ROI 思维来管理薪酬水平，要根据行情和企业的具体情况，让薪酬水平波动起来，切忌僵化；薪酬就是一岗一价，追求的是效率和制度公平，不是绝对公平。企业应注重企业文化建设，千万别让员工形成追求绝对公平的心理定式，否则就是在给自己"挖坑"和埋下一个个炸弹，这些炸弹会不定时爆炸，造成组织内伤。

理论上，员工如果在岗位上正常履责，就可以拿到对应的岗位薪酬，但实际上，员工在岗位上的绩效表现存在时好时坏的情况。为了牵引员工有效履责，企业可以将岗位薪酬分成固定部分和浮动部分两部分。固定部分，顾名思义，就是不与绩效挂钩的部分；浮动部分，就是根据员工在岗位上的绩效表现弹性发放的部分。浮动薪酬总额可以下放到各部门，由部门对员工实施个人绩效考核，并根据考核结果调节每个人的浮动部分。由于各部门情况不一样，因此个人绩效考核要实事求是，不宜一刀切地采用正态分布，要把考核权交给部门长。绩效表现突出的，浮动部分应适当增加，反之就应减少。不管内部怎么调节，部门薪酬总额不变，以此弱化薪酬的保健作用，强化薪酬的激励作用。

2. 奖金是价值共享系统

劳动携带的信息，如果为企业创造了超常规价值，企业就应通过奖金来表示认可。如果企业期望员工在岗位上做出超越常规责任的贡献，就要有一套价值共享系统，鼓励员工多劳多得。很多企业喜欢用个人提成制来达到这一目的，但效果并不好，原因是个人提成制有五个方面的弊端。

（1）**机会成本**：大客户、大订单一个人啃不动，员工往往会退而求其次。

（2）**不可持续**：保有一定客户量就有了稳定的收益来源，员工业绩增长的动力不足。

（3）**信息私有**：不愿共享客户和订单信息，公司资产变成了个人资源。

（4）**经验固化**：经验不分享，不利于组织学习和成长。

（5）**队伍板结**：能人被现实利益绑定，不利于企业开展组织布局。

基于上述原因，除非特殊业务情形，否则不建议企业采用个人提成制，尤其是一旦对部门长采用个人提成制，部门将变成一盘散沙，各自为战。企业最好采用团队工作模式，根据组织业绩来计提奖金。针对团队的常规产出，企业已实施了薪酬激励；针对团队的超额产出，企业可以拿出团队"多劳"的一部分作为奖金，鼓励团队"多得"。

合理设计奖金，关键要理解什么是组织业绩。要理解组织业绩，先要搞清楚两个词：一个是当责，另一个是负责。当责的英文单词是 Accountability，意思是对责任范围内的事负全责，词根 Account 有账户的意思，表示对最终入账的结果负责才是负全责；负责的英文单词是 Responsibility，意思是承担具体任务责任，词根 Response 有响应的意思，表示具体任务要响应和满足全责要求。当责和负责很清楚地告诉我们，组织业绩对应的是当责的最终入账结果，个人绩效对应的是负责的具体任务。具体任务由不同的人来负责，共同产出最终入账结果。

以订单获取流程为例，订单获取是企业最重要的业务流程之一。流程的最终产出结果是利润，但各部门在流程上的全责和组织业绩是有差异的，不能一刀切地用利润来考核。以下可以给企业理解组织业绩提供参考：市场部门的全责是发现市场，考核标准是成功建立样板点，一个样板点可能有偶然性，两个样板点可能有必然性，三个样板点才能说明有规模复制性；大客户部门可视为划小的事业单元，衡量标准是利润增长率；解决方案部门的全责是提升解决方案的竞争力，衡量标准是销售利润率；商务部门的全责是确保订单安全，衡量标准是回款率；供应链和交付部门的全责是按照客户的质量标准交付，衡量标准是交付成本；财务部门的全责是资产增值，衡量标准是资产回报率。总而言之，建立在最终入账结果上的组织业绩和奖金分配，才是真正的价值共享。

奖金分配要坚守基本导向，避免掉入一些误区，让激励打了水漂。

（1）目的是做大蛋糕，奖金就要向攻坚克难的领域倾斜，不要为了分配而分配，更不要简单地掉入"钱散人聚"的坑。

（2）事前定规则才有意义，准确地说是"事前定规则，事后发奖金，延时满足"，已成定局了再定分配规则，就失去了牵引作用。

（3）大河没水小河也可以满，奖励是自下而上思维，不论企业是否盈利，只要团队做出了超额贡献，就应该按规则获得奖励，否则"雷锋"就吃亏了。

（4）从新的可能性出发，创造和正确引导矛盾运动，让事物在矛盾运动中前进，不能怕矛盾或消灭矛盾。

（5）80/20法则，奖金要覆盖80%以上的人群，要让20%的关键少数得到更多，既团结了大多数，又体现了多劳多得。

奖金激励虽然是价值共享系统，但在具体操作上，企业仍然以员工的薪酬作为参照，因此，奖金本质上还是一种基于员工市场价格的延伸设计。

3. 长期贡献奖是利益共同体系统

劳动携带的信息，如果为企业创造了长期价值，企业就应通过长期贡献奖来表示认可。新事业处在战略发展初期，往往看不到财务收益，很难用最终入账结果来衡量组织业绩。在这种情况下，企业急需一套行之有效的激励机制，既能肯定员工的阶段性战略贡献，又能牵引员工以长期主义心态工作。企业通常的做法是采用战略投入和里程碑激励方式，按照里程碑进行计划、预算和核算，阶段性评估工作成果，达到里程碑目标要求，即可实施相应的激励。但里程碑激励方式本质上还是一种常规激励，只不过是把有些难以量化考核的部分变成了阶段性综合评估。

常规激励用在新事业上具有一定的局限性，例如：

（1）**不利于成果快速形成和转化**。由企业全部承担前期的不确定性成本，使得团队工作张力不够。

（2）**投入不受控**。前期不确定性因素多，工作经常出现"踩西瓜皮"现象，一些企业为此深感头疼，感觉像个无底洞，难见成果。

（3）**成果易失控**。过程中容易出现人才挖角和跳槽现象，人才流失可能导致企业前期的投入打水漂。

（4）**不利于人才加盟**。尤其是对于那些拥有技术专利或拥有竞争力资源的人才，常规激励不足以调动他们的积极性。

一些企业尝试用长期贡献奖来弥补常规激励的不足，即采用利益共同体模式，将事业当作一个创业公司看待，企业和团队成员虚拟出资，按出资比例共享创业成果，共担创业风险。也有企业干脆把事业独立成一个真正的公司来孵化，企业和团队成员按比例出资，同时预留一部分股权，根据事先约定的业绩规则，逐步释放给团队及后续要加盟的特殊人才。长期贡献奖的最终目的是把团队打造成"自组织"，让企业管理最小化。新事业在采用长期贡献奖激励的同时，也可以并用其他常规激励措施。

长期贡献奖是一种基于人性设计的激励措施。每个人都是基于利益的计算来决定自己行为的。对于一项好的激励政策，员工一般会有两种心理反应：一种叫"想得到"，另一种叫"怕失去"。

"想得到"的意思是，能得到当然好，但当个人认为付出太多、成功的可能性不大、收益不具吸引力、不可控或对个人没有太大意义……时，就容易选择放弃。"想得到"具有边际效用递减的特点，这就是一些企业出台的激励政策起不到预期效果的一个重要原因，因为激励政策根本没有站在被激励对象的角度考虑问题。

"怕失去"的意思是，组织目标如果能达成，个人收益将非常可观；如果达不成，个人将会受到很大影响，这就逼着个人做出更大的努力。"怕失去"可适度对冲边际效用递减，钱在哪儿，心就在哪儿，没有人会跟自己的钱过不去。团队成员真金白银地投资了自己的事业，也就更容易拧成一股绳，每个人就从一个个齿轮变成了一个个发动机。

4. 股权激励是事业共同体系统

员工以事业情怀投身事业，以此消除或减少事业发展中的不确定性，企业可以通过股权激励来表示认可。持打工心态的员工与企业经营者的一个核心区别在于：持打工心态的员工更在乎通过当期劳动获得的当期回报，而企业经营者在乎的是当期投入可获得的未来回报。

现实中多数人的心理定式是选择短期利益，只有极少数人愿意选择长期利益，因为长期利益意味着承担不确定性风险，这也是很多人梦想成功，却在成功面前望而却步的一个重要原因。永远为支付账单而工作的人不会富有。不承担不确定性风险，一般只能获得薪酬、奖金等基于价格计价的收益；承担未来的不确定性风险，才有机会享有事业红利。利润的本质是承担未来的不确定性风险，未来的不确定性越大，获得利润的可能性就越大。毫无疑问，承担未来的不确定性风险，应首选资本。资本的时间价值和杠杆作用，是资本承担不确定性风险的天然有利条件。

股权激励是企业最具原动力的激励方式，具有长效性的特点。与长期贡献奖的不同点在于：长期贡献奖可以是被动式的，是在激励机制的约束下，自我平衡短期和长期利益；而股权激励则是主动式的，是自动自发的事业情怀驱动下的长期主义。股权激励不能被简单地理解为一种形式上的股权分配，股权激励本质上是为企业寻找事业托付人，托付对了，事业才能增加胜算。

企业家要能"复制"一批像自己一样思考和行动的人，企业才能越做越大。事业上的志同道合者，是指在精神层面把事业作为自我实现的一种理想来追求的人，他们是企业的事业合伙人和稀缺人才。管理靠制度没有错，但再好的制度，也不能代替人的主观能动性。尤其是企业里的关键少数，他们对商业成功往往起着决定性的作用。企业要把这些人识别出来，安排到关键岗位，给他们匹配股权激励，让他们有机会与企业共同成长并共享成果。

股权激励为什么在一些企业效果不彰？因为目的搞错了，有的是用它"绑定"一些骨干员工；有的则是把它作为一种奖励，凭一时冲动慷慨大方了，而员工不用从自己的兜里掏钱，自然也不懂得珍惜……所以，股权激励不能本末倒置，不是有了股权激励才有事业情怀，而是有了事业情怀才有股权激励。事业情怀很难定量评价，常规的判断依据有以下四项。

（1）具有一贯长期主义表现。

（2）愿意用"钱的投入"来换取股权激励。

（3）对事业成功有直接贡献和影响。

（4）处在较高组织层级，若其他条件突出，可适当放宽，并可作为事业继任人选。

即便如此，寻找志同道合者还是不可避免地有误差，因此股权激励忌一步到位，宜采用渐进式做加法的方式，分步实施。

办法都在前行的路上

人生本没有什么成功

也不存在失败

成功和失败

不过是一个故事的两种叙事角度

一个代表心想事成，一个代表事与愿违

失败才是人生常态

失败也是一切学习的起点

所以，学习注定伴随我们一生

失败的原因容易找

成功的因素较难寻

失败背后存在着必然

成功则是一系列必然之后的偶然

成功意味着有机会爬出一个又一个的坑

掉到坑里是经历

从坑里爬出来是经验

发生在自己身上的经验才有体感

在前行中建立体感

在体感中萃取办法

世事艰难险阻

办法都在前行的路上

唯有一路向前

才能续写我们人生的叙事鸿篇